U0946893

"十二五"国家重点图书出版规划项目
洞庭湖生态经济区研究丛书
The Research Series of Dongting Lake
Ecological Economic Zone

洞庭湖区腹地生态经济发展战略研究

刘茂松　刘励敏　著

湖南大学出版社

内 容 简 介

本书针对长江三峡大坝建成蓄水后洞庭湖与长江的关系所发生的显著变化，基于长株潭城市群和武汉城市圈腹地的空间定位，立足于生态文明和绿色转型的高度，运用农业工业化理论，提出了洞庭湖生态经济区涉农消费品产业集群的发展战略和创建国家级现代农业示范区的对策，构建以水生态为主要特色的大湖绿色经济模式。

图书在版编目（CIP）数据

洞庭湖区腹地生态经济发展战略研究/刘茂松，刘励敏著. —长沙：湖南大学出版社，2013.9

（洞庭湖生态经济区研究丛书）

ISBN 978-7-5667-0489-4

Ⅰ.①洞… Ⅱ.①刘… ②刘… Ⅲ.①洞庭湖—湖区—生态经济—区域经济发展—经济发展战略—研究 Ⅳ.①F127.64

中国版本图书馆 CIP 数据核字（2013）第 239014 号

洞庭湖区腹地生态经济发展战略研究

DONGTINGHUQU FUDI SHENGTAI JINGJI FAZHAN ZHANLÜE YANJIU

作　　者：刘茂松　刘励敏　**著**

策划编辑：刘　旺

责任编辑：贾志萍　**责任校对：**全　健　**责任印制：**陈　燕

印　　装：国防科技大学印刷厂

开　　本：710×1000　16 开　**印张：**12　**字数：**229 千

版　　次：2014 年 6 月第 1 版　**印次：**2014 年 6 月第 1 次印刷

书　　号：ISBN 978-7-5667-0489-4/F·353

定　　价：48.00 元

出 版 人：雷　鸣

出版发行：湖南大学出版社

社　　址：湖南·长沙·岳麓山　　**邮　　编：**410082

电　　话：0731-88822559(发行部),88821251(编辑室),88821006(出版部)

传　　真：0731-88649312(发行部),88822264(总编室)

网　　址：http://www.hnupress.com

电子邮箱：pressjzp@163.com

洞庭湖生态经济区研究丛书

总　序

“洞庭湖研究丛书”是湖南省洞庭湖区域经济社会发展研究会的专家学者和实际工作者以洞庭湖区域经济、社会、文化发展为研究对象所取得的研究成果的结晶。“丛书”首卷于2011年问世，此后将陆续出版。它的出版，旨在为当政者提供决策参考，为后来者留下研究资料。

“洞庭天下水”，洞庭湖是世界知名的淡水湖，是湖南的母亲湖。它接纳四水，吞吐长江，通江达海，交通便捷。洞庭湖区物华天宝、人杰地灵、历史悠久、文化厚重。“湖广熟、天下足”，自古以来，它就以“鱼米之乡”誉满天下。新中国成立以后，八百里洞庭生机焕发，成为我国重要的粮、棉、麻、油、鱼、猪生产基地，为我国的粮食安全、水利安全、生态安全作出了巨大贡献，是湖南经济的重要支柱和最具活力的增长板块。面对经济全球化、信息化、工业化、后三峡时代和区域经济协调发展的新形势，洞庭湖区出现了许多新情况、新问题，面临着新的机遇和挑战。如何抓住机遇、迎接挑战、跨越发展，进一步发挥洞庭湖“生态之湖”“调蓄之湖”“富民之湖”的重大功能，是洞庭湖区人民的殷切期望，也是促进“长株潭”城市群两型社会和全面小康建设，加速中部崛起的客观要求。

2009年春，一批对湖区发展具有强烈使命感的专家学者和实际工作者，拟组建湖南省洞庭湖区域经济社会发展研究会，以便进一步系统深入地研究洞庭湖区域发展问题。在湖南省委、省政府的关心支持下，研究会于2009年12月24日正式成立。这是湖南省第一个以洞庭湖区域发展为研究对象的省级学术组织。

研究会成立以后，广大会员针对洞庭湖区域经济社会发展战略、发展规划、生态环保、水利交通、城乡统筹、产业升级、文化旅游、发展历史等重大问题，广泛调查、深入研究、举办论坛、集思广益、百家争鸣，逐步取得了一些成果，催生了这套“丛书”。

“丛书”的编写力图站在历史的高度、时代的高度、科学的高度，坚持历史与现实、理论与实践、经济与文化、生态与发展、系统与开放的有机结合，面向实际，面向未来，着眼全局，博取众长，努力使之具有科学性、前瞻性、时代性、可行性，为洞庭湖区域又好又快发展提供理论依据和智力支持。

发展无止境，认识无终点。今天的研究仅为开篇破题之举、抛砖引玉之作。我们将与时俱进，探索不止。希望能有更多的有识之士来为洞庭湖区域经济社会发展献计献策、赐教赐稿，让洞庭湖区这颗祖国的中部明珠更加璀璨，让“洞庭湖研究丛书”这块理论园地百花齐放。寥寥数语，言不尽意，权当总序。

2011 年秋于长沙

（总序作者系湖南省人大常委会原副主任、湖南省洞庭湖区域经济社会发展研究会会长）

前　言

目前，我国农业正处于向现代农业深度转型的关键时期，农业产出小部门化与农民就业大量化的逆向结构，以及由此导致的农业小规模生产与现代大市场不适应、土地高投入与农业低产出不适应、农民低收入与国民经济高增长不适应等矛盾，使由来已久的“三农”问题表现得更为尖锐。洞庭湖区作为全国的农业主产地区和长株潭城市群与武汉城市圈的腹地，从湖区土地、水体、气候等自然生态资源的优势和该区的生产力产能基础优势来分析，都应着力发展以湖泊生态经济为特色的大湖经济。然而，在三峡大坝建成蓄水后，洞庭湖与长江的关系发生了显著变化，长江入湖水量减少，湖区提前进入枯水期，且枯水期延长、枯水位持续偏低，水质性缺水危机几乎成为洞庭湖“后三峡”时代的常态，这对以水稻、水产、生猪、果蔬、棉麻等耗水农产品生产和加工为主的湖区经济发展是一个极大的挑战！面临这样的新情况、新矛盾，洞庭湖区腹地生态经济应如何发展？现代大湖经济的路子又该如何走？这是目前湖南经济实现持续健康发展中亟待研究和攻克的一个重大课题。

面对这个大难题，我们坚持理论创新和理论联系实际的原则，采取概括性分析、理论分析、调查分析、实证分析和对策分析的研究方法，围绕生态经济形态、腹地经济功能和涉农消费品产业三大重点和难点进行攻关，提出了以绿色农业工业化为核心的洞庭湖生态经济区涉农消费品产业集群发展战略，以及创建国家级现代农业示范区的目标和对策，引起了中共湖南省委和湖南省人民政府的高度重视，发挥了重要的决策咨询作用。湖南省第十次党代会报告和省政府编制的洞庭湖生态经济区发展规划分别采纳了我们提出的战略思路和对策建议。概括起来本书主要的学理观点和战略思路是：

第一，生态经济是“自然—经济—社会”的复合系统，包括客观的自然环境和主观的人为活动两大结构的相互结合、相互适应和相互均衡及优化。根据生态经济的这个内涵，洞庭湖区在具体的生态经济活动运行层面上，应以“技术成熟、市场需要、环境无害、域间公平、代际均衡”的要求来处理利用自然

（包括不可再生自然资源和可再生自然资源）的关系，着重把握好微观层面单个生产体的生态经济、中观层面生产体之间的生态经济链和宏观层面社会范围的复合型生态经济这三个层面的互动关系，从单一到结合，从结合到复合，层层推进，促使生态经济卓有成效地运行，形成我国低碳化、可持续的大湖绿色经济模式。

第二，洞庭湖区是长株潭城市群和武汉城市圈的重要腹地。区域经济发展的空间规律表明，在市场经济条件下，区域之间的经济联系主要是城市之间的经济联系，这种联系的区域空间现象就是大都市区化的城市群经济圈出现，导致经济腹地的形成和发展。根据空间经济学关于规模报酬递增与运输成本之间的权衡关系理论以及自组织理论（经济中心规模自我强化扩大），洞庭湖腹地对长株潭城市群和武汉城市圈的发展具有资源、产业、市场和生态等方面的重要支撑作用，特别对“两型社会”试验区建设意义重大。

第三，洞庭湖腹地的优势是水域经济、土地经济、生态农业经济和以农业资源为基础的轻工食品经济，且这些又都具有低碳经济的优势。从区域经济学、空间经济学和产业经济学角度来看，这些优势直接构成了洞庭湖区绿色生态农业消费品经济的生产优势，对国家粮食安全和确保重要农产品的供给意义重大。正是基于此，我们提出洞庭湖区应实施绿色涉农消费品产业集群发展战略。当然，国内外无数事实一再证明，发展中国家和地区彻底改变长期落后的面貌，必须发展工业化，这是不可逾越的一个发展阶段。但工业化并不等于只是发展重化工业，在工业化的发展中，消费品经济特别是涉农消费品工业的发展是起着十分重要的基础性和本原性作用的。可以说，没有涉农消费品工业的发展，就没有整个工业化的起步，而没有涉农消费品工业的进一步发展，又没有工业社会向现代社会的全面转型。这对洞庭湖腹地来说，是现代生态经济发展的必由之路。

第四，在工业社会，包括农业在内的经济社会现代化必然是以工业化为主导的。特别对传统的农业地区而言，只有通过现代工业化生产方式的洗礼，小生产才能转化为大生产，小农经济才能转化为现代化的大农业，才能根据市场的变化及需要，有效地实现农业生产的专业化、标准化、规模化、集约化和信息化，真正提高农业产品的市场交易价值，增加农民的收入，调动农民种田的积极性，解决好谁来种田的大问题。同时，对洞庭湖区的经济转型而言，只有这种立足于技术进步和组织创新的大生产、大农业才能合理有效地配置和利用各种自然资源和人文资源，真正形成资源节约型和环境友好型的两型农业和多功能化农业。当然，从制度创新的层面来说，也只有这种工业化的现代大农业才能真正突破二元经济结构和体制，彻底消灭城乡差别，全面实现城乡经济社会的一体化。依据这个学理分析，我们认为，洞庭湖生态经济区发展涉农消费品产业应该继承和发展马克思“农业同工业综合”原理，走农业工业化的新路子。

第五，据上所述，农业工业化的实质是指运用现代工业化生产方式（含经营方式和管理模式）来谋划农业产业发展，在农业生产（包括产前—产中—产后）中推动一系列基要生产函数连续高度化的演进，实现农业生产过程的工业化（种养业的规模化、标准化、信息化和工厂化等）、农业生产结果的工业化（农副产品的工业精深加工）和农业产业经营管理的现代化，最终形成工业化的现代农业生产方式，真正实现增值增业、工农融合、城乡一体。同时，在当今世界经济实现绿色转型的大趋势下，农业工业化绝不是以传统高投入、高能耗、高排放的工业生产模式来改造农业，搞破坏生物多样性及生态环境的化学农业和单一农业；而是全面贯彻生态文明的理念，根据生物多样性和消费者需求的多元性，运用现代绿色工业化生产方式来开发多品种、多功能、个性化和安全性的农产品和农业制成品，发展低碳化的绿色种养农业和绿色农业制成品产业。

本书系我们共同主持的湖南省哲学社会科学成果评审委员会重点委托项目“基于长株潭城市群增长极的洞庭湖区腹地生态经济发展战略研究”（1018001）的最终成果，同时也是我们承担的湖南省哲学社会科学基金重大课题“湖南农业工业化发展研究”（06ZD05）的衍生成果。我们热切期待这番理论和对策研究的耕耘，能在洞庭湖区生态经济持续健康发展的实践中结出累累硕果，作出应有的贡献。

刘茂松　刘励敏

2013年12月

目 次

01

洞庭湖区腹地生态经济发展的价值

洞庭湖位于湖南省北部、长江中游南岸，是我国第二大淡水湖，也是长江中下游重要的调蓄湖泊，南接湖南湘、资、沅、澧四水，北纳长江分支松滋、太平、藕池、调弦（1958年堵塞）四口，东接汨罗江和新墙河，江河来水进入洞庭湖后经湖泊调蓄，由城陵矶注入长江。洞庭湖在湖南境内的面积有4.64万平方千米，占湖区总面积的86%，占湖南全省面积的22%，其中纯湖区的面积为1.5万平方千米，环湖区的面积为3.14万平方千米，耕地有1 654.61万亩（1亩≈667平方米≈0.0667公顷，后同）。湖泊主体分为东洞庭湖、南洞庭湖和西洞庭湖，其中东洞庭湖面积最大，占洞庭湖总面积的54%；南洞庭湖居中，占33%；西洞庭湖最小，且分裂为若干分离的湖泊。洞庭湖区域是指洞庭湖水域及其周围陆地，有广义和狭义之分。广义的洞庭湖区指以洞庭湖为中心的河湖港汊、河湖冲积及淤积平原和环湖岗地、丘陵、低山等组成的一个碟形盆地，包括湖南境内的常德、益阳、岳阳和长沙四市及湖北的松滋、公安、石首等县市。狭义的洞庭湖区主要指湖南境内的常德、益阳、岳阳三市和长沙市望城区等环湖地区，在行政区划上包括岳阳、华容、湘阴、南县、桃江、安乡、汉寿、澧县、临澧、桃源、石门、安化、平江13个县，临湘、沅江、汨罗、津市4个县级市，以及岳阳市的岳阳楼区、君山区、云溪区，益阳市的资阳区、赫山区，常德市的武陵区、鼎城区和长沙市的望城区共8个区，共计25个县市区，其中石门、安化、平江三县是作为洞庭湖自然延绵区列入的。洞庭湖区历史上是典型的“鱼米之乡”，具有物产丰饶的农业优势、通江达海的交通优势、山水交融的生态优势，是我国重要的商品粮、油、麻、蚕桑、水产基地。2008年举世瞩目的三峡工程的建成，给洞庭湖区的生态环境带来了一系列深远的影响，洞庭湖与长江之间旧的平衡被打破，江湖关系由此进入了一个全新的阶段。一方面，三峡工程在很大程度上减轻了洞庭湖区洪涝灾害的危害，减缓了洞庭湖的萎缩速度，为湖区经济社会发展创造了一个相对稳健安全的水环境。而另一方面，三峡工程给洞庭湖区也带来了负面影响，主要是三峡建坝后其年径流量减少，洞庭湖的蓄水量随之相应减少，湖区部分地区常常发生严重干旱。在年径流量减少的同时，三峡水流速度也减慢了，这导致湖泊换水周期延长，水体交换能力与自净能力减弱，水质相对下降，水体富营养化现象出现，面源污染较为普遍。但洞庭湖区又是长株潭城市群和武汉城市圈经济中心的重要腹地，随着长株潭城市群和武汉城市圈经济中心建设的纵深推进，需要洞庭湖区发挥更大更好的腹地支撑作用，然而目前洞庭湖区产业结构相对粗放，经济规模总量偏小，农产品加工转化率不高，农业生产组织化程度较低，还难以发挥出其应有的支撑作用。所以，洞庭湖区不能仅仅停留在一般性治理阶段（尽管这很重要），而要由湖区治理阶段上升到长株潭城市群和武汉城市圈经济中心重要腹地发展阶段，根据新时期的新情况和新矛盾，选择新的发展战略及对策，实现和谐发展、科学发展和跨越发展。

1.1 洞庭湖区腹地生态经济发展的背景

后金融危机时代，经济全球化和信息化仍将加速推进，整个世界经济将出现两大主流趋势：一是以低碳化为代表的新科技革命使发达国家的产业、产品、消费向高新、高效、低碳的方向发展（20 世纪 90 年代的高技术产业化→21 世纪初叶传统产业复兴→2010 年后高技术与传统产业融合的产业结构革命），国际范围内技术、产业、企业和市场又面临一次新的“洗牌”，国际竞争的技术层面会更多地替代价格层面；二是产业结构的调整向集约化与高质化的广度和深度拓展，大品牌、大产业、大企业和跨国生产会进一步快速发展，以横向分工一体化为主的国际分工（产业价值链分工）呈现强势渗透的态势。

新中国成立 60 年来，湖南的经济发展方式也一直处于演变发展的过程之中。1978 年改革开放前，湖南经济处于以传统农业为主导的发展阶段，属于粗放式手工技术发展方式；1978 年改革开放以后到 2005 年，湖南经济发展处于起飞准备阶段，农业化学化、机械化和电气化启动，工业化和城镇化起步，属于粗放式低技术发展方式；2005 年后，湖南实施新型工业化带动战略，到 2009 年全省地区生产总值突破万亿大关，2011 年达到 19 635 亿元，工业对经济增长的贡献率达 56.1%，超过了 50%，同时城市群大发展，经济增长极基本形成，重化工业以集群的方式快速发展。这说明湖南经济特别是工业化已全面进入起飞阶段，属于常规制造技术集约式发展方式，这是一个在经济总量上非常了不起的历史性跨越。世界后金融危机时代，湖南经济在“十二五”时期将进入持续快速发展阶段，即经济起飞阶段的中后期，从由常规技术主导的数量经济阶段进入由高新技术主导的结构经济阶段。经济发展的本质要求是进行结构调整和变革，改变高投入、高消耗、高排放的增长路径，保持持续快速的发展态势。这样湖南经济发展方式的转变就要围绕新型工业化（内含新型城市化、农业现代化和信息化）推行“集聚化、集约化、集群化”的战略，实现湖南新型工业化反梯度推移式的跨越发展。在这里，集聚化是要素的聚集，要提升长株潭经济一体化和城市群的内涵，打造长株潭“3＋5”大都市区，通过城市群网络自身的能量、动量和质量在一定条件下和实物的相互转化，进而产生强大的极化能力，形成强集聚的空间经济体系，实现城市与农村以及核心区与边缘区的统筹，形成大规模、高效率的空间经济增长极。集约化是技术的进步，立足于技术创新和集约而形成湖南独立的技术体系。由于“两型社会”建设的核心和基础是两型产业，而两型产业在本源上就是低碳化的战略性新兴产业，因此发展高新技术化的两型产业要突出发挥科技创新家、风险投资家和企业经营家的作用，推进高新技术的孵化和产业化。集群化是产业的组织，以产业价值链的分工与协作为主体，打造新时期湖南具有巨大空间、巨大投入、巨大规模、巨大效益的超级两型产业，其重点是在继续做大做强高端工程机械产业的基础上抓新能源和节能汽车产业；同时，还要以工业化谋划农业和改造传统农业，搞农业工业化，在洞庭湖地区建设专业化基地农业、标准化品牌农业和工厂化制成品农业，打造肉制品、米制品、油制品和果制品的农业工业化产业集群。

根据我们的研究，湖南新型工业化的发展一般要经历“打造经济中心”和“经济腹地建设”两个大的阶段。“十一五”期间我省推行“一化三基”战略，进行长株潭城市群“两型社会”的建设，修道路、建园区、抓项目、造产业，这些都是为了打造湖南现代化的经济中心即经济增长极。随着投资的逐步到位、基本建设项目的逐步完工，城市群基础设施体系大体形成，即打造城市群经济中心的主体工程已开始进入后期发展阶段。因此，湖南经济在下一个周期或下一个阶段发展的主体目标，应该是配合城市群的发展重点建设洞庭湖区生态经济腹地，以充分发挥好长株潭城市群经济中心的辐射和带动作用。这就是后金融危机时代湖南经济发展的新要求、新目标和新任务。

1.2 洞庭湖区腹地的生态经济功能

湖南洞庭湖区腹地经济产业与长株潭城市群经济中心存在分工协作和优势互补的关系。长株潭城市群与常德、益阳、岳阳三市产业基础较好，各有优势，且可互补。首先，从长株潭三市来看，产业整体基础雄厚，工业基础较好。长沙作为长株潭城市群的龙头，产业集群度较高，目前全市基本形成了工程机械、汽车及配件、电子信息、家用电器、生物医药、新材料六大产业集群。2010年该市三次产业结构比为4.4∶53.6∶42.0，三次产业对GDP增长的贡献率分别为1.3%、63.1%、35.6%。特别是2006年以来，以现代服务业为主的长沙市第三产业发展迅速，已经成为全市经济的龙头。其中，湖南卫视、宏梦卡通、三辰卡通、体坛传媒、湖南出版投资控股集团等文化创意产业已处于全国文化创意类龙头企业的第一方阵。株洲以交通设备制造、有色冶金和化工等产业为主，优势产业集中在装备制造业。湘潭则以钢铁、机电和建材产业居优，优势产业集中在制造业和建筑业。其次，洞庭湖区腹地水量丰裕，土地肥沃，气候适宜，农业发达，而且湖区工业也有一定基础，石油、食品、轻纺、造纸等几大行业在湖南省占有重要地位。长岭油厂、岳阳石油化工总厂、洞庭氮肥厂、岳阳纸业集团、常德卷烟厂、恒安纸业、洞庭麻纺厂等是全省轻化工业的重要增长点。近年来，该地区还培育了金健米业、正虹饲料、洞庭水殖、辣妹子、阳光乳业、加华牛业等一批涉农上市公司和大型农业产业化龙头企业。这些都说明洞庭湖区腹地经济与长株潭城市群经济中心有着内在紧密的产业经济方面的联系，正在构成一个产业分工配套的现代经济系统。在这个系统中，洞庭湖区对长株潭城市群经济中心的支撑作用主要有以下几个方面：

1.2.1 提供农产品

农产品的充足供给既能降低城市居民生活成本，也能为工业生产提供原料。工业化的速度是以农产品增长率为条件的。就农业原材料而言，这种关系是显而易见的。只有当农产品以一个适当的比例增加时，使用农产品作为原料的工业部门增长率才能提高。这要求作为工业原料的农产品保持一定比例的扩张；否则，农产品价格上升必然使得工业成本增加。洞庭湖区是典型的“鱼米之乡”，物产丰饶，湖区以不到湖南省30%的土地，每年生产出占全省总量30%多的粮食、90%的棉花、50%的油料和50%的水产品。洞庭湖区还是全国重要的商品粮、油、麻、蚕桑、水产基地。而长株潭城市群由于产业结构的升级，其第一产业在全部产业中的比重将进一步缩小，农产品对腹地的依赖性更强。所以，洞庭湖区与长株潭城市群经济中心在第一产业上存在很强的互补性，洞庭湖区农产品优势为长株潭城市群工业化的发展提供了雄厚的基础。

1.2.2 提供生产要素

湖区土地肥沃，劳动力丰富，农业较发达，能为长株潭城市群提供劳动力、土地、资本等生产要素的支持。

（1）劳动力支持

目前洞庭湖区三市总人口有 1 580 万，占湖南全省的 23.2%，其中乡村人口 1 288 万，占全省农村人口 4 053 万的 32%。岳阳、常德、益阳是典型的劳务输出大市，能为长株潭城市群新型工业化的快速推进提供强大的人力支撑。

（2）土地支持

长株潭城市群土地面积约为 2.8 万平方千米，占湖南省土地总面积的 13.2%。三市人均土地面积 0.23 公顷，为全国人均水平的 29%，全省人均水平的 71%。三市人均耕地 0.052 公顷，为全国人均量的 47%，全省人均量的 87%。随着工业化和城市化进程的加快，长株潭城市群对土地资源的需求将进一步增加。以长沙市为例，2007 年长沙市建设用地需求在 4 000 公顷左右，而湖南省下达给长沙市的用地计划为 1 190 公顷，项目用地紧缺已成为制约长沙市引进外资、加快发展的瓶颈。而作为经济腹地的洞庭湖区，虽然人口密度也大，但湖区农村闲置土地、荒山、滩涂开发的潜力也大。长株潭城市群可通过“两型社会”建设的政策优势，通过耕地跨区占补平衡政策，解决土地资源瓶颈问题。

（3）资本支持

由于二元经济结构的长期存在，农业为工业资本的原始积累提供了大量资金，收益明显“外部化”。在我国，这种收益“外溢”现象突出表现在工农产品价格“剪刀差”上。据有关专家测算，如果扣除国家对农业的资本注入，则在工业化资本原始积累过程中我国农业平均每年要把新创造价值的 9.4%无偿贡献给工业，却无法得到相应的补偿。农业占 GDP 比重越大，农业对工业的贡献也就越大。洞庭湖区农业占有绝对优势，而长株潭城市群是湖南工业最集中的地区，可见，只要二元经济结构存在，湖区农业对长株潭城市群工业的资本支持还将通过“剪刀差”而继续存在。

1.2.3 提供资源

长株潭城市群的资源禀赋较差，主要资源人均占有量小，资源质量不高，优质煤矿少，有色矿和化学富矿少，资源的保障程度低，长期存在的高投入、高消耗、低效益的粗放式经营又加剧了资源约束的矛盾。与此同时，洞庭湖区域内有着丰富的自然资源。其一，水资源丰富。“水”是洞庭湖最丰富的资源，洞庭湖也是长江流域水量最多的地区之一，年径流量为 3 001 亿立方米，是鄱阳湖的三倍、太湖的四倍、黄河的五倍，地下水年平均资源量为 36 亿立方米。其二，区域内矿产资源富有。岳阳蕴藏矿产 80 余种，其中矿建材料储量占全省的 80%；常德有矿藏 145 种，金刚石、磷、石煤、石膏等矿储量为全省乃至全国之首；益阳有“有色金属之乡”的美称，其中锑矿储量占全国总量的 1/5。以上都为长株潭城市群工业、交通运输业和服务业的大发展提供了重要的客观资源条件。

1.2.4 提供工业产品销售市场

在经济全球化条件下，作为内陆城市的长株潭城市群很有必要开拓国际性的外贸市场。但国外市场易受汇率、贸易壁垒等因素的影响，市场开拓有较大的难度。特别是在后金融危机时代，由于原材料和劳动力成本上升以及贸易保护政策和人民币汇率的影响，不确定性因素增多，外贸出口水平不稳定，从而加剧了外向型企业的经营风险。所以，即使在开放经济中，以出口为主的外向型企业也应该注意国内市场尤其是农村市场的开拓，以分散完全依赖出口的风险。以长沙市为例，家电（冰箱、空调等白色家电，含户式燃气空调）、汽车制造与工程机械是长沙市政府确定的三大优先发展的产业集群。家电产品在城市已接近饱和，而在农村仍具有巨大潜力，汽车是新的消费热点。洞庭湖区农业生产率较高，农民人均纯收入一般比全省平均水平高 15%～20%。可见，洞庭湖区广阔的农村市场能为长株潭城市群工业产品提供有力的市场支撑。

1.2.5 承接产业转移和对接产业分工

产业转移是当今世界经济发展的一个大趋势，是企业为扩展产品需求市场或者原材料市场而产生的生产要素跨区域流动现象，是实现资源优化配置以促进区域经济协调发展的重要手段之一。一方面，随着资源枯竭、市场饱和、劳动力和土地成本提高等问题的出现以及“两型社会”建设的要求，长株潭城市群将侧重发展科技含量高的技术密集型和资本密集型产业，通过产业升级和换代，积极吸引研发、营销、服务等环节的产业转移，而将部分处于低端产品市场或对土地和劳动力有较高要求的产业向腹部地区转移；另一方面，洞庭湖区产业基础较好，能够较快承接长株潭城市群的产业转移：岳阳已形成石化、造纸、机械、饲料等支柱产业，常德已形成以烟草加工、食品加工、机电制造、现代纺织为主的门类齐全的工业体系，益阳打造了食品加工、船舶制造、林浆纸业、火力发电等十大产业基地。根据《长株潭城市群区域规划（2008—2020年)》，未来长株潭三市将全力发展战略性产业，积极培育先导性产业，稳步提升基础性产业，限制和退出劣势产业。以此为基础，在长株潭城市群和洞庭湖区三市未来产业布局中，长株潭三市以先进制造业、高新技术产业、生产性服务业为主导产业，岳阳以石化工业为主导产业，常德以农产品深加工和制造业为主导产业，益阳以食品工业和棉麻纺织为主导产业，经济腹地与经济中心产业之间将形成紧密的分工与合作关系。洞庭湖区具有良好的区位优势、巨大的发展空间和丰富的资源优势，主动承接产业转移，有利于促进产业集聚、提升经济总量、增强经济质量、推进湖南新型工业化进程。

1.2.6 提供生态环境保障

城市群经济中心以工业为主导，其发展需要有相应的环境容量。洞庭湖区作为长株潭城市群经济中心的经济腹地首先是绿色腹地和生态腹地，其形象特征就是绿水湿地。洞庭湖区内天然湖泊加四水尾闾河道共有天然水面积近 600 万亩，占全省水面积的 39%；同时又是我国七大湿地之一，以人工湿地、河流湿地和湖泊湿地为主。其中人工湿地面积为 965 285 公顷，湖泊湿地面积为 385 403 公顷，分别占洞庭湖区湿地总面积的 50.1%和 20%。湿地与森林、海洋并称为地球上人类赖以生存且不可替代的三大生态系统，它不仅具有巨大的资源潜力，为经济中心提供食品、水和工业资源等生活生产资料，而且还具有巨大的生态功能和效益，在调节径流、蓄洪防旱、改善气候、净化污染、保护生态多样性以及碳循环等生态安全方面有着其他系统不可替代的作用。洞庭湖区作为长株潭城市群的外围结构地区，其绿水湿地构成了长株潭城市群又好又快发展的重要生态环境保障，这是一种特殊的生产力，否则无法真正形成湖南强大的经济增长极。

1.3 洞庭湖区腹地生态经济发展的意义

经济腹地是一个与经济中心即经济增长极或中心城市相对应的概念，是形成较为合理的城市群体系的依托。其内涵是经济中心（经济增长极）的吸收和辐射能力能够达到并能促进其经济发展的地域范围。如果没有经济腹地，经济增长极也就失去了赖以存在的基础；而没有经济腹地，也就无所谓经济增长极。因此，区域经济发展的空间规律表明，在市场经济条件下，区域之间的经济联系主要是城市之间的经济联系，这种联系的区域空间现象就是城市经济圈或城市群经济圈的出现，即经济腹地的形成。长株潭城市群经济中心的经济腹地主要有两个：一是湘西南地区，这是山区；二是洞庭湖区域，这是湖区。根据空间经济学关于规模报酬递增与运输成本之间的权衡关系理论以及自组织理论（经济中心规模自我强化扩大），洞庭湖区域作为长株潭城市群经济中心的经济腹地，对长株潭城市群经济中心的大发展、快发展、好发展是具有决定性作用的，同时对整个湖南经济又好又快发展也具有极其重要的现实意义。

1.3.1 洞庭湖区腹地经济的大发展为长株潭城市群提供重要支撑

长株潭城市群作为湖南经济发展的引擎和核心增长极，依靠城市群本身的资源难以满足其发展的需要，其快速发展需要经济腹地的支撑，具体而言，需要周边城市为其提供源源不断的劳动力、充足的生产原料和能源、广阔的产品市场等方面的支持。如前所述，洞庭湖区是我国重要的商品粮、油、麻、蚕桑、水产基地，环湖地区本身又是长株潭城市群的外围结构地区，不仅物产丰富，而且物流吞吐量很大，对于长株潭城市群规模扩大和规模报酬递增，具有运输成本低和要素（劳动力、土地、工业生产资源）供给丰富的先决条件；同时，洞庭湖区人口密集，消费水平高，又是长株潭城市群工业产品销售的主体市场。所以洞庭湖区腹地经济是长株潭城市群经济中心形成和发展不可或缺的重要依托。

1.3.2 洞庭湖区腹地经济的大发展是湖南区域经济协调发展的需要

从现有的情况看，洞庭湖区人口占全省总人口的24%左右，国土面积占全省22%左右，GDP占全省近25%，地方财政收入占全省近20%。综合起来看，洞庭湖区经济对全省经济社会发展的贡献率达到25%左右。由此可以认定，洞庭湖区经济是湖南经济社会发展的一个重要板块，是与长株潭城市群、大湘西区、大湘南区相对应的第四大经济板块，而且是经济发展水平相对较高的一个板块。洞庭湖区具有其自身独特的性质和重要功能，因此这个板块是不容忽视的，也是其他三大板块所无法替代的。然而从目前洞庭湖区的经济布局和经济发展速度来看，其区位优势和经济优势正逐渐丧失。首先，随着长株潭城市群和武汉城市圈“两型社会”建设综合配套改革试验区的获批和发展，洞庭湖区发展的特殊地位和要求已被其掩盖和淡化，处于“两带”（长三角和珠三角经济带）和“两区”（长株潭城市群和武汉城市圈“两型社会”建设综合配套改革试验区）的夹击之中，成为“两带”“两区”之间的一块盲地，这与洞庭湖区的人口、资源、历史地位是不相称的。其次，近年来洞庭湖区经济发展速度已显出缓慢态势，与同处长江中下游的江汉平原、鄱阳湖区和太湖地区相比较，农业总产值、粮食总产量等农业生产的主要指标由原来的第二位下降到最后一位，主要农产品的增长速度也低于其他三个地区，在全国的地位有所下降。第三，洞庭湖区内缺乏首位城市的带动，岳阳、常德、益阳三市经济规模相差不太大，因此缺乏龙头城市。综上所述，在湖南经济发展的新时期，把洞庭湖区的发展定位于长株潭城市群经济中心的腹地，通过与核心增长极的协作和配套并接受增长极的带动和辐射，以发挥资源优势而加快发展，实现湖南区域经济的协调发展，具有十分重大的现实意义。

1.3.3 洞庭湖区腹地经济的大发展是湖南在中部地区率先崛起的需要

中央提出促进中部地区崛起，实现区域经济协调发展，这是一个十分重要的战略安排，对中部地区来说是一个极为难得的发展机遇。改革开放以来，中部各省区伴随着全国发展的步伐也有很大的发展。按国家统计局的可比价格计算，1981—1990 年中部 GDP 的年均增长率达到 8.75%，1991—2001 年又进一步上升到 10.7%。但是，我们必须清楚地看到，中部地区二元经济结构的程度相当高，是以传统产业为主的，因而该地区的经济增长主要是立足于传统农业、轻工业、服务业和低层次劳务经济基础上的增长，现代产业特别是高新技术产业对 GDP 的贡献率还比较低。传统产业支撑的经济增长，资源消耗多，成本水平高，经济附加值低，且增长速度也很慢，所以实现中部崛起要立足于技术和制度的创新，依靠现代产业集群和现代增长极。从这个角度来看，湖南要实现在中部率先崛起其差距还很大。从经济规模来看，长株潭城市群作为湖南经济发展的核心增长极，其人口仅占中部的 3.5%，面积只占中部的 3.2%，地区生产总值也只占中部的 8.2%，总的来说增长极的规模还太小，要担当在中部率先崛起的龙头其带动力是不够的。这样，发展洞庭湖区腹地经济对强化和壮大长株潭城市群经济增长极就十分必要了。以地区生产总值为例，2011 年长株潭城市群和洞庭湖区腹地的 GDP 总和为 13 228 亿元，占 2011 年湖南全省 GDP（19 635 亿元）的 67%，占中部 GDP 总量的比重也提高到 13%左右。可以说，洞庭湖区腹地与长株潭城市群经济中心协同发展，建成长株潭大都市经济区或长沙大都市经济区，湖南才有可能真正在中部率先崛起。

1.3.4 洞庭湖区腹地经济的大发展是促进长江流域经济带发展的需要

洞庭湖区位于长江流域经济带的腰部，承东启西，通江达海，而且又是联结长株潭城市群与武汉城市圈的纽带。现在龙头上海昂起来了，龙尾重庆也舞起来了，如果腰部的洞庭湖区域不硬，就会影响整个长江流域经济带的发展，也影响长株潭城市群与武汉城市圈“两型社会”的建设。所以，洞庭湖区腹地经济的大发展是强化长株潭城市群与武汉城市圈的协调配合，进而建设长江中游大都市经济区，深度开发和建设长江流域经济带的迫切需要。此外，洞庭湖区域是我国现代农业的主产地区，粮、棉、油、猪的生产在全国具有重要地位，一方面对确保我国粮食安全和人民生活和谐影响巨大，另一方面与长株潭城市群食品工业、纺织工业、烟草工业等消费品工业的发展关系重大。总之，洞庭湖区腹地经济能否又好又快地发展是关系到国家战略层面（粮食安全、和谐社会、“两型社会”、新农村建设等）的大局问题，也是后金融危机时代实现湖南经济又好又快发展的一个重大课题，具有重要的理论意义和实践价值。

02

腹地生态经济发展理论基础的探讨

在经济全球化和信息化加速推进的大趋势下，一个国家或地区因为存在发展不均衡现象，必然只能优先发展其潜在增长点，从而带动区域其他地方的发展。我国大部分城市通过其良好的基础设施、资源禀赋、政策扶持、地理区位等原因发展起来，从而成为该区域的经济中心；但因为与周边腹地之间缺乏紧密的经济联系，抑或是经济腹地的落后使得区域发展越发不均衡，导致中心城市的集聚效应不能有效地扩散，整个区域也难以得到较大的发展。由此可知，一个区域内如果城市间经济落差太大，城市之间缺少相互沟通和联系，那么该区域的经济中心也难以孤立发展，必须有众多的城市作支撑，以发达的腹地作依托，才可能发展起来。

经济意义上的"城市群"可定义为，由一个城市经济中心和与中心密切关联且通过中心辐射带动的若干腹地城市所构成的经济区域。由此得出，城市群有三大构成要件：第一，有一个经济中心，即一个具有凝聚力和集聚功能的经济中心；第二，要有若干腹地和周边城市，它们既是中心城市经济能量释放或扩散的接受地，也是支撑中心城市发展的要素资源供给源和重要的市场区；第三，经济中心与经济腹地的内在经济联系紧密，具有"极化—扩散"效应。经济中心不仅通过极化效应对其自身的发展起着巨大的推动作用，而且还通过辐射促进周边腹地的发展；同样，周边腹地也通过强化自身经济实力为经济中心在资源供给、前后产业链承接上提供强有力的支撑。

洞庭湖区作为长株潭城市群的经济腹地，既是经济中心赖以依存的基础，也是整个区域实现突破发展的根基，故其发展意义重大。本书通过综合研究相关理论指出，其发展应打破以往的梯度推移战略思想，也就是说经济腹地不能通过一味地、被动地、消极地接受经济中心扩散或辐射来获得发展，从而减小与经济中心之间的差距，而应积极地抓住经济全球化与信息化的有利机遇，实现其“后发优势”，建立自身的优势产业，提高经济实力，以便更好地支撑经济中心的发展，进一步为区域经济的整体发展作出自己的贡献。

2.1 发展经济学与现代经济增长极理论

增长极理论源于对区域经济发展非均衡规律的观察，最早由法国经济学家佩鲁（Francois Perroux）于20世纪50年代初提出。他提出的增长极主要是建立在抽象的经济空间上的。“经济空间”是指“存在于经济元素之间的经济关系”，从产业的角度来说，就是指产业关联的结构关系。他把经济空间看作力场，而位于这个力场中心起着“磁极”作用的推动型单元就可以描述为增长极。佩鲁强调主导产业部门的作用及其所带动的产业间的关联推动效应。20世纪60年代，法国经济学家布代维尔（J. B. Boudeville）将视角转向经济空间的地域特征，认为增长极是主导推动型产业的空间集聚，他将增长极看成是一个具有高创新能力、高增长率、高影响力的中心区位，即增长中心。但直至当时，增长极理论一直存在着一个缺陷，即忽视了对其他地区发展的不利影响。继而，瑞典经济学家缪尔达尔（Gunnar Myrdal）提出“地理上的二元经济”结构理论，弥补了增长极的这一不足。德裔美籍发展经济学先驱赫希曼（A. O. Hirschman）针对区域发展不均衡又进一步提出了产业关联效应理论，他认为经济进步不会在所有地方同时出现，而一旦它在某一处出现，巨大的动力将使经济增长围绕最初的起点附近地域集中。他把增长极看成是极化空间或极化区域中的城市这一地理单元，把区域增长极对区域经济发展的影响描述为城市中心对周围腹地的影响。此后，弗里德曼（Milton Friedman）等人逐步完善了增长极理论。

增长极理论的核心思想是：经济增长总是首先在少数区位条件优越的点上不断发展成为经济增长中心，当增长极发展到一定规模后，扩散效应与极化效应相互作用，推动整体经济发展。增长极的扩散效应是指各资源要素和经济活动主体通过一系列联动机制从增长极向周围腹地扩散，并由此带动腹地经济发展。扩散效应的实现要求中心城市与周围腹地之间具有很强的经济联系。扩散效应主要有两种功效：第一，基于自身进一步发展的需要，增长极需要对经济腹地不断地进行“改造”，使其演变为从属于区域总体发展目标和对自身发展更有帮助的地区；第二，为了追求新的发展，增长极有必要疏导或扩散一部分产业、要素以实现其更新换代。经济腹地在扩散效应中起着举足轻重的作用：首先，经济腹地的基础设施完备状况直接影响着扩散效果；其次，经济腹地的产业结构布局是否合理关系到对扩散的产业的承接能力；最后，经济腹地作为经济中心工业产品的主要销售中心，其需求大小取决于自身经济发展的水平。扩散效应作用的结果是加快了经济腹地的发展速度，缩小了区域发展差距，带动了大范围区域经济的增长，促进了区域均衡协调发展。增长极的极化效应是指增长极利用优越的发展条件，通过迅速增长的推动型产业吸引和拉动区域资源要素和经济活动主体，促进自身的经济能量积累。经济腹地在此效应中担任原材料、劳动力等资源的供给者，其资源的充沛与否直接影响着极化效应的作用，即经济腹地的基本要素能否在满足自身发展需要的同时还能供应经济中心发展的需要。极化效应使得增长极与周围腹地形成经济势差，促使和诱发资源要素向经济中心移动，进而使经济中心实力增加。极化效应具有自我强化的趋势，是扩散效应的前提和基础。增长极前期的极化效应发挥是很有必要且合理的，所拉开的差距也在合理的限度内，但通过极化作用循环反复的累积，将出现缪尔达尔提出的“回波效应”。回波效应促使各种要素向增长极回流和聚集，产生一种扩大经济中心与经济腹地之间经济发展差距的运动趋势，对周围腹地的发展产生阻碍作用或不利影响。即周边腹地的资金、人才都流向增长极，从而对经济腹地自身的发展产生资本累积逐渐减少、相应工作岗位缺乏匹配的人才等不利影响。

总之，经济增长极最终导致“中心—外围”体系（CP 模型）的形成。这个体系是整个区域大体系的一部分，其发展对整个区域来说是重要的。但我们也不能不看到当前的城市群发展战略的价值取向，即中心城市居于主导地位，城市群的战略往往把增强中心城市的实力和竞争力放在首位，这在一定程度上和特定阶段上可能会制约城市群外围腹地的发展，使外围腹地处于更加不利的环境之中，进而会影响到整个大城市群的协调发展。“中心”和“外围”的形成是技术进步及其成果在经济体系中发生和传播的不均衡性所导致的历史必然结果。中心地区与外围腹地的经济技术，由高到低形成了一定的水平梯度。当中心地区的经济和技术发展到一定程度（一般到工业化成熟期）后便按梯次向外围腹地转移，从而带动外围腹地经济技术水平的提高，这就是经济技术梯度推移所产生的扩散效应。这样，“中心—外围”体系在经济结构上就必定存在巨大差异。技术进步首先发生在中心地区，并且迅速而均衡地传播到它的整个经济体系，因而中心地区的经济结构具有同质性和多样性。外围腹地的经济结构则完全不同：一方面，外围腹地的经济结构是专业化的，绝大部分生产资源被用来不断地扩大初级产品的生产部门，而对工业制成品和服务的需求大多依靠从中心地区引入来满足；另一方面，外围腹地的经济结构还是异质性的，即生产技术落后、劳动生产率极低的经济部门（如生计型农业）与使用现代化生产技术、具有较高劳动生产率的部门同时存在。正是这种经济结构的巨大差异最后形成了“中心—外围”体系的“不平等性”，即人们所熟知的：中心地区在进入现代工业化之前，先要有一个要素聚集过程，利用其优势不断地把外围腹地的人、财、物吸附到中心地区，出现极化效应；或是在发生扩散效应的过程中，中心地区也有可能“顺手牵羊”，从外围腹地带走它所需要的东西，产生回程现象，所有这些都会影响外围腹地的快速发展。另外，在外围与中心的贸易和协作的经济关系中，外围腹地总是处在一种被动的、不平等的地位上，所以“中心—外围”体系的提出者并不主张外围同中心在经济上“脱钩”，而只主张外围在意识形态上摆脱对中心的依附性。外围腹地应充分利用自身优势，进行集聚化的大规模开发，培植自身经济增长点，提升经济结构层次，打破超稳定的二元结构，实现赶超发展。

2.2 生态经济学与绿色可持续发展理论

推进生态文明建设是涉及生产方式和生活方式根本性变革的战略任务。进入后金融危机时代，发展绿色经济已成为全球可持续发展的重要趋势。国际社会普遍认为，发展绿色经济不仅可以节能减排，而且能够更有效地利用资源、扩大市场需求、增加新的就业岗位，是保护环境与发展经济的重要结合点。目前，高能耗、高排放的传统工业，已给地球资源与环境造成了巨大压力和影响，人类经济社会的持续发展面临严峻挑战，全世界国家必须进行绿色转型，着力发展生态经济。

2.2.1 生态经济是“自然—经济—社会”的复合生态系统

何谓生态经济？在这个概念中生态是自然的，也是客观的，经济则是人为的，是人类的主观行为。由于现代的经济活动不是单个人孤立的活动，而是人们通过分工的协作活动，因而人为的经济活动又是社会的。生态经济是“自然—经济—社会”的复合生态系统，它既包括物质代谢关系、能量转换关系及信息反馈关系，又包括经济社会的结构、功能和过程的关系，具有生产、生活、供给、控制和缓冲功能。所以，生态经济包括客观的自然环境和主观的人为活动两大结构的相互结合、相互适应、相互均衡及其优化。据此分析，我们对生态经济定义为：在自然生态系统的承载能力范围内，运用生态经济学原理和系统工程方法改变生产和消费方式，挖掘一切可以利用的资源潜力，发展结构合理、经济发达、生态高效的产业，建设体制先进、社会和谐、生态健康、景观适宜的人类生存环境。总之，对发展中国家和地区来说，生态经济是实现经济跨越与环境保护、物质文明与精神文明、自然生态与人类生态高度统一的人为经济活动形式，它的本质要求是低消耗、低排放、低成本和均衡产出、系统协调、环境适宜的绿色经济，以实现人类经济社会快速可持续发展。

生态经济的学术原理最早是由经济学家博尔丁（Kenneth Ewart Boulding）在20世纪60年代提出的。到80年代初，生态经济学已成为研究社会再生产过程中经济系统与生态系统之间物质循环、能量转化、信息交流和价值增值的经济学。它通过研究自然生态和经济活动的相互作用，探索生态经济社会复合系统协调和可持续发展的客观规律。随着经济的发展，人类经济活动同自然环境的冲突不断出现，于是人们越来越认识到片面追求经济增长必然导致生态环境的崩溃，单纯追求生态目标也处理不了社会经济发展的诸多问题，只有确保“自然—经济—社会”复合生态系统持续、稳定、健康地运作，方有可能同时实现经济增长和生态保护这两个目标，从而实现人类社会的可持续发展。由此，我们认为生态经济既是生产不断发展与资源环境容量有限的矛盾运动的必然产物，也是实现可持续发展的一种具体形式，是把经济社会发展和生态环境保护建设有机结合起来并使之互相促进的一种新型的经济活动形式。在这里，生态环境既是经济活动的载体，又是重要的生产要素，建设和保护生态环境也是发展生产力。所以生态经济强调生态建设和生态利用并重，在利用生态时抓环境保护，力求经济社会发展与生态建设和保护在发展中动态平衡，实现人与自然的和谐与可持续发展。

2.2.2 生态系统和生态平衡是生态经济的两个重要内涵

从上述生态经济实现人类经济社会可持续发展的本质来看，生态经济有两个十分重要的内涵——生态系统和生态平衡。我们知道，自然界的任何生物群落都不是孤立存在的，它们总是通过能量和物质的交换与其生存的环境不可分割地相互联系、相互作用着，共同形成一个统一的整体，这样的整体就是生态系统。简言之，生态系统是指在一定地区内，生物和它们的非生物环境（物理环境）之间进行连续的能量和物质交换所形成的一个生态学功能单位。不同类型的生态系统都有一个共性，即任何一个能够维持其机能正常运转的生态系统都必须依赖外界环境提供输入（太阳辐射能和营养物质）和接受输出（热能、排泄物等），其行为经常受到外部环境的影响。但生态系统并不是完全被动地接受环境的影响，在正常情况下（即在一定限度内），其本身具有反馈机能，能够自我调节，逐渐修复与调整因外界干扰而受到的损伤，维持正常的结构与功能，保持相对平衡状态。因此，它又是一个控制系统或反馈系统。但如果超出了一定限度，生态系统就会无法自行修复而失去平衡，最终给人类的生存和发展造成严重的冲击和巨大损失。所以，为了防范生态的失衡，生态经济特别强调生态系统内各生物之间和生物与环境之间高度的相互适应，种群结构与数量比例保持持久的平衡状态，生产与消费和分解之间，即能量和物质的输入与输出之间接近平衡，以及结构与功能之间相互适应并获得最优化的协调关系。这种状态就是生态平衡，是实现人类经济社会可持续发展的前提条件和基础。当然这也是生态经济追求的根本目标。

2.2.3 生态经济的可持续特征是时间性、空间性和效率性

经济社会发展的绿色转型是要从根本上调和“高效益”与“生态化”两种发展诉求，使其有机统一，促使经济系统内各经济主体、非经济主体通过深度的分工和精密的协作，组成合理有序且功能强大的经济网络，使经济资源、社会资源和生态资源得以良性循环，最终实现生态经济可持续发展的目标。参考有关研究资源，我们把这种生态经济的可持续发展概括为以下三大本质特征：第一个特征是时间可持续性，指资源利用在人类社会再生产的时间维度上所具有的可持续性。后代人对自然资源应该拥有同等或更美好的生存权和享用权，当代人不应该牺牲后代人的利益换取自己的舒适生活，应该主动采取“财富转移”的政策，为后代人留下宽松的生存空间，让他们同当代人一样拥有均等的发展机会。第二个特征是空间可持续性，指资源利用在空间维度上所具有的可持续性。由于资源禀赋在空间上的差异性和不平衡性，这就要求在经济发展过程中对资源进行合理的空间配置。特别是区域的资源开发利用和区域发展不应损害其他区域满足其需求的能力，而且还要求区域间的资源环境做到共享和共建。第三个特征是效率可持续性，指资源利用在经济社会效率维度上所具有的可持续性。也就是以技术进步和体制创新为支撑，采取低耗、高效的资源利用方式，通过优化资源的配置和精益管理，最大限度地降低单位产出的资源消耗量和环境代价，不断提高资源产出效率和社会经济的支撑能力，以确保经济持续增长的资源基础和环境条件。

根据生态经济的内涵及可持续发展的本质特征，在具体的生态经济活动运行层面上，人类要敬畏自然，尊重规律，科学利用自然，以“技术成熟、市场需要、环境无害、域间公平、代际均衡”的要求来处理利用自然（包括不可再生自然资源和可再生自然资源）的关系，着重把握好微观层面单个生产体的生态经济、中观层面生产体之间的生态经济链和宏观层面社会范围的复合型生态经济这三个层面的互动关系，从单一到结合，从结合到复合，层层推进，促使经济运行质量得以改善和提高。在这个生态经济系统中，单个生产体是发展生态经济的基础和主体，也是体现生态经济效益最直接的单体，结合型生态经济和复合型生态经济都是建立在这一层面上的。只有所有的生产体都积极实行生

态经济的生产和管理，才会全面提高我国国民经济绿色发展的水平，更好地推动整个社会经济快速可持续发展。

2.3 空间经济学区域模型与城市体系模型

空间经济学是在区位论的基础上发展起来的多门学科的总称。它研究空间的经济现象和规律，研究生产要素的空间布局和经济活动的空间区位。空间经济学的渊源可以追溯到德国传统的古典区位理论，如杜能（Johann Heinrich von Thunen）的“农业区位论”和韦伯（Alfred Weber）的“工业区位论”等。尽管区位论历史长久，但由于空间问题的某些特征（指收益递增时的市场结构）使得主流经济学的建模技术难以处理，因而一直未能被纳入经济学主流。直到 1977 年美国经济学家迪克西特（Avinash K. Dixit）和斯蒂格利茨（Joseph E. Stiglitz）在《美国经济评论》发表的文章中提出垄断竞争模型，提供了崭新的分析工具，掀起了经济研究中收益递增与不完全竞争的革命。而这场革命的第四波就是空间经济理论。1999 年由麻省理工学院出版的《空间经济学：城市、区域与国际贸易》是空间经济理论的标志性成果。该书由三位国际著名经济学大家——日本京都大学的藤田昌久（Masahisa Fujita）、美国普林斯顿大学的克鲁格曼（Paul Krugman）和英国伦敦政治经济学院的维纳伯尔斯（Anthony J. Venables）合著而成。这本书在美国享有极高的声誉，是许多大学的博士研究生教材，也被译为日文、西班牙文、葡萄牙文和中文等多种文字广为流传。2003 年美国普林斯顿大学出版了《经济地理与公共政策》一书。最近几年来，空间经济理论已成为我国经济学界的一大热门。事实上，在当代经济全球化和区域经济一体化的背景下，经济活动的空间区位对经济发展和国际经济关系的重要作用在过去的十年中已经引起人们的高度重视，从而也赋予了空间经济学崭新的生命力。

空间经济学研究经济活动的空间差异，其微观层次探讨影响企业区位决策的因素，而在宏观层次上则主要解释现实中存在的各种经济活动的空间集中现象。空间经济学的核心思想：一是经济系统内生的循环累积因果决定经济活动的空间差异。追逐市场接近性优势的微观经济主体的行为产生了集聚力，即价格指数效应和本地市场放大效应，这种前后联系具有循环累积因果特征，它们可以使对经济系统的初始冲击进一步放大，从而强化这种冲击。集聚力的市场拥挤效应所产生的分散力决定了最终经济活动的空间模式。二是经济系统的内生力量也可以促成经济活动的空间差异。集聚力和分散力随贸易成本的升降而变化：在空间贸易成本较大的情况下，分散力会相对大一些，这时市场拥挤效应占优势；而当空间贸易成本降到某一临界值时，集聚力超过分散力，市场的接近性优势超过了市场拥挤劣势，均衡分布被打破，现代部门向某一区域集中，随之初始均衡分布结构演变为非均衡分布结构。三是空间经济具有区位黏性，即“路径依赖”。一旦选择了某种产业分布模式或发展路径后，那么在较长的历史过程中，各种经济活动便会不断适应并紧紧地“黏上”这种模式或路径，要改变这种模式或路径须支付很大的成本。经济系统的内生力量一般很难改变原有状态，此时外生的强冲击力，如某种政治事变、人们预期的变动或出台新的区域政策等将起重要作用。四是人们预期的变化对发展路径产生深刻影响。空间经济学告诉我们，人们将根据变化后的预期，选择不同的产业分布模式或发展路径。其选择的主要依据为有效性原由，即每个个体都认为大多数人选择的某种经济模式是有效的，在此每个个体也选择大多数人选择的经济模式。这样，人们预期的变化将把原有的经济系统推向另一种经济系统。五是产业集聚带来集聚租金。当产业集聚区形成后，可流动要素能够得到集聚租金。在这里，集聚租金是贸易自由度的凹函数，当贸易自由度处于特定区间时，集聚租金大于零，贸易自由度取某一特定值时，集聚租金最大，而后随自由度的提高，集聚租金下降，显示为驼峰状。集聚租金的政策含义：当产业集聚在某一区域形成稳定均衡时，经济政策的边际变动不会带来经济状况的变化。上述理论观点可以归纳为空间经济学理论结构的三大模型，即区域模型、城市体系模型和国际模型。对洞庭湖区经济发展战略的研究来说，我们尤其要高度重视区域模型和城市体系模型。

2.3.1 区域模型

区域模型即 CP 模型，主要研究工业中心与农业外围的内在联系。它假设一种只有农业和制造业两个部门的经济：农业部门是完全竞争的，生产单一的同质产品；而制造业部门是垄断竞争的，供给大量的差异化产品，具有收益递增的特征。两个部门分别仅使用一种资源，就是劳动力。农业雇佣劳动力要素不可流动，而制造业工人可以自由流动；农产品无运输成本，而制造品则存在“冰山成本”（icebergcost）。经济的演化可能导致“中心—外围”的格局：制造业“中心”和农业“外围”。其条件有三个：当运输成本足够低时；当制造业的差异产品种类足够多时；当制造业份额足够大时。较大的制造业份额意味着较大的前向关联和后向关联，它们是最大的集聚力。关键系数的微小变化会使经济发生波动，原先两个互相对称的地区发生转变，起初某个地区的微弱优势不断累积，最终该地区变成产业集聚中心，另一个地区变成非产业化的外围。也就是说，经济演化使得对称均衡在分岔点上瓦解，区域性质发生突变。

当然，“中心—外围”体系能够发生并不表示必然发生，即便发生其是否可以维持也是有条件的。在一定条件下，一个地区形成的产业集聚可以自我维持，但在同等条件下，产业在两个地区的分布也可能是稳定的。这也表明真实世界中的空间地理结构要比想象中的复杂得多。CP模型从理论渊源上可以追溯到德国经济学家运用地租学说和比较成本学说创立的古典区位理论。1826年，杜能撰写发表了巨著《孤立国同农业和国民经济的关系》（简称《孤立国》），提出了农业区位论。杜能设想了一个孤立于世界之外、四周为荒地所包围的孤立国，其中心是一个大城市，是孤立国制造品的唯一供给者，而城市的食品则完全由四周的土地（一个农业大平原）供给。杜能以利润最大化为目标函数，得出这样的结论：为了利润最大化目标，农场生产的品种选择与经营方式的首要决定因素是距离，即生产地与市场的距离。当生产成本一定时，离中心城市越近，追加的运费越低，边际产量须偿付的成本越少，生产规模扩大的可能性就越大。继杜能的农业区位论之后，韦伯于1909年撰写发表了《工业区位论》。在这部名著中，韦伯将影响工业区位的因素分为两类：区域性因素和集聚因素。工业是如何布局于各个区域的，受区域性因素影响；而在工业区域内，厂商为什么集中于此地而非彼处，则受集聚因素影响。且集聚力又受技术发展、劳动力组织变化、市场化因素及经济环境因素影响，分散力则可归结为伴随工业集聚而来的地租增长的影响。韦伯认为衡量工业最优规模的标准有两个：一个是单位产品的成本最低，一个是企业总利润最大。在考虑区位的情况下，用这两个标准确定的最优规模是不一致的，可见区位对最优规模决策的重要作用。韦伯用集聚经济来描述企业外部经济，并指出集聚能否产生效益，既取决于集聚的企业种类与结构，也取决于集聚的规模。

2.3.2 城市体系模型

城市体系模型主要研究城市层级体系的演化。在现实的经济社会运动中，为什么城市会形成不同层级？如何从单一中心地理向多城市地理发展？形成城市层级体系的组织结构是如何演化的？一个优化的经济体中城市规模应有多大？该如何分布？这都是空间经济学中的城市模式所要探讨的问题。在单一地理中心中，有一个制造业集聚而成的孤立城市，四周被农业腹地包围。但当人口不断发展达到一定程度时，此时孤立城市中某些制造业会向城市外迁移，从而导致新城市的形成。人口的进一步增长又会生成更多的城市，然后继续向下发展。一旦城市的数量足够多，城市规模和城市间的距离在离心力和向心力的相对强度下将在某一固定水平稳定下来。如果城市经济中有大量规模各异和运输成本不同的行业，经济将形成层级结构。这种城市结构的未来趋势取决于

"市场潜力"参数。经济演化的过程可看作市场潜力与经济区位的共同作用，市场潜力决定经济活动的区位，而区位的变化进而重新描绘了市场潜力。当然，自然地理对经济地理的作用不容忽视，譬如河流和港口的作用。区位优势有催化作用：当一个新的中心出现时，一般情况下会是在这个地区而不是在其他地区形成；而一旦中心形成，它便通过自我强化不断扩大规模，产生空间经济的自组织作用，最终形成以多极城市群为构架的大都市区。这种大都市区是在大城市或城市群基础之上的发展和提升，指随着产业规模的不断扩大，城市向市外的郊区和腹地拓展，形成由大、中、小城市圈、城市群、城市带组成的，具有强大极化力和辐射力的多极化、网络化、一体化的空间经济体系，其中发挥主轴功能的是经济密集度很强、经济影响力巨大的特大中心城市。这个大都市区经济系统通过经济互补、经济辐射、经济渗透、经济交流、经济密集，实现城市与农村、非农产业与农业以及中心区与外围区的统筹发展。世界城市联盟和加拿大科瑞澳公司对中国大都市区的一项研究表明，大都市区的形成和发展对中国现代经济的发展具有非常重要的意义：一是高效的大都市区是消费者密集的地方，可形成庞大的消费市场；二是大都市区拥有规模巨大的劳动力市场，劳动力有高度流动性，企业更容易降低成本；三是大都市区土地市场比较发达，为企业提供更多的区位选择机会；四是大都市区的市场高度融合，为企业提供更为充分的生产资料；五是大都市区是就业岗位最为集中的地区，就业岗位的选择和机会比其他地区要多；六是大都市区为居民生活提供更多的选择，能为各个阶层的居民提供更宽广的居住选择面；七是从社会发展的角度来说，大都市区具有社会包容性，外来人口更容易在大都市区聚集，更加容易融入城市生活。此外，大都市区基础设施服务等公共服务实现规模效应的条件优越，特别是公共交通、环境保护以及区域性的基础设施更容易产生需求，大型港口、机场往往在大都市区产生。

2.3.3 国际模型

国际模型主要研究要素流动和集聚的跨国界问题。在现实中，要素流动会受到种种限制，"国界"是不可避免的影响因素。国际贸易壁垒和要素流动障碍都是国界所导致的。正是因为国界的存在，在"中心—外围"体系中起关键作用的产业关联效应并不能导致世界人口向有限几个国家集聚，却能产生一种专业化过程，使特定产业向若干国家集聚。那么，关联效应、贸易成本和国际不平等或世界经济的"俱乐部收敛"之间有什么关系？对外贸易如何影响内部地理？随着经济一体化的进程，不同产业区域的专业化模式和贸易模式将如何改变？一个忽略国界的"无缝"世界将是什么样子的？空间经济学力图回答这些问题。空间经济理论应用到国际贸易领域，更强调外部经济在贸易中的作用，即行业层面上的收益递增会导致在其他方面相似的国家专业化生产不同的商品。虽然从总体上看贸易自由化会使一个国家的工业在空间上显得更加分散，但对某些工业而言，贸易自由化却可能带来空间集聚，使得对外开放所带来的国民福利增进。一般认为，国际贸易所得来自消费者所得和生产者所得，其中后者是通过发挥比较优势，从而改变产业结构所带来的。但空间经济地理的分析表明，贸易可导致内部经济地理的重新组织，它既在总体上促使制造业活动变得更加分散，同时又促使某些产业发生集聚。当一个产业为了适应贸易方式的变化而重新组织生产时，意味着贸易也许通过更深一层的产业组织作用机制来改变一国经济的福利水平。

2.4 区域经济学与地域生产综合体理论

地域生产综合体（territorial production complex，简称 TPC）是一种按照一定地域范围组织生产的理论。区域经济学"生产综合体"概念的提出源于20世纪初，主要是指某个地区内不同的生产部门和生产企业通过联合、分工协作以促进地区经济发展的社会生产体系。地域生产综合体的理论基础是苏联学者科洛索夫斯基（Klossowski）于20世纪40年代提出的生产循环理论。该理论认为，经济中的不同工业部门都有其较稳定的结合方式——高效的产业循环链条。对于TPC的概念问题，至今没有一个统一的标准，科洛索夫斯基认为它是指"在一个工业点或一个完整的地区内，根据地区的自然条件、运输和经济地理位置，恰当地（有计划地）安置各企业，从而获得特定的经济效果，这样的一种各企业间的经济结合（相互制约的结合）就称为生产综合体"。苏联国家计委生产力研究委员会主席涅克拉索夫（Nekrasov）认为，地域生产综合体是以国家一定区域的自然资源和劳动力资源为基础发展的专业化部门的空间结合，在该区域内具有统一的生产性和社会性基础设施，有共同的建筑基地和动力基地。

从以上定义来看，TPC理论是关于在一定地域以一定的专业化部门为核心，能够充分发挥专业化部门在整个地域的生产联系的生产地域经济体系的形成机制与过程的理论。从组成上看，地域生产综合体是由专业化部门、与其协作配套的辅助性部门和只为地区服务的自给性部门所组成的。其中专业化部门是指具有全国意义和影响的能够与区域以外的产业发生紧密联系的产业部门。专业化部门是地域生产综合体的经济支柱，其产品参与区际之间的交换，决定着地域生产综合体在国民经济中的地位，体现着地域生产综合体的外部联系；

辅助性部门和自给性部门则一般都是在为适应专业化生产发展的需要或为专业化部门和当地居民服务的基础上发展起来的。我们一般强调的地域生产综合体为增强自身实力所需实现的产业高度专业化，并非是指独立地发展少数专业化部门，而是应该包括专业化部门周围众多与其配套和协调的相关部门。在保证优先发展专业化部门的前提下，我们也要综合发展其他部门以保持一定的比例关系，部门之间相互协作，密切配合，形成地域生产综合体的内部联系，体现一个地区的生产结构。如果一些关系紧密的辅助性、补充性产业距离核心产业很远，是不可能有效完成工作的。

地域生产综合体理论包括三个分支理论体系：①生产结构理论。生产结构理论是指 TPC 由各种生产要素组成，这些生产要素包括自然经济、社会经济各因素，TPC 的生产结构实际就是这些因素相互结合所形成的统一体。②综合体内相互联系理论。这一理论是指强调专业化与综合发展相结合的原理，它的提出是为了说明在 TPC 的发展过程中除了要考虑到专业化部门的发展，也要考虑到其他各种非专业化部门的发展。理由有三点：第一，专业化部门在扩张过程中离不开综合发展，因为专业化部门与协作配套部门、社会基础设施建设部门之间有前向、后向、侧向的连锁关系，因而前者的发展就离不开后者的支持。第二，专业化与综合发展相结合是指专业化生产扩张过程中，综合发展也相应地扩张，这样才能支持专业化部门的发展。各综合部门的发展速度过慢将不能满足专业化部门的发展需求，建设过快又会造成各种经济资源和社会资源的浪费。故专业化部门必须保持好与各综合部门之间的发展联系。第三，由于专业化部门发展是针对一定时空条件下的经济部门扩张而言，如果其他综合部门的发展跟上了这一发展，当外界条件发生变化时，区域经济就不会出现大的起伏涨落，也就保证了区域经济的整体稳定性。③动态理论。TPC 的动态理论是指在 TPC 的形成与发展过程中，TPC 内部的各个环节、各种组成要素的增长与扩展呈动态变化的规律。

地域生产综合体发展的根本动力在于它能比企业单独布点带来更大的集聚经济效果，它不是企业的简单地域聚集，而是使生产上相互补充、经济上密切相关的企业在地域上有序结合布局，产生明显的经济效果。地域生产综合体的根本思想是区域生产专业化和综合发展相结合。这种开发模式要求区域之间形成一个产业关联度高，能促进资源循环、高效使用的核心区；同时还要求所在区域内应具备丰富的自然资源、良好的交通等基础设施条件来配合核心区的发展。

2.5 经济腹地与经济中心协同运动理论

腹地（hinterland）概念的产生，并非源于对城市的研究。最初的腹地概念是指港口的腹地，指货物的集散空间和吞吐容量。随着现代化大生产的发展，大都市区和经济增长极的出现，与经济中心或中心城市相对应的经济腹地逐渐形成。经济腹地具有等级性、层次性和过渡性三个基本特征。在一个相对的空间、时间范围内，经济中心依托经济网络与周围区域发生经济联系，我们把这样的周围区域称为该城市经济群经济中心的经济腹地。经济腹地是经济中心产业链赖以形成的基础，二者唇齿相依，构成一个高结构化（分工配套协作）的现代经济体系。相对经济中心而言，腹地意味着市场、物流、人流，意味着产业结构调整的回旋余地，也意味着劳动力的供给。

经济腹地与经济中心的协同运动，在运行规律层面上主要表现出以下特性：

①现代区域经济通常由经济中心、经济腹地、经济网络三大要素构成。其中，城市是区域的经济中心，城市在经济发展过程中形成的经济集聚与辐射功能，会有效地优化资源与要素的空间配置，这就会形成相应的经济腹地。经济中心与经济腹地通过市场与产业体系沟通城市与区域间的经济联系，形成经济网络，进而从广度到深度上带动整个大区域经济的发展。因此，区域经济发展的空间规律表明，任何一个流域或区域都必须以城市为经济中心，构建流域或区域经济发展的新机制。

②从区域经济的增长规律看，在农业社会，区域经济增长以农村为主导，在工业社会，区域经济增长以城市为主导。随着工业化的发展，我国区域经济增长模式已发生由以农村为主导向以城市为主导的根本性转变，东部沿海地区经济快速发展的重要原因之一，就是率先实现了区域经济增长模式的转变。

③从流域经济来看，腹地是形成较为合理的城市体系的依托。城市经济发展较快，在长期的发展过程中，这些城市已成为不同空间范围的区域经济中心，不同程度地发挥着集聚与辐射作用，带动区域经济的发展。区域经济学的研究还表明，在市场经济条件下，区域之间的经济联系主要是城市之间的经济联系，这种联系的区域空间现象就是城市经济圈或城市群经济圈的出现。

④现代经济腹地主要表现为绿色腹地和生态腹地。城市群经济中心以工业为主导，其发展需要有相应的环境容量，因此作为经济中心的经济腹地首先应该是绿色腹地和生态腹地。在这里，绿色腹地就是生态腹地，其形象特征是青山绿水。有了青山绿水，人类的生存发展才有保障；失去青山绿水，人类就会

失去自己的生存家园和精神家园；毁灭青山绿水，就等于是人类自我毁灭。人类社会发展的历程表明，人类文明的发端、繁荣，无不与青山绿水相伴，而一些文明的衰落、消亡，也往往与穷山恶水相随。建设城市群经济中心当然离不开青山绿水的基础和支撑（如水源、土地、矿山、空气、树木等），因为经济社会的持续发展在很大程度上依赖于生态环境的承载能力。其实，生态环境是一种特殊的生产力，保护生态环境就是保护和发展生产力，特别是保护经济可持续发展的能力。正是由于城市群经济中心的发展不能不依赖一定的资源和环境，因此生态型经济腹地便构成了城市群经济中心发展不可缺少的客观条件。

2.6 中国农业现代化与农业转型理论

国外学术界对农业现代化的界定，至今没有统一的定义。舒尔茨（Theodore W. Schultz）是从技术进步的角度来探讨农业现代化的，梅勒（John W. Mellor）着重于从资源的替代性和互补性角度研究农业现代化，速水佑次郎（Yujiro Hayami）、拉坦（Vernon W. Rutton）、科斯（Ronald H. Coase）、阿尔钦（Armen A. Alchian）、诺斯（Douglass C. North）等则侧重从制度变迁角度研究农业现代化。以上研究中，舒尔茨对传统农业和现代农业的界定是比较权威的。关于农业现代化发展形态的研究，在美国，最初的农业现代化基本上等同于农业机械化，后来演变成“四化”（机械化、良种化、化学化和水利化），并作为“绿色革命”得到推广；“石油农业”这一词语早期用来形容高投入、高产出的农业现代化形态或模式，美国和其他国家这些年来都在不断寻求和实践“石油农业”的替代模式，从日本的自然农法到美国的有机农业，再到可持续农业、生态农业与环境农业等；此外，还有都市农业、设施农业、信息农业、精准农业等概念和模式。关于农业现代化道路的研究，美国、加拿大和澳大利亚等国选择规模经营型模式，荷兰、以色列、日本和韩国等国家选择集约型农业发展模式，法国选择专业化农业发展模式。尽管没有统一或固定的模式，但以上研究仍为发展中国家提供了宝贵经验。

我国相关学术界的张培刚、刘巽浩、许越先、林毅夫、牛若峰、蒋和平、石元春、黄祖辉、卢良恕、柯炳生等专家和学者对农业现代化的概念和特征问题进行了深入研究。尽管研究内涵与标准等不尽相同，但其核心内容具有一致性，即要用现代物质条件装备农业，用现代科学技术改造农业，用现代产业体系提升农业，用现代经营形式推进农业，用现代发展理念引领农业，用培养新型农民发展农业，提高农业水利化、机械化和信息化水平，提高土地产出率、资源利用率和农业劳动生产率，提高农业素质、效益和竞争力。当然，国内学术界对农业现代化的模式选择则看法不一，主要有技术选择论、制度选择论、城乡统筹论、农业产业论、农业多功能论等。总的来看，国内外学术界对农业现代化的概念和内涵界定比较一致，而对农业现代化道路的看法却有较大差异，但其研究有一个共同点，基本上都是从农业范围来论证和阐述农业现代化和农业现代化道路的，没有跳出农业的狭小范围而从马克思在《共产党宣言》中所提出的“把农业同工业结合起来”的角度来论证农业现代化和农业现代化道路。

农业现代化的发展必然要求传统农业向现代农业转型。因此，农业转型是指对传统农业和农村社会进行现代化改造。美国学者托达罗（Michael P. Todaro）于 1997 年明确提出“农业转型”这一概念。他认为农业演进应分为三个阶段：一是最原始的维持生存的传统农业阶段；二是混合和多样化的家庭农业阶段；三是专业化的现代农业阶段。农业转型就是传统农业向现代农业发展阶段的演进。对于如何快速而有效地实现农业转型，近十年来，我国理论界进行了大量的理论和战略研究，归纳起来，其提法大体上有农业产业化、农村工业化、农业企业化、农业现代化和农村城市化五种。农业产业化是官方和学术界最为认同的观点。据《农业经济问题》杂志社 1997 年的综述，目前对农业产业化的内涵和实质的认识至少有 11 种观点。一般认为，农业产业化是市场化、社会化、集约化农业，是农业的工厂化生产，是“农业产业的一体化经营”的简称。而早在 1989 年我国学者黄祖辉就已提出农村工业化，它主要是指农村地域的工业化，即在农村地域上建立与发展社区型工业。也有人认为，中国农村现代化的重要途径是农业企业化，即通过农业企业从事商品性农业生产，实现农工商一体化经营体系。农业现代化的最具代表性观点是农业生产手段的现代化、农业生产技术的现代化和农业生产组织管理的现代化。农村城市化则是指在农村适度发展城市，减少农村人口，实现农业生产方式和生活方式的现代化。

以上关于农业转型战略的观点，就其本身的含义，并无错误。但作为农业经济从传统形态向现代形态转变的战略，前面各种提法均有些局限性。首先，产业化在发达国家有“一体化”和“工业化”两层意思，前者既指农业一体化综合经营以获取范围经济效益，又指在产业组织上实现产业的上、中、下游生产环节的纵向一体化，其目的是为了节省交易费用。所以，产业化的实质最终是工业化生产方式。我国现有关于农业产业化的解释，都是强调产加销一体化经营，其初衷是为了解决小生产与大市场的矛盾，解决组织农民进入市场和适应市场的问题，一般都是以传统鲜食型农产品生产为主，走的是“农业生产—企业组织—市场销售”的路子，农产品加工处于为城乡居民鲜食消费服务的低级阶段。应该说，对农业产业化的这种解释和安排，在农业现代化的初始阶段是符合中国的现实的，但我们必须清醒地看到，这种解释和安排的缺陷是忽视了最为根本的生产过程工业化（即产业化的本质形态），尤其是农业生产方式的工业化，即在实质上忽视了如何从根本上顺应市场和创造市场需求的问题。其次，农村工业化主要是指农村地域的工业化，即在农村地域建立与发展社区型工业，是一个空间的范畴，所涉及的范围宽泛，依然没有突出我国农业转型中生产过程工业化这个本质问题。第三，农业企业化指的是农业企业，包括农产品生产企业、农产品加工企业和农产品流通企业。这种提法限于产业组织形式，这尽管是一个很重要的发展，但仍对农业生产过程工业化这个本质突出不够。我们认为，无论是进行农产品的企业化生产，或是对农产品进行加工，还是对农产品的产后流通环节进行企业化经营，其实质就是对农业的产前、产中、产后环节进行工业化方式的改造，即以工业化的大生产思路来发展农业。第四，关于农业现代化的阐述大多是一种目标论，即要发展现代农业，或是以现代农业的特征来定义农业现代化，没有触及如何去建设和实现现代农业的问题。第五，农村城市化是农业转型过程的伴生现象。现代经济增长伴随着三种形式的结构变化，即生产结构的高度化、生产规模的扩大化和急剧的城市化倾向。城市化是产业集群和产业结构高度化的载体及结果，把城市化作为农业转型的主体性战略，犯了因果颠倒的错误。

基于国内外农业经济学界对农业现代化及农业转型研究的上述缺陷，笔者于 1994—1998 年提出了农业工业化的理论，认为农业工业化是中国传统农业向现代农业转型的根本途径。所谓农业工业化，是指运用工业化的经营方式和管理模式来谋划农业产业发展，在农业生产过程（产前—产中—产后）中推动一系列基要生产函数连续高度化的演进，实现农业与工业的高级形态的产业整合，即农业生产过程的工业化、农业生产结果的工业化和农业产业经营管理的现代化，最终形成工业化的新型现代农业生产方式。也就是说，发展农业工业化是对传统的小农经济进行工业化生产方式的革命，其主要功能是全面进行生产技术变革，组织专业化、标准化、机械化和工厂式的农业集约化生产，延伸农业产业链条，减少农业生产对自然条件的依赖，增强农业生产的可调节性，抑制农产品市场蛛网式波动，以充分达到农业增值、农民增加就业和提高收入水平的目的，最终解决中国二元结构所造成的“三农”问题，实现城乡经济社会的一体化。

2.7 理论总结

区域经济环境对区域空间产业集聚和流动产生了重大影响。在产业结构中，如果周边腹地没有具备参与分工、调整产业结构的能力，没有形成产业升级的高科技动力，没有形成存量调整的退出、进入机制，产业集聚和流动将变得举步维艰。大多数经济腹地仍处于通过经济扩散而被动获得成熟技术的发展过程中，但由于经济腹地对经济中心发展起到重要的支撑作用，以及从经济中心在要素积累过程中给经济腹地造成的不利影响来看，经济腹地必须积极主动地实现自身发展，充分利用其自身优势实现经济的赶超，减小与经济中心之间的差距。通过对以上理论的综合研究，我们得出洞庭湖区腹地经济发展的几项基本原则：

2.7.1 巩固腹地基础设施，为经济中心的发展提供有力的支撑

经济腹地拥有坚实的基础设施是城市群经济中心发展的重要条件，由于便利的交通运输、合理的城市规划布局等基础设施可以降低生产成本，对大都市区经济中心的要素集聚意义重大，所以只有不断完善基础设施，才能提高经济腹地对扩散的承受力，从而使经济中心的辐射效应得到充分发挥。基础设施落后俨然已成为制约一些经济腹地发展的瓶颈，所以国家及当地政府有必要加大基础设施的资金投入，从基础上巩固周边腹地的经济实力，加快大都市区特别是中心城市的整体发展。洞庭湖区作为长株潭城市群经济中心的资源供给后备及工业产品销售中心等，应不断加强自身经济实力以充分发挥对经济中心的支撑作用。

2.7.2 进行合理的产业布局，实现经济腹地与经济中心的优势互补

从整体上看，大都市区的发展需要其内部城市之间形成系统的产业结构组织以提高资源的配置效率，最终实现城市群整体经济效益的飞跃。由增长极理论可知，城市群的中心城市对周边腹地经济的发展起着支配和带动作用，同时经济中心也需要经济腹地的产业支撑。如果两者之间存在严重的产业雷同、互补性不强等问题，将使得扩散效应大打折扣，经济中心的部分剩余产业无法转移，经济腹地的发展也会因此受到限制，最终影响整个区域发展的动力。基于地域生产综合体理论，洞庭湖区应利用自身优越的地理条件和丰富的自然资源

等优势对产业结构进行调整，使之达到与客观相适应的各产业高效协调的状态。也就是说，仅发展经济中心扩散出来的产业是不够的，经济腹地应该在考虑整体区域产业结构后发展自己的优势产业，然后朝着结构效益目标不断优化的方向进行产业结构升级，增加自身产业附加值、知识技术含量等。

2.7.3 实行产业价值链的分工，加强经济中心与经济腹地之间的联系

由于资源、地理区位、历史以及政策的原因，各地区间的经济发展总是不平衡的。经济中心的回波效应以及中心对外围的不平等地位容易造成两地之间的经济、文化、政治等矛盾尖锐化，从而不利于两地的协作发展。因此，有必要在区域发展中逐渐拉长城市群中经济中心的主导产业的产业链条，促进区域分工由经济中心向周边腹地延伸，并加强中心与腹地之间的交流，鼓励周边腹地利用比较优势积极参与区域分工。在当今信息化和全球化的时代，经济中心与腹地的分工协作关系主要表现为产业或产业价值链的分工。任何产业都有研发、制造、营销和物流等几大价值链板块，经济中心有技术、人才和资本等方面的优势，可主要从事研发、营销和主机生产，而腹地有土地和劳动力等方面的优势，则主要从事制造特别是配件生产等。这种产业价值链的分工协作能充分发挥各自的优势，建立起经济中心与经济腹地互助互利的大都市区一体化的经济体系。

2.7.4 以现代农业的发展为主体，充分发挥腹地生态农业资源优势

总的来看，腹地是大都市区城市经济中心的延绵之地。从客观条件来分析，腹地的经济优势是土地经济、生态农业经济和以农业资源为基础的轻工食品经济，而洞庭湖区腹地还具有水域经济和低碳经济的优势。从区域经济学、空间经济学和产业经济学的角度来看，以上优势直接构成了腹地绿色生态农业消费品经济的优势。而经济中心的大规模发展，也要求腹地提供食品和工业特别是轻工业原材料。所以，以上主客观条件都要求腹地经济以发展现代农业为主体，这是腹地对经济中心发挥支撑作用的关键和本质。当然，现代农业已不是原来那种传统的纯种养农业，它既包括种植养殖业，也包括农产品精深加工业，还包括服务型农业。为此，洞庭湖区应建设专业化基地农业、标准化品牌农业、工厂化制成品农业、生态化旅游农业，打造肉制品、米制品、油制品、果蔬茶制品的涉农消费品产业集群，发展湖区湿地绿色旅游产业。

2.7.5 政府给予经济腹地产业政策扶持，促进生态经济腹地实现赶超

根据增长极理论提出的回波效应，周边腹地不能消极地等待增长极的扩散效应来减小与经济中心之间的差距，而应由政府采取积极的干预政策来刺激其发展，强化扩散效应，减弱回波效应。经济腹地为了实现产业结构合理化，应有选择地承接经济中心扩散出来的产业并自我消化，这在腹地的初期发展过程中是必要的，有助于腹地经济基础的形成。然而单靠承接经济中心的扩散产业这一举措是远远不够的，腹地生态经济很难实现现代化的快速发展。因此，还需要政府在市场调节的基础上对腹地经济进行扶植，尤其是对腹地工业产业发展进行宏观调控和政策引导，实现工业化的反梯度推移发展。这里特别要求产业政策能够理性地分析所在区域内经济发展的趋势，结合所在地的现实状况寻求突破口，从而运用最新的高科技和相应的政策支持来发展腹地经济，形成新的产业，为经济腹地的赶超提供一个现实的具有较高起点的产业基础。

03

发达国家经济中心和经济腹地发展的启示

随着世界经济全球化与信息化的发展，美国、日本等发达国家经济发展呈现区域整体协调发展趋势，经济中心的发展带动经济腹地的发展，经济腹地的发展又对经济中心的强化起支撑作用，进而出现了经济综合能力极化的大都市区，为各自国家的经济发展作出巨大贡献，并进一步加强了国际经济联系。都市区的发展模式作为人类社会发展的必然，为后续发展中国家城市经济的发展提供了宝贵的经验。洞庭湖区作为长株潭城市群和武汉城市圈经济中心的经济腹地，人口密集，物产丰富，对长株潭城市群和武汉城市圈经济中心的发展具有决定性作用。美、日大都市区经济的演化正好为洞庭湖区腹地经济的发展提供了有益的借鉴。

3.1 美、日大都市区经济中心发展的演化过程

3.1.1 美国主要大都市区经济中心的演化过程

迄今为止，美国经济一直牵引着世界经济发展，而其主要经济力量却集中在几个大都市区域内。其中纽约都市区和北美五大湖都市区集中了 20 多个人口达 100 万以上的大都市和美国 70%以上的制造业，构成一个特大工业化区域，这一地带是美国工业化和城市化水平最高、人口最稠密的地区。以上区域加上西太平洋旧金山都市区，就构筑了美国经济发展的主要部分。根据中国社会科学院 2004 年的统计，美国这三个大都市区的 GDP 占全美国 GDP 的 67%。在各大都市区内，大、中、小城市分别有各自的特殊功能，有其优势产业，城市与乡村界限模糊化，城市之间形成紧密的分工协作关系。

美国大都市区的形成与经济发展密切相连，大体经过了四个阶段：

（1）第一阶段：1870年以前，各城市的发展还处于孤立分散阶段

当时美国工业还没有得到大规模的发展，基本上还处于传统的农业社会，这时的产业结构呈现第一、第二、第三产业的格局，农业经济占主导地位，主要发展农产品加工业，人口和经济活动向城市集中。为了商品的交易，城市多建立在地区资源丰富、交通便利的地区，表现为区域贸易中心，城市空间布局已出现城市功能分区，形成市中心商业区，农业走向商品化道路。由于地多人少的因素，农业需要规模化、科技化经营。因此，政府对农业科研、教育非常重视，对农户给予大量补贴，各大州设有专门的农业技术推广机制，农民素质不断提高，农业产业体系不断升级。随着波士顿、费城、纽约三大港口城市的发展，农业经济对外交流加强，逐步发展为外向型经济。

（2）第二阶段：1870—1940年，区域性城市体系形成阶段

美国工业革命开始，交通运输方面随之经历了几次重大变革，即出现了所谓的“运河时代”“汽船时代”和“铁路时代”，城市产业结构发生了巨大变化，进入以钢铁为主的重工业发展时期。制造业、采矿业的发展提供了大量就业岗位，进一步吸引大量人口向城市迁移，而工业化也大大提高了农业生产率，减轻了农业劳动的强度，释放出一部分农村劳动力，为工业化发展提供了更充分的人力资源。这一时期美国形成了大量的新城市，城市的规模也不断增大。

（3）第三阶段：1940—1970年，中心城市规模继续扩大，大都市区成雏形阶段

美国进入后工业化社会，三次产业中第二、第三产业的产值已占总产值的95％左右，非农业劳动力占87％左右，城市向心集聚效应发挥到极致。中心城市由于人口迅速膨胀，各类社会问题交织导致城市矛盾日益尖锐，城市向外疏散需求迫切，政府开始规划边缘城的建设。而高速公路网的建设与完善、轿车的普及与使用以及新通信方式的发展加速了城市向周边郊区扩展，大都市区逐渐形成。城乡界限不再明显，经济辐射范围不断扩散，使得城市之间的职能联系更为密切，第三产业呈现出强劲的发展势头，区域城市体系的枢纽作用得到充分体现。

（4）第四阶段：1970年以后，大都市区发展走向成熟阶段

此时，美国成为一个经济高度发达的信息化社会，劳动力结构向知识型转变，城市的产业结构不断升级换代，信息产业和高新技术产业成为其主导产业，第三产业高度发达，其产值所占比重和从事第三产业的劳动力所占比重都超过50％；同时，由于现代企业制度的不断完善，跨国公司开始在全球范围内组织生产，大量的制造业转移到国外。现代跨国企业管理作为新时代城市产

业占据世界市场的最有利组织形式和办法，促使这些区域经济活动对世界经济发展的影响力进一步提升。

在美国大都市区的形成过程中，工业化水平的不断提高和产业结构的不断升级是其发展的根本动因，而政府的各项法律政策、资金划拨、投资与税收等经济调控手段以及教育指导、提供技术支持与信息交流平台等辅助手段，对大都市区的形成与发展也起到了不可忽视的作用。

3.1.2 日本大都市区经济中心的演化过程

日本拥有亚洲地区发展程度最高的城市体系。日本的“东海道太平洋沿岸城市群”由东京、大阪、名古屋三大都市区组成，大、中、小城市总数达 310 个，包括东京、横滨、川崎、名古屋、大阪、神户、京都等大城市，全日本 11 座人口在 100 万以上的大城市中有 10 座分布在该区域内。这一城市群国土面积约有 10 万平方千米，占日本全国总面积的 31.7%；人口近 7 000 万人，占日本全国总人口的 63.3%。它集中了日本工业企业和工业就业人数的 2/3、工业产值的 3/4 和国民收入的 2/3。三大都市区之间产业结构类型迥异，功能特色鲜明：以东京为中心的东京圈，不仅是日本全国的大市场和重要的综合性大工业带，也是世界经济、金融、贸易中心；以大阪、神户、京都为中心的京阪神圈，早在江户时代就是日本全国最大的市场，目前已形成以消费品生产为中心的大工业地带；以名古屋为中心的中京圈，以生产纤维、陶器等传统工业为主，逐渐发展为重化工业区，目前是日本最大的重化工业基地。日本城市经济的发展与工业化进程密切相关，其大都市区的发展大体也可以划分为四个阶段：

（1）第一阶段：1920 年以前，农业、农村为主的阶段

明治维新以前，日本基本上还是一个农业国，主要产业为农业，随后兴起的制造业也仅限于棉纺织业和食品加工业，机械工业及钢铁工业发展落后。由于适耕地稀少，日本非常重视农业的发展，农业科技化成为其选择，农业生产中机械的使用大大提高了劳动生产率，促使被替换下来的农业劳动力为寻求就业而流向城市。工业化初期的 40 年间，轻工业占整个工业产值的比重一直高达 70%以上。1877 年，仅纺织、食品两个行业的产值就占制造业实际产值的 68.6%；1909 年和 1920 年轻工业产值占工业产值的比重分别为 80.4%和 72.8%，整个工业的发展主要由轻工业所推动。

（2）第二阶段：1930—1950 年，城市化起飞阶段

1937 年前，日本城市产业结构还是以轻工业发展为主导。但自 1937 年后，由于战争需要，军事工业被强力提升为最重要的工业部门，围绕这个核

心，战前技术落后的机械工业以及钢铁工业畸形地发展起来，重化工业得到长足发展。其间，城市就业岗位大增，农村人口大量涌入城市。二战战败后，日本军事工业解体，大量人口再度流回农村，纺织工业恢复为整个制造业的中心。在此阶段，日本政府大力支持重工业的发展，修通了横滨和东京之间的铁路，开放横滨等口岸，建设全国铁路网，电车、公共汽车和地铁的相继出现，促使产业结构更加向第二产业倾斜，工业化的程度大幅度提高，由此形成了著名的京滨工业带。

（3）第三阶段：1950—1973年第一次石油危机爆发，大都市区的形成阶段

这段时间是日本重工业的发达时期，仅占国土面积12%的四大工业区产值独占全国工业总产值的70%。高速公路网的建成和汽车的普及，尤其是1964年新干线的开通，完成了交通的现代化。农业劳动力向城市转移达到创纪录的水平，每年转移42.9万人，年均转移递增率为3.6%。20世纪60年代后，东京中心区已经无法满足城市发展的各项需求，城市用地和各项城市功能迅速向外扩展和蔓延，东京大都市的近郊开始了城市化的进程，政府部门发布建设规划，实现东京中心区的大规模城市改造和城市外围地区的开发建设，城市之间原来的空白地带为新兴居住区和工业区所替代，城市与城市之间的差距也相应缩小。

（4）第四阶段：1973年以后，大都市区发展成熟阶段

在此期间，城市人口大量增加，城市人口密度趋向饱和，石油危机的爆发使得“城市病”逐渐突出，出现了人口从大城市向外迁移的现象。因此，20世纪80年代的日本国土规划提出“双镜头”结构，以东京为政治中心，以大阪为商业中心。但是，1980—1990年，情况发生新的变化，许多公司将总部从大阪迁到东京，东京的经济中心地位不断加强，形成了目前的一极化发展态势，并在进一步强化；同时，大都市区内的产业结构趋向合理化，不断走向协调发展。社会整体对缩短工时、延长受教育时间、增加闲暇的要求增强，为服务业的迅猛发展提供了契机。随着经济全球化、信息化的纵深发展，知识、信息、服务的生产与分配发挥着越来越重要的作用，第三产业发展迅猛，服务业在日本经济总量中的占比迅速上升，东京大都市区的国际化发展实力进一步得到强化。

日本是岛国，虽然海港资源优良，但国土面积狭小，各方面资源相对紧缺，产业发展依赖原料进口和国外销售市场，因而选择发展外向型经济是其必由路径。而相对于美国的外向型经济道路，日本政府对国家经济发展的引导与调控色彩显得更重一些。

3.2 美、日大都市区经济中心发展的主要特征

美国和日本分属北美和亚洲，在国土面积、国土资源及社会文化上存在明显差异，然而两国在城市建设及大都市区发展模式上却具有很大的相似性，并都形成了世界级的经济中心。其主要特征表现在以下几个方面：

3.2.1 中心城市最初的发展基于地区优势资源的支持

无论是美国各都市区的形成，还是日本东海道太平洋沿岸城市群的发展，都不是随地呈现的，而是各自拥有异于其他地区的资源优势，包括地理位置、自然条件、文化底蕴、矿产资源及国家的政策扶持等。

（1）良好的地理位置是各大城市带的共性

在美国三大都市区中，纽约都市区分布于美国东北部大西洋沿岸平原：一方面平原易于形成大的城市，连接城市间的交通也相对快捷便利；另一方面沿海有诸多优良港湾，是造船业的兴盛之地，同时联通了国际贸易的渠道，对地区的外向型经济提供强力支撑。北美五大湖都市区分布于美国中部五大湖沿岸地区，内湖航运对该地区的造船业及其他产品的输出提供了更实质的保障，同时还直接与加拿大的多伦多、蒙特利尔等重要城市相连接。西太平洋旧金山都市区分布于美国西南部太平洋沿岸，海运的发达自不必说。在日本，东海道太平洋沿岸也是平原地区，尤其沿海港湾也属世界超级优良港湾之列，对严重依赖原料进口和重点发展外向型经济的日本国家来说，这些港湾可以说是现今日本生命线的端口。

（2）文化旅游业成为中心城市主导性产业

独特的自然条件与丰富的文化内涵，为这些地区的经济发展添注了更多吸引力和创新力，突出表现在旅游业发展上。如美国东部各大中心城市的都市文化、都市间穿插的“乡村音乐”及尼亚加拉大瀑布等，西部的各种高级酒店、好莱坞影城、各大国家主题公园及迪士尼乐园等；日本的东洋文化、水产食品、东京各大购物天堂及以富士山为代表的各色景点：这些纷纷推动着各区域旅游业的兴旺发展，旅游业逐渐成为各地的重要产业，在各地的产业总产值中占据一定的席位，也为各地解决了大量的就业问题。显然，旅游业越兴旺发达，越能够促进区域经济的发展：一方面，大量游人的进入，为地区的消费市场作出巨大贡献；另一方面，旅游业展示的是区域形象，在某种程度上扮演着区域经济的公关角色，对区域发展的作用不可估量。

（3）工业布局与矿产资源的分布存在相关性

由于美国和日本都是工业发达国家，年资源耗费量占世界前列，其国内工业布局与其自有资源的分布关联紧密。美国的煤炭与铁矿石资源主要储存于五大湖地区，芝加哥、匹兹堡等城市正是利用当地的自然资源优势发展而成为专业性城市的。匹兹堡以其巨型钢铁企业而闻名全球，底特律以其钢铁机械产品而著称，克利夫兰市以其机车制造业而见长。而日本是个资源贫乏的国家，矿产资源主要靠进口，以最短的路径输送到需求地应属最节约模式，故其工业布局与矿产分布的相关性表现在工业城市主要分布在沿海地带。

3.2.2 城市经济的持续发展基于硬设施与软机制的结合

丰富的资源为区域经济发展提供了初始动力，而使这些资源真正发挥经济作用则要靠硬设施与软机制的结合运用。推动都市区形成的硬设施主要指城市与腹地的交通网络与信息网络的建成，为周边资源的汇聚与产品销路的扩散提供了必要的通道。而软机制则主要是区域内多种以人为本的制度保障（如各种激励机制、社会保障体系、知识产权保护机制、完善的教育体系、公平的竞争环境等），为培养与吸纳经济发展中最活跃的因素——人（技术、创新）提供了良好的环境。美国与日本的几大都市区都建成了现代化的交通网络与信息网络，城市在地理上分别形成了带状分布结构与圈层分布结构，实现大、中、小城市一体和城乡一体；另外，两国非常重视教育发展与人才培养问题，区域内企业与科研院校通常都建立了密切的合作关系，加上政府各项促优政策，就形成了官产学的大联合体系。相对完善的知识产权保护法，对激发科研人员进行科学研究与技术创新起到极大的激励作用，也为智力市场的有序竞争创建了良好环境，企业行为与技术创新的结合则是推动城市经济发展的持续动力。

3.2.3 大都市区经济中心形成工业与农业互助发展机制

农业及农村是工业发展的基础。无论是美国还是日本，在工业化与城市化的进程中，都很重视农业基础的发展。在城市发展初期，除了特殊区域发展要求存在特殊发展路径以外，一般的城市工业化都是从加工农产品的轻工食品工业开始的，再逐步形成农业机械化和工业产业集群化的发展道路。

这种轻工食品工业与农业的内在关联性，促成了工农业互助发展机制的形成。具体来说，一方面，加工多余的农产品是一种自给开拓本地的工业化道路的方式。随着当地工业规模不断扩大，企业产生强大的集聚当地农业剩余劳动力的效应，使部分农民增收并推动城市化的进程。另一方面，轻工食品工业对农产品需求的扩大效应导致农业生产出现两个明显变化：一是促进农业生产结构转换，即以种植业为主向种植业和畜牧业并重转换，以粮食作物为主向粮食作物和工业原料作物并重转换，进而促进了自给农业向商品农业的转换；二是农业劳动力份额下降和耕地面积规模变化交织在一起，导致单个农业劳动平均耕地经营规模增加，相对扩大了农业经营规模。而轻工食品工业的不断累积又为重工业的发展奠定了各方面的基础，农业机械的生产也促成现代农业经营模式的发展，整个区域的产业结构得到升级，经济呈现繁荣发展态势。

3.2.4 政府调控与规划促成大都市区内经济社会的协调发展

美国和日本的大都市区化是伴随着工业化而慢慢形成的，都渗透着政府部门的规划，并且几经调控才逐渐形成中心城市与周边地区的协调发展。它们大体都经历了四个阶段：①几个由地区优势发展起来的中心城市对周边地区的资源与人口产生集聚效应，形成功能强大的增长极；②向心集聚效应发展到一定阶段，中心城市开始出现人口膨胀、土地资源紧缺以及各类社会问题与环境问题，从而产生大范围的规模不经济现象，促使城市功能外溢；③为缓解中心城市压力，政府加大周边交通网络覆盖范围，规划周边新城建设，城内人口大量迁往郊区居住，人们生活需求的变动引致产业的区位变动，一些城内的大企业将总部转移出来，尤其第三产业呈现蓬勃发展态势，使郊区逐步发展为边缘城市；④边缘城市的兴起，又导致中心城市的衰落，政府不得不再次规划中心城市的发展路径，以第三产业发展为重点，强化中心城市对周边地区经济发展的服务功能，从而使中心城市成为区域经济发展的真正核心。各中心城市功能扩散后形成一个个圈层外围，城镇与农村的界限越来越模糊化。几个相互衔接的中心城市逐渐形成一个多核心的都市区空间结构，区域经济能力进一步提升强化。

上述四个阶段表明美国与日本大都市区化在波动中发展壮大，每每出现问题，都是政府及时加以调控，有目的地进行引导。一方面，各中心城市在区位优势的基础上发展特色产业，减少了重复建设与不良竞争，形成产业分工的基本格局；另一方面，中心城市将产业链延伸至周边地区，进一步细化分工，使腹地经济走向专业化，而这种强关联的产业分工又带动着中心城市与周边地区经济协调发展。周边地区经济能力的提升进一步为本中心城市与他中心城市经济发展建立起衔接的桥梁。区域内各城市单元之间紧密衔接，整体区域经济能力不再是各单元的简单相加，而是以乘数效应递增。

3.3 美、日大都市区经济中心与经济腹地发展的启示

美、日大都市区经济中心的形成和发展历经了近百年，并各自发展为世界

经济一极，在许多领域引领着全球经济的发展。随着交通网络与信息技术的发展，区域化整体发展已是世界各地经济发展的基本趋势，如何借鉴美、日大都市区经济中心发展的经验，以最短的时间实现区域经济的赶超发展显得意义重大。所以，洞庭湖区腹地经济发展必须立足洞庭湖的现实情况，结合各方面条件对美、日大都市区经济中心的发展经验进行“精华与糟粕”的取舍。

3.3.1 发挥经济腹地的资源优势，建设轻工食品工业王国

湖南境内的洞庭湖区属平原地带，区域内生态资源丰富，轻工原料和生活消费品物产水平较高。所以，洞庭湖区经济的发展规划可借鉴美国五大湖区域经济发展模式，从大力发展加工农产品的轻工食品工业开始，逐步建立专业性产业及城市。以岳阳、益阳、常德三市为中心，利用轻工食品工业与农业的强关联性，建立“市—县—乡”一条龙的产业链，形成合理分工、优势互补、合作竞争的发展格局，避免重复建设和资源浪费，形成专业性的原料生产基地与产品生产基地，通过组建农民专业合作组织，将产业扩散延伸至最基本的农户单位，在发展轻工食品工业的同时做到改善农业基础的发展态势。一方面，轻工食品工业的发展为农业剩余劳动力提供就近工作的机会，减少闲置劳动力的长距离外流，大大提高农民家庭收入，提高家庭消费和教育的能力，逐渐形成较高水平的区域劳动力群体；另一方面，洞庭湖区加强农业规模经营，发展高科技农业、规模化农业、机械化农业、标准化农业和两型化农业，逐步提升农业现代化水平，提高农业产出及效益，为轻工食品工业提供更多质优、价廉的原料产品。这种农业与轻工食品工业的互动发展最符合洞庭湖区腹地经济的发展现实，有利于带动湖区腹地经济的整体性大发展，并为长株潭城市群经济中心提供强有力的支撑。

3.3.2 利用江湖区位的优势条件，开拓外向型专业化、特色化经济道路

洞庭湖区北连长江，衔接东西，区内铁路连通南北，可谓中部交通要塞，是湖南省最大的对外门户。如此优良的地理位置，为湖区大力开拓外向型经济提供了得天独厚的条件。从美国和日本几大城市的经济发展来看，大型跨国公司作为区域经济发展的主导力量，对区域经济起到了支撑作用。而洞庭湖区现阶段还处于自身积累的相对薄弱时期，一方面要利用好交通要塞的强大物流带进商流与财流；另一方面，还必须加大力度进行外联，积极引进资本、高新技术及各种类型的人力资源，建立湖区的特色化外向型现代产业系统。特别是从湘阴进入洞庭湖到岳阳城陵矶至陆城一带，是湖南的大水面、大排放口、大码

头、大交通口，也是湖南环境容量最大，唯一适宜摆放大运量、大消耗、大进出的高端制造重化工业的一块宝地，同时还是长株潭城市群联结武汉城市圈的枢纽，可弥补长株潭城市群在这方面的功能缺陷。所以打造环长株潭大都市区要重点发展长株潭岳核心极区域，特别是湘江流域的重化工和有色冶炼项目应有步骤地向岳阳的长江沿岸转移和布局，湘江两岸则集中发展绿色低碳的战略性新兴产业和现代服务旅游业，打造“东方的莱茵河”。最近株洲市政府提出清水塘工业区重金属污染综合治理方案，拟将有色冶炼、化工等七个重金属高排放企业搬迁到茶陵和攸县。我们以为，从环境容量和根治湘江重金属污染的角度考虑，株洲的有色冶炼和化工企业似应搬迁到岳阳长江沿岸为妥，这样可充分发挥岳阳 128 千米长江岸线的大环境容量作用和洞庭湖区的大腹地作用，建设岳阳现代重化工业基地；同时，湖区还要建立专门的营销队伍，为本地轻工食品工业产品打通省际以及国际销路，开拓国际贸易大市场，促进湖区产业的规模升级，实现区域经济的全面开放。

3.3.3 重视生态旅游与湖乡文化建设，打造洞庭湖区域文化产业品牌

在世界经济一体化的背景下，区域文化既是区域形象的高层次表现，又是区域创新能力的代表及持续发展的原动力，对区域经济发展的影响力越来越大。洞庭湖区域是湖南的发源之地，自然和人文历史悠久，湖乡文化深远厚重。而且洞庭天下水，岳阳天下楼，湿地天下绿，洞庭湖区生态人文旅游资源丰富，人文景观和绚丽多姿的风景名胜令世人瞩目。由洞庭湖、岳阳楼、君山、桃花源、汨罗江和洞庭湿地公园等环湖风景名胜、人文及自然景观构成的环湖旅游圈，使洞庭湖成为令人向往的旅游胜地，是长江流域旅游网络的重要构成部分。同时，湖区还必须加大对教育体系的投入，鼓励发展咨询、培训等服务业，促成区内创新人才的培育机制，使区内劳动力素质不断提升，为高新科技产业全面发展做好铺垫工作。以“资源节约型、环境友好型社会”作为区域发展目标，在经济开发过程中，减少资源浪费，保护好生态环境，营造和谐美好的氛围，形成良好的区域文化。在洞庭湖湖乡文化建设中尤其应重视各个生态文化项目的合理开发，建立生态旅游主题公园，渲染洞庭湖区湖中有山、山中有湖的秀丽风光，以及“名楼、名水、名城、名人、名胜”的人文历史景观，吸引更多国内外游客及商业人士，树立国际名湖形象，打造洞庭湖湖乡文化品牌。

3.3.4 建立官产学一体化联盟，形成洞庭湖区域创新协调机制

创新是大都市区经济中心和经济腹地经济发展的生命力，也是美、日发达国家大都市区发展的一条重要经验。基于此，洞庭湖区应努力建立一个官产学一体化的非政府组织，组织建立区内产业发展联盟，创立产业与科研合作机构及政府对话机制，打造洞庭湖区域信息传递平台。对内主要为中心城市（岳阳、益阳、常德）间的产业布局及战略发展提供政策建议、行业动态、前沿技术及各路商机等信息，加强区域内信息共享，合理分工，实现资源优势互补，形成区域内经济的有序竞争，整体协调推进产业联盟；建立企业与大学科研机构的合作研发与创新机制，加强对资源的合理开发、永续利用，发展循环经济，确保环洞庭湖地区经济社会的可持续发展。对外主要加强区域间的对话与合作，特别是与经济中心的协调配合，为区域内经济向外扩散和经济中心产业辐射搭桥引线，为共同融入长株潭经济圈，对接武汉经济圈，接受珠三角、长三角经济圈的辐射等寻找出路，建立商品流、信息流、资金流、人才流的通道。

3.3.5 加强政府的规划和调控，建设以人为本的两型大都市区

建设“资源节约型、环境友好型社会”，是美、日发达国家大都市区经济中心和经济腹地建设的一条十分重要的经验，也是我国经济社会发展的一项重大战略任务。目前，长株潭城市群全国“两型社会”建设试验区已走完了打基础和重点突破的阶段，进入推向全省并凸显成效的攻坚阶段。因此，要借鉴美、日大都市区的发展经验，洞庭湖区应从两个侧面出发：一方面加强政府规划与调控作用，对区内经济发展项目按照“两型”标准做出详细计划，以政策引导两型产业的合理发展，同时城市空间也应按照“两型”标准合理规划，建设两型都市和两型腹地；另一方面，吸取美、日城市化过程中的教训，防止中心城市人口膨胀、城市功能单一化及高耗费、重污染、低产出等一系列问题的出现，建立以人为本的社会发展模式。在规划城市和腹地空间结构时，湖区必须将良好的住房条件和各种服务设施放入产业布局中，大力发展第三产业，提供多种就业机会，建设便捷的交通网络设施，这样才能凝聚吸引力，充分发挥生产和居住等综合功能。

04

洞庭湖区腹地
生态经济发展的现状分析

在现实的经济运行中，洞庭湖区作为长株潭城市群和武汉城市圈经济中心的腹地依托，最主要的作用就是为中心城市和经济中心提供源源不断的资源和市场，这也是界定经济腹地的主要标准。

4.1 洞庭湖区腹地生态经济发展的资源条件

4.1.1 气候资源

洞庭湖区处于中亚热带向北亚热带过渡地带，湖区年均气温为16.4～17 ℃，1月平均气温为3.8～4.5 ℃，绝对最低温为－18.1 ℃（临湘1969年1月31日）；7月平均气温为29 ℃左右，绝对最高温为43.6 ℃（益阳）。全区无霜期260～280天，全年实际日照平均1 600～1 800小时，是湖南省日照最多的地区。较高的活动积温和较长的无霜期为农业生产提供了有利条件，使农作物能一年两熟至三熟；山地多逆温，湖泊效应明显，保证了作物的正常过冬；光热分布较合理，农作物利用光热增产的潜力大。洞庭湖区降水丰富，雨热同期，年平均降水1 200～1 400毫米，最多年份降水达2 000～2 300毫米，由外围山丘向内部平原减少。4—6月降雨占年总降水量50%以上，多为大雨和暴雨；若遇各水洪峰齐集，易成洪、涝、渍灾。另外，众水汇聚湖中，仅有城陵矶一口流出，洪水停蓄时间长，泥沙大量沉积。洞庭湖多年平均入湖泥沙量为1.335亿立方米，其中来自长江的达1.18亿立方米，占82%，来自四水的有0.155亿立方米，占18%；而城陵矶泥沙输出量只占入湖泥沙总量的25.1%，淤积在洞庭湖中的泥沙占入湖泥沙总量的74.9%，达0.999亿立方米，年均淤积量较鄱阳湖大十几倍。但总的来说，洞庭湖区丰沛的雨水条件为农业生产的发展提供了有力保证。

4.1.2 土地资源

洞庭湖区土地资源丰富，土壤肥沃，类型多样。湖南境内的湖区国土面积有 4.64 万平方千米，占湖南全省的 22%，湖区现有耕地 1 654.61 万亩，占全省耕地面积的 29%，大部分耕地主要分布在平原和河谷，其中尤以洞庭湖平原最为集中；现有林地 1 310 万亩，占全湖区面积的 25%；现有水域 1 060 万亩，占全湖区面积的 20.4%；尚有 300 万亩荒地和 100 万亩疏林地没有得到充分利用。2002 年，国土资源部中国地质调查局和湖南省人民政府联合共同出资，启动湖南省洞庭湖区生态地球化学调查项目。该项目由湖南省国土资源厅组织实施，湖南省地质调查院、湖南省地质研究所等 26 家单位承担。调查范围覆盖了洞庭湖平原和湘江下游长株潭地区，面积达 4 万平方千米。项目组查明区内土壤 54 项元素指标，摸清了区内土壤环境质量“家底”。调查发现：区内土壤具有显著富铁、有色金属、重金属元素和贫钙、镁、钠、碘、溴等元素的特征；洞庭湖中央平原 6 000 多平方千米土壤区域富含多种植物营养有益元素，土壤呈弱碱性，环境质量良好；近万平方千米的富硒土壤、较大面积的富硼和富锗土壤存在于该区域内并被圈定。以上调查发现证明洞庭湖平原仍是发展农业的理想场所。受调查的近 40 个主要农业基地，绝大部分符合无公害和绿色农业基地土壤环境质量标准，综合评价认为无公害蔬菜基地选择在远离城镇的第四系红土母质类菜园较为适宜。

4.1.3 水资源

洞庭湖南近湘阴、益阳，北抵华容、安乡、南县，东濒岳阳、汨罗，西至澧县，在北纬 27°39′～29°51′、东经 111°19′～113°34′之间。湖体呈近似 U 字形，城陵矶水位为 31.5 米时（黄海基面）：湖长为 143 千米，最大湖宽为 30 千米，平均湖宽为 17.01 千米，湖泊面积为 2 625 平方千米；最大水深为 18.67 米，平均水深为 6.39 米，相应蓄水量 167 亿立方米。洞庭湖北有分泄长江水流的松滋、太平、藕池、调弦四口，东、南、西三面有湘、资、沅、澧等水直接灌注入湖，形成不对称的向心水系，水量充沛，年径流变幅大，年内径流分配不均，以往汛期长而洪涝频繁。城陵矶多年平均径流量为 3 126 亿立方米，最大年径流量（1945 年）为 5 268 亿立方米，最小年径流量（1978 年）为 1 990 亿立方米。汛期（5—10 月）径流量占年均径流量的 75%，其中四口径流量为 1 164 亿立方米，占汛期径流总量的 48.5%。洞庭湖水位始涨于 4 月，7—8 月最高，11 月至翌年 3 月为枯水期。多年最大水位变幅，岳阳达

17.76 米，素有“洪水一大片，枯水几条线”“霜落洞庭干”之说。洞庭湖也是我国最大的调蓄湖泊，担负着长江，湘、资、沅、澧四水洪水的调蓄任务，对长江中下游的防洪保安特别是对武汉和两湖平原的防洪保安作出了重大贡献。洞庭湖水系汇水面积为 26.3 万平方千米（其中湖南境内 20.48 万平方千米），1995 年天然湖泊面积为 2 625 平方千米，与天然湖泊相通的洪道面积为 1 418 平方千米。三峡水库建成前，“水”是洞庭湖最丰富的资源，洞庭湖也是长江流域水量最多的地区之一，集雨面积 130 万平方千米。湖区内大小湖泊星罗棋布，港汊纵横，天然湖泊加四水尾闾河道共有天然水面积近 600 万亩，其中可养殖水面约 200 万亩，外湖捕捞水面近 400 万亩，是湖南省水域面积最广阔的地区。另外，洞庭湖的水资源形成了得天独厚的航运条件。湘、资、沅、澧四条干流汇入洞庭湖后，入长江，通大海；同时，洞庭湖区域内河道纵横交错，通航河流、通航里程占湖南省的 70%，其中，等级航道里程占湖南省的 60%左右。改革开放以来，交通部和湖南省共同出资，先后完成了洞庭湖区开湖航线、澧湘航线、湘江和沅水中下游共 2 000 余千米干线航道的整治工程。随着洞庭湖区域内通航条件的改善，千吨级船舶可从长江入洞庭湖而直达岳阳、益阳、常德三市及其区域内的绝大部分县市。2001—2010 年，湖南水路货运量、货物周转量年均分别增长 13.7%、9.4%，而洞庭湖区范围内的水运业主对此作出了巨大贡献。据统计，洞庭湖的黄沙、卵石船舶运输量一年可达 3 500 万吨，其他建筑材料也大部分通过水路运出。此外，洞庭湖区域内盛产的造纸主要原材料——芦苇也通过水路运往省内外，火力发电及造纸业所需的煤炭、液碱等大宗货物也基本上由水路运输承担。但是，三峡水库建成发电后，洞庭湖与长江的关系发生了显著变化。随着长江入湖水量减少，洞庭湖提前进入枯水期，枯水期延长、枯水位持续偏低将成为“后三峡”时代的常态；加上四水上游水库和湘江水利枢纽工程的建设，四水入湖水量减少，形成南北夹击截流态势，缺水危机还会加剧。

4.1.4 湿地动植物资源

洞庭湖区湿地资源丰富，是我国七大湿地之一。湖区湿地不仅具有调蓄滞洪的功能，还是最具生物多样性的地带，具有较高的旅游价值。早在 1992 年，洞庭湖区湿地就已被联合国教科文组织列入《国际重要湿地名录》。洞庭湖水面分为东、南、西三大片，分布于岳阳市、益阳市和常德市。其中东洞庭湖是洞庭湖的本底湖，位于长江中游荆江江段南侧，濒靠湘北历史文化名城——岳阳市，全区总面积 19 万公顷。东洞庭湖国家级自然保护区是《国际湿地公约》收录的由中国政府指定的 21 个国际重要湿地自然保护区之一，主要保护洞庭湖区湿地生态和生物资源。东洞庭湖独特的生态环境孕育了其得天独厚的自然资源，物种具有古老独特、珍稀度高的特征。根据科学考察，记录到的鱼类有12目23科117种，其中属于国家一级保护的有中华鲟、白鲟2种，属于国家二级保护的有鳗鲡、胭脂鱼2种；鸟类有13目50科326种，其中属于国家互助保护的有白鹤、白头鹤、白鹳、黑鹳、大鸨、中华秋沙鸭、白尾海雕7种，属于国家二级保护的有小天鹅、鸳鸯、白枕鹤、灰鹤、小白额雁等37种，属于国际协约指定保护的有59种；两栖类、腹足类、软体类、瓣鳃类等动物有68种，其中属于国家一级保护的有白鳍豚，属于国家三级保护的有江豚；区内有野生和归化植物115科159属1 186种，其中属于国家一级保护的有3种，属于国家二级保护的有31种。东洞庭湖丰富的自然资源引起了全世界的普遍关注和重视，该区域被誉为“长江中游的明珠”。东洞庭湖国家级自然保护区是我国湿地水禽的重要越冬地，也是其重要繁殖地、停歇地，每年在这里栖息的雁、鸭等水鸟达数百万羽，它是鸟类的天堂和乐园。南洞庭湖省级自然保护区位于洞庭湖的西南面，总面积16万公顷，其中核心区有3.9万公顷，1997年获批建立为省级自然保护区，2002年被列入《国际重要湿地名录》。由于在广阔的湖面星罗棋布地分散着118个生态类型多样的湖洲和岛屿，因而南洞庭湖呈现出“水涨为湖、水落为洲”的自然特色。过水性湖泊的典型特征使其成为珍稀、濒危物种的天然基因库。这里保存有863种湿地植物，孕育着164种鸟类、114种鱼类、29种爬行类动物和8种两栖类动物，其中属于国家一级保护的鸟类有6种，分别是白鹤、白头鹤、白鹳、黑鹳、大鸨、中华秋沙鸭。西洞庭湖省级自然保护区位于常德市的汉寿县境内，地处沅、澧水尾闾。保护区总面积3.5万公顷，其中核心区面积有7 000公顷，2002年1月被列入《国际重要湿地名录》。保护区以水禽、水禽栖息地以及湿地生态系统为主要保护对象，是东亚候鸟迁徙路线上的重要栖息地。西洞庭湖是洞庭湖不可分割的重要组成部分，是世界自然基金会确定的“全球200佳”生态区之一，也是长江中下游湿地群的重要组成部分和重要的水鸟越冬地，同时还是长江中下游地区洄游性鱼类繁衍的重要场所。典型、原始的生态系统和丰富的生物多样性，使西洞庭湖自然保护区在全球生物多样性保护计划中占有重要地位。该保护区属内陆湖泊芦苇沼泽型湿地，区内洲滩密布，江湖交错，水域辽阔。

4.1.5 人文旅游资源

洞庭湖区域旅游资源丰富，除了湿地湖光自然资源和饮誉海内外的岳阳楼、君山、屈子祠、桃花源等景观资源外，还有许多人文旅游资源具有开发价值。首先是红色旅游文化资源。如汨罗市开国元勋任弼时的故居及纪念馆、平江县平江起义纪念馆、南县红军名将段德昌将军的陵园、临澧县革命元老林伯渠的故居及纪念馆、桃源县辛亥革命领袖宋教仁的故居及纪念馆、澧县武昌起义总指挥蒋翊武的纪念馆、汉寿县革命大姐帅孟奇的故居及纪念馆、望城区革命英烈郭亮的纪念馆及雷锋镇雷锋纪念馆等，这些都是极具价值的红色旅游文化资源。尤其是抗日战争时期的洞庭湖区域是当年湖南的重点沦陷区，仅次于南京大屠杀的南县厂窖惨案、湘阴青山惨案及常德保卫战等均发生在此地，现存的某些纪念塔、纪念碑坊（如常德保卫战的纪念碑坊、屈原营田的白骨塔）以及新建的纪念馆、碑（如新建的南县厂窖惨案馆、碑等）均可作为爱国主义教育的红色旅游参观项目。其次是人文历史资源。洞庭湖区域是中华民族祖先早期活动的区域，人文历史旅游资源丰富，如澧县城头山古城文化遗址和古稻田遗址，中华道德文化发祥地德山，津市古城孟姜女祠及大同寺、乐云寺等佛教古迹，沅江古文化遗址和遗物，湘阴县宋代岳州窑遗址，望城铜官镇唐窑遗址等。同时，洞庭湖区域也是历代文化名人在湖南的主要活动区域，除了屈原在汨罗玉笥山、汨罗江留下活动足迹外，唐代诗仙李白、诗圣杜甫更是在游历洞庭湖时留下一些著名诗章，白居易、孟浩然、刘禹锡、欧阳修和陆游等著名诗人、文学家也都曾在洞庭湖区域吟诗作赋。近现代以来，洞庭湖区域政治文化名人辈出，如湘阴县近代中兴名臣左宗棠、首任驻英公使郭嵩焘、著名作家康濯，临澧县著名作家丁玲，益阳市清代中兴名臣胡林翼及著名作家周谷城、周立波，这些名人故居或存，有的还新修了纪念馆，均可作为旅游资源开发项目。此外，洞庭湖区域部分县城的文庙也很有名，如澧县、岳阳及湘阴县的文庙等，均建于宋代，保存及修缮较好，也可作为比较重要的旅游项目。第三是湖乡名镇旅游资源。洞庭湖地区有一批著名的农村重点小城镇，也具有旅游开发价值。如望城区靖港镇，其古民居保存和修缮较好，是湖乡商业古镇；临湘市的羊楼司镇与湖北赤壁交界，是湖南四大边境重镇之一，有我国国内规模最大的竹器专业市场，号称“中国竹器之乡”；岳阳县的张谷英镇其民居古建筑群总面积有 4 万多平方米，号称“江南第一屋场”，系国家级文物保护单位。此外毗邻湘鄂两省的安乡黄山头镇、益阳的沧水铺镇和兰溪镇、沅江的草尾镇和南大膳镇、南县的茅草街镇和厂窖镇都是湖乡名镇，具有旅游开发价值。

4.2 洞庭湖区腹地生态经济发展的产能基础

湖南洞庭湖区腹地经济产业与长株潭城市群经济中心具有分工协作关系和优势互补性。前述洞庭湖腹地水量丰裕，土地肥沃，气候适宜，农业发达。另外，洞庭湖区工业也有一定基础，石油、食品、轻纺、医药、电子、造纸、能源等几大行业在湖南省也占有重要地位。洞庭湖区腹地经济与长株潭城市群经济中心的工程机械、汽车及配件、交通设备、电子信息、家用电器、生物医药、新材料、文化创意等产业集群有着内在紧密的产业经济的联系，已经或正在构成一个产业分工配套的现代经济系统。

4.2.1 经济整体水平较高

洞庭湖区工农业总产值和粮食产量约占湖南省的1/3，是一个人口稠密、经济比较发达的农业区。洞庭湖区人口有1 688万，占全省总人口的23.8%，人口密度为627人/平方千米，是湖南省平均人口密度的2.1倍。2011年湖区GDP达到4 922亿元，占全省经济总量的25%，人均GDP为29 159元，基本达到全省平均水平。三次产业结构比为15.28∶52.56∶32.16，与全省的13.9∶47.5∶38.6相比，第一产业所占比重略高，第三产业比重偏低，但第二产业占比高出全省5.06个百分点。其中工业增加值占GDP的比重达到48.84%，比全省平均水平41.2%高出7.64个百分点。这说明洞庭湖区是湖南省工业化发展程度较高的地区之一。

4.2.2 农业生产优势明显

《中国综合农业区划》将洞庭湖区列为全国九大商品粮基地之一，并提出把该区建成具有全国意义的高产稳产淡水水产品基地。由于特殊的地理环境和优越的农业资源，洞庭湖区一直是湖南乃至全国重要的农产品生产基地，主要农产品在全省占有重要地位。2011年，湖区粮食总产量占全省的32%，油料总产量占全省的48%，水产品总产量占全省的51%，棉花总产量占全省的89%，生猪总产量占全省的22%，禽类总产量占全省的29%，茶叶总产量占全省的53%，蔬菜总产量占全省的22%，农牧渔总产值占全省的30%。近几年湖区农业结构调整加快，主要经济作物种植面积有所增加，区域农业产业特色逐步形成。其中，岳阳已形成粮食、生猪、水产、家禽、蔬菜、饲料6个年产值超过10亿元的支柱产业；益阳紧紧围绕粮食、棉花、兰麻、油菜籽、水产品，以及山丘区药材、楠竹、水果、茶叶、草食动物等，培育了12个优质农产品产业带；常德通过实施“五个百万亩工程”，人工牧草和饲料粮、欧美杨、高效蔬菜、名优特水产养殖、优质水果等产业规模不断扩大，形成了津市藠头、蚕桑，桃源黑猪，武陵、澧县蔬菜等一批区域特色明显的主导产业。

4.2.3 轻工食品工业有较好基础

洞庭湖区的石油、食品、轻纺、造纸等几大行业在湖南省占有重要地位。

如岳阳市已形成饲料加工、油脂工业、棉麻纺织、竹木加工、蔬菜加工等一批农产品精深加工产业，国家级和省级龙头企业联结基地面积达245万亩，其中饲料加工产业拥有生产企业180家，占全省的1/3；常德市已形成粮食加工、棉麻纺织、油料加工、柑橘加工、猪牛羊加工、家禽加工、楠竹加工等一批工业加工的主导产业；益阳市已形成优质稻米加工、林纸竹板加工、油蔬果茶加工、水产畜禽加工、棉麻纺织等农产品加工支柱产业，龙头企业联结基地面积达600万亩。到2011年洞庭湖区农业工业化龙头企业约占全省的32%，农产品工业加工销售收入约占全省的40%，是湖南省农林产品精深加工水平最高的地区。

4.2.4 服务业加快发展

由于独特的区位优势和优越的交通条件，湖区的交通运输和商贸流通等物流商贸服务业稳步发展。如城陵矶临港产业新区迅速崛起，区内“三纵三横”骨干道路等港口物流设施已基本建成，2011年城陵矶港口货物吞吐量突破1 000万吨，集装箱吞吐量突破16万标箱，比上一年增长33%。特别是依托其得天独厚的水体资源和历史文化资源优势，湖区的旅游业有较快发展。目前洞庭湖区共有国家等级旅游景区37家，其中有AAAAA级旅游景区1家、AAAA级旅游景区7家，共有星级酒店118家，2011年洞庭湖区实现旅游总收入347亿多元，占全省旅游总收入的20%。但是，区内旅游业尚未形成景点网络体系，交通网络等级较低，社会化的生产服务网络和现代化的生活服务体系也尚未建立起来，其发展的空间还相当巨大。

4.2.5 城镇体系初步形成

目前，湖南境内的洞庭湖区有地级市3个、县与县级市16个、建制镇227个，初步形成了以岳阳、常德、益阳三个城市为中心、以县或县级市为依托、以一大批建制镇为基础的城镇体系。2000—2009年，洞庭湖区的城镇化水平平均值由0.259提高到0.4，城镇化水平年增长率为5.4%，这个增速即使在全国范围来看都属于较高水平。其中城镇化水平均值最大的是岳阳市区，达到0.657。但洞庭湖区内城镇化整体水平不高，城镇基础设施薄弱，服务水平偏低，城市功能不强。区内河网密布、交通网络断点较多，导致人员物资流动不畅，城镇集约化水平不高、规模偏小，建制镇中60%的镇人口不足3 000人。可见，加快城镇化进程将是洞庭湖区今后较长时间内面临的一项艰巨任务。

4.3 洞庭湖区腹地生态经济发展的主要矛盾

虽然洞庭湖区腹地经济特别是农业地位显著，尤其是为全国的粮食安全作出了重要贡献，但洞庭湖区的生产现状还不能完全与其拥有的资源优势相称。从全国范围考察，洞庭湖区的经济发展已显出缓慢态势，洞庭湖区腹地的生态资源环境随着三峡水库蓄水运行也逐渐显现出少水、枯水的矛盾，影响湖区的生产和生活。归纳起来，目前湖南境内的洞庭湖区腹地生态经济发展的主要问题和挑战如下：

4.3.1 产业经济结构不合理，经济发展方式比较粗放

总的来看，目前洞庭湖区传统农业经济的格局还没有发生根本性的转变。

（1）从三次产业结构分析，经济结构低度化，传统农业仍占主体地位

2000 年洞庭湖区三次产业结构比是 26.51：40.20：33.29，到 2011 年该比重变化为 15.28：52.56：32.16。第一产业即农业的占比下降了 11.23 个百分点，第二产业上升了 12.36 个百分点，第三产业下降了 1.13 个百分点。三次产业结构水平经过十多年的发展有了一定提高，特别是第二产业发展比较快，但整体水平仍不尽如人意，主要是第一产业占比依然偏高，比全省平均水平要高 1.38 个百分点，而第三产业即服务业占比太低，只有 32.16%，不仅比十多年前的占比下降，而且低于全省平均水平 6.46 个百分点。可见在三次产业结构中，洞庭湖区的传统农业比重过高，服务业比重过低，社会经济结构化的水平不高。

（2）从农业生产层面分析，农业产业结构单一，产品品质水平偏低

洞庭湖区是我省乃至全国重要的农产品生产基地，但总体看，其农业生产结构较单一，长期以传统种植业为主，林业、畜牧业、副业、渔业发展程度不高；且种植业中又以粮食作物占绝大比重，经济作物种植、多种经营的优势没有得到充分发挥。水产品本是洞庭湖区的优势产业，但一直以“四大家鱼”为主，缺乏优、新、特品种，尽管珍珠养殖等新型水产品生产开始发展，但没有形成规模，尚不能为大规模加工提供充足的原料。另外，洞庭湖区农产品品质优良率不高，也是一个非常严峻的问题。据调查，在洞庭湖区影响农产品品质的直接原因是生产过程中化肥农药使用过度造成的污染。如安乡县每年农业生产要消耗化肥（折纯）3.96 万吨，亩平均 50 千克，比全国平均水平 20 千克高出 150%，其中约 30%被植物吸收，50%流失到水体中，20%残留在土壤中；全县每年使用农药 1 800 多吨，亩平均超过 1 千克，比全国平均水平 0.67

千克高出 49%；农药利用率一般为 20%，约 80%在空气中挥发、流入水体、沉降聚集在土壤中。化肥农药在土壤和水体中的大量残留，对农产品和农业制成品的品质造成了极大的影响，而且还严重影响农产品的安全性。

（3）从产业市场价值面分析，主体产业名牌产品少，缺乏市场竞争力

洞庭湖区的农产品品牌近些年有明显增加，产生了一批国家级、省部级名牌产品和驰名商标，如益阳的“辣妹子”“油中王”“粒粒晶”“口口香”，岳阳的“义丰祥”“长康”“加华”“正虹”“岳泰”，常德的“金健米业”“洞庭水殖”等，在国内和省内产生了一定的市场影响。然而总的来看，洞庭湖区的农产品品牌数量偏少，特色产品和附加值高的产品不多，尤其缺乏全球和全国有影响力的大品牌产品，市场竞争力不够强，产业带动力也比较弱。另外，绿色食品比率低也是导致湖区农产品缺乏竞争力的一个原因，目前洞庭湖区达到国际标准的绿色食品只占农产品总量的 10%，这个比重明显低于全国平均水平，洞庭湖区的生态绿色资源未能得到充分挖掘和利用。

（4）从工业化农业角度分析，农产品工业加工程度低，农业资源转化增值率不高

洞庭湖区内农产品精深加工业企业的规模普遍偏小，近万家农产品加工企业的平均资产规模仅 30 多万元，而且技术水平落后，以作坊式加工为主体，且加工和销售能力有限，市场占有率较低，导致湖区农产品商品率低，制约了农产品的加工转化增值。目前，洞庭湖区农业产值与农产品工业加工产值的比例仅为 1∶0.9，相比发达国家 1∶2 的水平差距甚大。也就是说，洞庭湖区的农产品现在依然是以传统的鲜货产销为主体，农产品初加工、粗加工、低加工和低附加值的状况还没有从根本上改变，农业资源优势尚未充分转化为产业经济优势，影响了农业经济效益和农民收入的提高。

（5）从产业组织水平分析，农民专业合作组织化程度低，大多数农户仍处于小农经济状态

目前，洞庭湖区参加农村经济合作组织的农户不到总农户的 20%，与龙头企业有直接联系的农户不到总农户的 30%，大量分散的农户仍然游离在“产业化”大门之外，独自承担生产和市场的风险。而单个农户由于缺乏农产品市场信息和先进的生产技术，盲目生产低水平的或市场过剩的产品，以致生产和销售脱节。尤其是与龙头企业的发展势头和带动作用相比，农民专业合作组织发展较慢，集体经济组织对大多数农民没有足够的吸引力和凝聚力，供销社和农村信用社等服务组织也难以发挥组织农民的作用。

（6）从劳动力结构分析，农业劳动力素质低，青壮年文化劳动力大量外流

目前，洞庭湖区乡村从业人员 600 多万人，其中，初中文化程度以下的占

大多数，有一技之长或文化素质较高的青壮年大都外出务工、经商。没有外出的这部分农民年龄相对较大，文化素质偏低，学习新技术、获取新信息的能力不强，在一定程度上制约了新的栽培、养殖技术和新的农产品加工技术的推广应用，也难以把握农产品产销的大致趋势，导致经常因市场误导而盲目扩大生产规模，农产品生产出现区域性、结构性、季节性过剩，不仅影响了农民的经济效益，也造成生产资料及劳动力资源的浪费。

4.3.2 江湖关系发生重大变化，“长江之肾”出现枯水危机

洞庭湖多年平均入湖水量为 3 000 多亿立方米，入湖合成洪峰多年平均值为 4 万立方米/秒，出湖多年平均最大洪峰量为 2.88 万立方米/秒，洞庭湖多年平均减退洪峰约 30%，曾经为整个长江中下游的防洪安全发挥了重要作用。

洞庭湖与长江之间的关系经历了一个漫长的历史演变过程。据有关资料分析，在秦汉以前，云梦泽南连长江，北通汉水，方圆 900 里（1 里＝500 米，后同），面积近 2 万平方千米。长江洪水出三峡后，入云梦泽，再下汉口。由于有云梦泽的调洪，当时“洪水过程不明显，江患甚少”。那时的洞庭湖，还只是君山附近的一小块水面，方圆 260 里，其余都是被湘、资、沅、澧四水河网切割的沼泽平原。在长江和汉江的大量洪水涌入云梦泽的同时，大量泥沙也被带到云梦泽。由于长时间的淤积作用，到了魏晋南北朝时期（公元 500 年前后），云梦泽由过去的方圆 900 里缩小为三四百里，逼使荆江河段水位抬升，江水倒灌入洞庭湖，使洞庭湖与其南面的青草湖相连，由过去的方圆 260 里扩大到方圆 500 里。到了唐宋时代，统一的云梦泽已不存在，代之而存的是星罗棋布的小湖群，故湖北被称为“千湖之国”。在云梦泽演变成大面积的洲滩和星罗棋布的小湖群的同时，荆江河槽的雏形形成，有九穴十三口作为洪水入湖通道。荆江水位的进一步抬升，使洞庭湖南接青草、西吞赤沙，横亘七八百里。当荆北出现大面积洲滩后，人类就在洲滩上从事生产活动。在九穴十三口分流的同时，泥沙又淤塞了九穴十三口，分流作用越来越小，人们又在河道淤塞的条件下进行堵口并垸。到 1524 年九穴十三口中位于江北岸的最后一穴郝穴被堵，才形成了统一的荆江大堤、荆江河槽和江汉平原。1650 年位于荆江大堤下游的庞家口（湖北监利县西门渊）被堵，从此，江水被约束在单一的荆江河槽里，不能再向江汉平原分流，这就使洞庭湖湖面进一步扩大到全盛时期，此时洞庭湖方圆 900 里，湖泊面积 6 270 平方千米。从以上几个变化阶段可见，洞庭湖作为长江的通江湖泊，与长江息息相关。长江干流的超额洪水和长江干流的泥沙问题，是江湖关系历史演变的主题。

然而，自三峡工程兴建并于 2003 年 6 月蓄水发电以来，洞庭湖与长江之

间旧的平衡被打破，传统的江湖关系（尤其是洞庭湖的调蓄功能）发生了新的重大变化。一个基本的事实是长江入洞庭湖三口河系衰退十分明显，导致江河来水大幅减少，洞庭湖以往的水患变为干旱，出现经常性的干旱枯水危机，过去全国闻名的“水窝子”正在变成缺水的干旱地区。湖南省水利厅提供的三口水系变化的数据显示，松滋河东支沙道观从 1974 年开始出现断流，2002 年以前每年平均断流 150 天，而三峡工程正常运行后的 2003—2007 年每年平均断流骤增至 205 天；虎渡河弥陀寺由 2002 年前的年均断流 127 天增加到 155 天，而南闸以下年均断流时间达到 280 天以上；藕池河西支进康家岗由年均断流 241 天增加到近几年的每年平均 255 天，其中 2006 年断流长达 338 天，这是有记载以来最长的断流记录。由于断流造成枯水期延长，导致湖区干旱甚至频发旱灾，这已成为近年制约洞庭湖区经济发展的瓶颈。洞庭湖区是湖南最重要的商品粮主产区，但由于缺水、干旱，南县、华容、安乡等原来水患突出的地区出现大面积灌溉困难现象，导致农作物改种甚至绝收，有的地方甚至要依赖人工降雨，这在洞庭湖历史上极其罕见。由于水位降低，洞庭湖原有的“水涨为湖、水落为洲”的湿地特性正在呈现逆向演化。湿地鸟类食物减少，候鸟越冬形势严峻。一些洲滩上，大量种植的欧美杨等外来物种取代了原有的芦苇等地方物种，一些地方湿地正在变成“林区”。由于洞庭湖蓄水量减少，湖水水体自净能力降低，导致洞庭湖区部分地区目前内河水体富营养化、干涸现象十分普遍。以上问题不仅容易导致突发性的环境污染事件，而且增加了农村饮水不安全人数，加上现有取水设施的正常运行受到影响，目前洞庭湖区北部地区比原规划的饮水不安全人数增加了近 180 万。

洞庭湖之所以出现上述枯水危机，其主要原因是受三峡水库蓄水及清水下泄河道冲刷影响，干流水位下降，加之三口洪道淤积，于是减少了三口洪道的分流作用。据近年资料分析，宜昌流量小于 10 000 立方米/秒时，除松滋口西支（新江口站）不断流外，其他入湖水道基本断流。2009 年 10 月上旬，随着三峡水库出库流量的进一步减小，除新江口站外，其余站基本断流。同时，干流水位的降低也加大了洞庭湖的出湖流量。受上述两方面因素的共同影响，三峡水库蓄水对洞庭湖湖区水位有较大影响。对此，有关水利专家采用水动力学模型对不同上下游边界的组合条件进行仿真模拟，即假定不同的城陵矶水位、不同的湘江流量，分别模拟湖区及支流尾闾的水位变化（由于洞庭湖区来水组成十分复杂，假定资水、沅江、澧水及湖区流量为 2009 年实测来水）。以湘阴站（距城陵矶约 100 千米）、鹿角站（距城陵矶约 40 千米）为例，2009 年三峡水库蓄水对其水位的平均降低值分别为 1.4 米、2 米左右。以上情况意味着缺水和干旱在今后一个时期将是洞庭湖区的一种常态，这对洞庭湖区腹地经济的发展是一个极为严峻的挑战！

4.3.3 洞庭湖水体富营养化明显，湖体面源污染日趋严重

洞庭湖为一个典型的过水吞吐型湖泊，因泥沙淤积和历史上围湖造垸，现已分隔为东洞庭湖（1 478 平方千米）、南洞庭湖（917 平方千米）和西洞庭湖（约 345 平方千米）三大部分。湖区农业主要以农业耕作及水产品养殖为主，工业已基本形成了资源开发型产业格局。洞庭湖水域具有生活饮用、航用、渔业、工业、农田灌溉、旅游、调节气候等多种功能。作为长江中游重要的"江湖吞吐器"，洞庭湖除了调、滞洪外，每年还接纳大量来自沿湖和三口四水上游的工业废水和生活污水，因此其水质富营养化状况加重，而在三峡水库运行后这种水体污染状况未见改善，反而日趋严重。据有关资料显示：首先，在工业源污染负荷方面，洞庭湖区年排工业废水约 2 亿吨，其中排放 COD（化学需氧量）17 万吨、BOD_5（五日生化需氧量）3.7 万吨、悬浮物 3.7 万吨、氨氮 0.25 万吨。在排污工业中以造纸、化肥行业为主，排放废水总量每年分别达 1 亿吨、0.57 亿吨，分别占纯湖区排污总量的 50%、28.4%。造纸行业年排放的 COD 和 BOD_5 分别占纯湖区排放总量的 81.71%、79.13%。其次，在农业源污染负荷方面，洞庭湖区现有耕地 69.6 万公顷，农药年施用量为 1.8 万吨，化肥年施用量为 169.9 万吨，农药、化肥被农作物吸收利用的比例十分有限（氮肥利用率仅为 30%～35%，磷肥的利用率为 10%～20%），大部分随地表水进入了湖泊。另外，畜禽粪便排放造成的污染也很大。如 2007 年湖区生猪存栏 681.26 万头，养殖牛 13.26 万头，家禽存栏 8 511.26 万羽，全年畜禽养殖粪便产生量达 794.42 万吨。除生猪粪便利用率较高（达 85%）外，其余利用率均较低，其中牛、鸡、鸭、羊的粪便利用率分别只有 52.5%、47.6%、44.8%、49%，全年畜禽粪便流失总量达 445.36 万吨。这些流失的畜禽粪便最终都被间接排入河道后进入了洞庭湖。在这里，还有水产养殖对洞庭湖水域环境产生的不利影响。如 2007 年湖区养殖面积为 116 420 公顷，水产养殖总量为 559 553 吨，水产养殖平均每亩水面投放混合饲料 315 千克、饼 107.5 千克、肥水剂 43.2 千克、青饲料 1.3 千克。同时，水产养殖还大量投入人畜粪便，甚至直接投入化肥农药。据统计，每亩水面投放碳铵 927.3 千克、磷肥 43 千克、复合肥 10.5 千克、杀虫剂 0.48 千克、杀菌剂 0.1 千克。以上这些对水体产生了十分恶劣的影响，造成了洞庭湖严重的农业面源污染，已占湖泊营养物质负荷总量的 60%～80%。第三，在生活源污染负荷方面，目前绝大多数县级城镇生活污水都未经任何处理而直接排放，加重了洞庭湖的污染负荷。据测算，洞庭湖及四水流域每日流入洞庭湖的居民生活污水就多达

610 136.8吨，这些生活污水中包含了大量的氮、磷和其他营养物质，通过折纯计算，相当于每日排入洞庭湖 48.81 吨纯氮和 1.8 吨纯磷。另外，长年在东洞庭湖内作业的渔船、挖沙船和过往客船达 6 000 多艘，其固体废物和生活污水直接排入湖中，污染水体。尤其是压舱废水、动力冷却水中石油含量严重超标，对湖水水质构成严重威胁。第四，从三峡水库运行后的情况分析，洞庭湖的水文条件受三峡水库运行影响，其水环境容量发生了相应的变化。有关专家根据洞庭湖污染特性，选定 TP（总磷）、TN（总氮）和 COD 这三个水质敏感参数进行分析。随着三峡工程运行后，入湖泥沙和江河来水大量减少，水体透明度增大，水体中光合作用增强，影响富营养化的藻类繁殖能力增强，富营养化评价指标叶绿素 a 明显提高，总氮、总磷污染突出，营养盐浓度相当高，其富营养状态由中营养状态上升到中—富营养状态，洞庭湖水质污染程度明显加重。洞庭湖水质污染的一个直接后果是导致水域荒漠化趋势加重，生物生存环境恶化，生物多样性下降。如 1916 年首先在洞庭湖发现的白鳍豚，已从 20 世纪 80 年代初的约 400 头锐减到目前的不足 100 头；江豚的种群数量也由 1993 年的约 2 700 头减少到目前的不足 2 000 头，每年减少近百头；银鱼是洞庭湖的名贵鱼类，1928 年产量达到 90 吨，现不足 2 吨；胭脂鱼、鳗鱼等重要保护物种越来越罕见；斑嘴鹈鹕、大天鹅等 20 世纪 50 年代常见的鸟类，近年考察中很少被发现；蛇类等被大量捕杀，导致东方田鼠等有害物种泛滥成灾。同时，洞庭湖水体污染，不仅严重影响湖区居民生产生活用水，直接造成种植业和养殖业产品质量下降甚至不安全，还直接造成洞庭湖水产业产量的逐年递减，影响渔业质量。20 世纪 50 年代，东洞庭湖年均捕鱼 19 万担，70 年代年均 10 万担，目前年均仅为 4 万担。此外，洞庭湖枯水危机和水体污染还引发了湖区血吸虫病疫情的回升。洞庭湖区现有流行区人口 336 万，血吸虫病人约 22.4 万，病畜近 5 万头，有螺面积 3 915 万公顷，占全国现有钉螺分布面积的 52%。由于江河来水减少，泥沙淤积，洲土不断扩大，每年有螺分布面积在以 60 万～90 万公顷的速度增长。这对洞庭湖区人民的生产和生活造成了极大的威胁，非常不利于湖区和谐社会和小康社会的建设。

上述三大挑战的实质是生态危机，已严重影响洞庭湖区作为“调蓄之湖”“生态之湖”“鱼米之湖”和“腹地之湖”作用的全面发挥。正是基于此，洞庭湖区的经济发展方式必须进行绿色转型，彻底淘汰高消耗、高污染、高风险的粗放低端生产方式，发展两型产业，建立以保护湖泊生态为主导、以实现“生态安全”“水利安全”“粮食安全”和“效益良好”为目标的大湖生态经济涉农消费品产业发展模式。

05

洞庭湖区腹地
生态经济发展的主体战略

以上分析说明，洞庭湖区腹地的优势是水域经济，是土地经济，是生态农业经济，是以农业资源为基础的轻工食品经济，且这些又都具有低碳经济的优势。而从区域经济学、空间经济学和产业经济学角度来看，以上优势直接构成了洞庭湖区绿色生态农业消费品经济的优势，这也是洞庭湖区腹地生态经济对长株潭城市群和武汉城市圈发挥依托作用的关键和本质。基于此，洞庭湖区应实施绿色涉农消费品产业集群发展战略，走现代农业工业化的发展道路，申请创建国家级“洞庭湖中国特色农业现代化示范区”。

5.1 涉农消费品产业集群发展战略的理论内涵

我们知道，从宏观经济学的角度来看，社会总需求与总供给实际上就是社会总产品（或国民收入）的供给与需求。而社会总产品则是某个时期（一般为一年）社会生产的各项物质财富的总和，它包括生产资料和消费资料。而消费品产业则是指用工业加工的手段生产日用消费品的产业，是一个由多个门类、各门学科和多种工艺技术构成的加工制造业，其产品涉及人们的衣、食、住、行、用和文娱、体育、教育等方面。在我国的工业部门分类中，消费品产业主要包括轻工、纺织、食品、医药、烟草五大工业门类。当然，这里的轻工业是一个与重工业相对应的概念，按照国民经济行业的分类与代码（GBT4754—2002），它又指农副食品加工工业、食品制造业、饮料制造业、烟草制品业、纺织业、纺织服装业等工业行业。如果从宽的口径来分析，消费品产业还应包括家用汽车制造业、家用通信工具制造业以及与工业消费品生产相关的装备制造业。此外，消费品产业还包括为农业、工业、国防、医药等部门生产提供的配套的原材料产品，如为农业生产提供的农用塑料薄膜、中小农具和喷灌设备等，又如为重工业生产提供的诸如纸张、塑料制品、灯泡等。据有关资料显示，这部分产品的产值占消费品产业总产值的30%左右。可见，消费品产业集群的内核是发展农业工业化。

马克思在研究社会再生产时，将社会生产概括为两大部类，即生产生产资料的第Ⅰ部类和生产生活资料的第Ⅱ部类。消费品产业属于社会再生产的第Ⅱ部类。马克思的再生产理论认为，社会再生产的顺利进行要求社会两大部类的生产保持合理的比例，两大部类的发展必须相互适应和相互满足。也就是说，扩大再生产要同时具备两个“补偿”和两个“追加”的条件，即第Ⅰ部类的生产具备用于补偿维持社会简单再生产所需要的生产资料和用于社会扩大再生产的追加生产资料，第Ⅱ部类的生产也具备用于补偿维持社会简单再生产所需要的生活资料和用于社会扩大再生产的追加生活资料。这两个条件必须同时具备，才能实现扩大再生产，否则社会发展就会出现比例失调。这里的经济学含义是指两大部类的生产必须按一定的比例来进行，以达到社会总供给与总需求的均衡。具体就是指第Ⅰ部类生产的生产资料在扣除用于补偿第Ⅰ部类简单再生产所需要的生产资料后，它所提供的剩余生产资料要大于第Ⅱ部类简单再生产所需要的生产资料。只有这样，两大部类才能同时获得扩大再生产的追加生产资料，即Ⅰ（v+m）>Ⅱc。同理，第Ⅱ部类生产的生活资料在扣除用于补偿第Ⅱ部类简单再生产时全体生产和管理人员对消费品的需要后，它所提供的剩余生活资料要大于第Ⅰ部类简单再生产时全体生产和管理人员所需要的生活资料。只有这样，两大部类才能同时获得扩大再生产的追加生活资料，即Ⅱ（v+m−m/x）>Ⅰ（v+m/x）。由此可见，社会扩大再生产也即经济社会发展的这两个条件，是同等重要的，不存在谁重谁轻的问题，如果忽视消费品产业的发展，就必定会破坏社会扩大再生产的比例关系，阻碍国民经济的协调发展。当然，在这里，我们还必须正确理解马克思主义关于生产资料生产优先增长规律的问题。根据社会再生产原理，人类社会任何一项物质生产，首先都要按一定比例投入生产资料，才能获得最终产品，这是一个前提性的条件。因此，在社会再生产流程中，生产资料的生产和供应是在先的，应该优先发展。但是，生产资料生产的优先增长不是绝对的和无条件的，而是依赖消费资料生产的增长而优先增长的。因为生产资料是为发展消费资料服务的，是生产消费品的中间产品，其生产规模和生产结构最终是由消费资料的生产所决定的。正如马克思所指出的那样，“生产消费（生产资料的消费）归根到底是同个人消费联系着的，总是以个人消费为转移的”。也就是说，社会再生产实际上还存在着一个消费资料生产最终起决定作用的规律。所以，保持社会两大部类合理的比例关系和先后次序，进而实现社会再生产的协调发展，这是生产资料生产优先增长规律发生作用的前提条件。正是由于消费品产业发展的这种重要特性，所以，洞庭湖区腹地作为典型的资源丰富且劳动力就业压力巨大的农业主产地区，大力发展消费品产业意义重大，对支撑长株潭城市群的发展、建设长株潭“3+5”大都市经济区具有十分重要的作用。

此外，从能源消耗和产业联系的特性来看，消费品产业还是具有能源消耗水平较低和产业联系度较大的绿色优势产业。据有关资料分析，消费品产业碳排放强度一般在0.1吨标煤/万元GDP以内，最高的也没有超过0.3吨标煤/万元GDP，如农副食品加工业0.133 5、食品制造业0.217 8、饮料制造业0.192 8、烟草制品业0.061 0、纺织服装鞋帽业0.089 0、木材加工及木竹藤棕草制品业0.235 4、家具制造业0.061 0、医药制造业0.186 0；而资本品工业产品的碳排放强度普遍都在0.5吨标煤/万元GDP以上，最高的黑色金属冶炼及压延加工业达到1.417 5，比消费品产业的碳排放强度至少高1倍以上。不仅如此，消费品产业还属于最终产品，产业的后向关联度大，对其他产业的带动力强。而且消费品产业资本有机构成相对较低，具有强大的就业吸纳能力。在我国，工业企业平均每百万元固定资产容纳的劳动力，重工业只有94人，而作为消费品产业的轻工业则为257人，是重工业的2.73倍。据有关部门计算，湖南主要工业消费品的关联度：纺织业1.13、服装业1.10、家具业1.10、木材制品业1.10、皮革制品业1.10、汽车制造业1.17、家用电器业1.12、医药制造业1.00、农产品加工业0.95，以上均大于1或近于1，这说明消费品产业所提供的产品需求量大，对原材料等中间产业的带动力强。特别是消费品产业除了家用电器、家用交通工具、日用塑料制品和生活小五金之外，其余约70%的行业都是以农林产品为原料的，其50%的产值涉及农副产品的深加工，是农林产业最重要的后续产业。目前湖南消费品产业发展的一个主要问题和瓶颈是粗放式的初级产品生产，基本上处于原料的初次加工阶段。这样一来，产业链条很短，产品附加值极低，且吸纳的劳动力就业量也十分有限。所以，洞庭湖区腹地发展涉农消费品产业集群，首要问题就是要解决资源深度开发利用的问题。农林产品作为消费品产业的生产原料，在物理生化性质上具有多元素性、多组合性、多层次性的特点。随着社会成员收入、知识、心理的变化，以及技术和工艺的发展，对这些原料的再加工可以形成多样化的、能够满足不同层次需求的产品和产业，以获得最大化的企业效益和社会福利效应。比如1吨米，卖原粮的产品收入不超过1 000元；加工成淀粉卖出可收入1 800元，增值近1倍；淀粉加工成糖类卖出，每吨果糖可卖3 600元，葡萄糖可卖4 000元，可增值2～3倍；糖类进一步加工成抗生素和维生素C，还会有更大幅度的增值。随着农林产品精深加工和制造产业的运行，社会财富在倍增，企业效益在倍增，国家税收在倍增，劳动力就业和员工收入也在大幅度增加，进而消费需求也在倍增，这就会真正实现工业与农业的联合、城市与农村的统筹和经济中心与经济腹地的一体化。

5.2 工业化社会现代农业的内涵及其发展路径

洞庭湖生态经济区涉农消费品产业集群发展战略的核心是发展现代农业。我们知道，建设现代农业是农业现代化的主体，这在国内外已经历了半个多世纪的实践，并形成了一些固定范式——基本上都是从技术层面来定义农业现代化，因此人们通常认为世界范围的现代农业一般有两条典型的发展路子，即以美国为代表的“机械技术现代化”和以日本为代表的“生物技术现代化”。很显然，尽管技术是农业现代化的重要因素，但农业现代化不只是技术的现代化，而是农业生产方式的现代化。对于中国这样一个正在进行经济社会结构转型的发展中大国来说，现代农业的发展要从根本上解决由于工业化的发展而出现的农业产出小部门化与农业劳动力就业大量化的逆结构问题。于是，建设中国特色的农业现代化就势必要走农业工业化道路。

5.2.1 工业化社会的农业生产呈现出小部门化的发展趋势

世界大多数国家或地区的发展轨迹显示，工业化过程通常伴随着农业的小部门化。我们知道，在工业化以前，农业是作为唯一的主导性产业部门而存在的，它关系到整个社会的生存，又主导着整个社会的发展，所以这一时期的社会是一种传统的农本经济社会。而随着工业化的发展，产业结构高度化调整，农业的主导性即对社会发展的带动性逐步被工业和服务业部门所代替，农业生产逐渐成为社会生产的非主体部分，呈现出农业小部门化趋势。农业的地位与性质以及农业发展路径由此发生了新的变化。在这种新的农业发展阶段，提高现代农业生产效率须从农业产业内部分工深化和交易效率提高的角度来进行探索，运用工业部门提供的技术和生产资料，组织专业化分工的大生产。

因此，农业小部门化就是指，随着工业化进程的加快，农业产值和就业比例在整个国民经济中的下降，这是工业社会的一个必然发展趋势。在经济学上，配第-克拉克定理和库兹涅茨（Simon Smith Kuznets）等的实证性研究都证实了这一观点。农业的小部门化主要表现在：第一，农业增长对整个国民经济增长的贡献不断下降；第二，农业产出占整个国民经济系统总产出的份额不断下降；第三，农业获取社会生产所需稀缺资源的能力不断下降。发达国家的工业化进程表明农业小部门化具有普遍性。如果将经济增长简单地定义为实际人均货币收入的增长，而伴随着经济的增长，对农产品需求的增长要慢于对非农产品的增长，这是农业相对重要性下降的必要条件之一。当然，这里未包含对农业提供的非农产品需求。因此，在农业小部门化时期，只有通过农业部门的分工深化，促进农业生产力的增长，农业部门和其他部门的内在联系才会变得明显。世界发达国家经济发展的过程也充分说明了农业相对规模之间的差别和它们的经济发展水平相关，而经济发达程度与农业相对地位成反比例关系，即经济程度越发达，农业所占 GDP 的份额就越低。这里我们根据孙中才所著《理论农业经济学》一书中对库兹涅茨模型的介绍，将农业小部门化现象的数理表达式概括为：

$$Q(t) = F(Q_s, Q_i, t)$$

式中：$Q(t)$ 为一定时期国民生产总值；Q_s 为农业部门总产值；Q_i 为非农业部门总产值；t 为时间。根据一般核算原理可得：

$$Q(t) = Q_s(t) + Q_i(t)$$

在上式基础上可得出：

$$(\mathrm{d}Q/\mathrm{d}t)(1/Q) = [(\mathrm{d}Q_s/\mathrm{d}t)(1/Q_s)](Q_s/Q) + [\mathrm{d}Q_i/\mathrm{d}t](1/Q_i)(Q_i/Q)$$

为简化符号，以上公式可改写为：

$$\Gamma_a = \Gamma_s r_s + \Gamma_i r_i$$

在一般情况下，就有：

$\Gamma_a \in (0,1)$；$\Gamma_s \in (0,1)$；$\Gamma_i \in (0,1)$；$r_s \in (0,1)$；$r_i \in (0,1)$，即增长率、部门产值与经济总量的比率都是正数。而且在现实经济运行中，非农业部门的增长率和占整个经济总量的份额都大于农业部门，因而总有：$\Gamma_i > \Gamma_s$；$r_i > r_s$。于是可得出农业小部门化的表达式：

$$\Gamma_s r_s < \Gamma_i r_i$$

目前，农业小部门化现象已在世界许多国家出现。例如美国 1799 年农业增加值占国内生产总值的比重为 35.9%，1899 年降为 21.2%，到 20 世纪 80 年代降为 2%；法国农业产值比重也由 19 世纪 50 年代的 44.8%降到 20 世纪 70 年代的 6%。而与此同时，发达国家从事农业的劳动力也同比例大幅度下降，一般只占社会劳动力就业总量的 5%左右。农业增加值所占比重和农业劳动力就业所占比重同步下降，这是世界农业小部门化时期国民经济结构的一般模型，发达国家的国民经济结构通常都是这种顺结构。

5.2.2 工业化社会的现代农业代表了一种新的生活方式和文化

在社会总产值中农业产值份额下降，农产品供给出现相对剩余，这是不是意味着农业不再是人类安身之命的基础，农业对国民经济的增长不再具有战略地位呢？我们认为，工业化社会的农业小部门化现象是相对于工业的发展而言的，并不是农业产业绝对量的萎缩。恰恰相反，农业小部门化时期的农业占比虽然下降，但其结构能量却呈现出多功能化特性，其对国民经济的战略地位更加重要。人们必须认识到，在工业化社会现代农业已不仅仅是一种产业，更代表了一种新的生活方式和文化，能够满足人们多方面的需求。其主要表现如下：

（1）更加集中地体现在人类发展的保证性上

工业部门虽然可以替代农业部门的主导地位，但却无法全面取代农业部门的基础性地位。不仅如此，在工业化时期，农业的基础地位即生存保证反而越来越强化了。从这个意义上说，农业又具有很强的安全功能。无数事例表明，一旦粮食缺乏，粮价便会暴涨，就必然导致通货膨胀、社会不安全以至造成社会动乱，更有甚者，还会引发国家和地区之间的战争冲突。有关国际组织的一项报告表明，1989—1997年，国际上发生的103场武装冲突都与农业有直接或间接的联系，均是因土地所有权、水资源匮乏、环境变化或食品短缺所引起的冲突。所以，保障粮食有效供给已成为国家安全的重要支柱，并越来越受到各国政府和国际社会的高度重视。我国是一个有13亿多人口的大国，粮食和食品的供给在任何时候都是不可忽视的，否则，就会严重威胁社会安定和国家安全，甚至还会间接影响世界的稳定。

（2）更加直接地体现在满足全社会健康人体发展的需要上

从营养学的角度来分析，食品消费方式已经不只是营养供给的数量问题了，而是营养供给的结构合理搭配以及营养品的质量问题。它既与农业生产的结构有关，又与农产品的质量有关，要处理好种植业、畜牧业和农产品加工业的关系，要处理好数量农业与质量农业的关系，还要处理好农业生产与生态环境保护的关系，等等。由此可见，转型时期农业的基础作用，已不是一般地提供维持人体生命繁衍所需要的食品，而是要适应知识经济以及社会全面进步的需求，满足全社会健康人体发展的需要。例如优质的、精细的、无公害的植物蛋白产品和动物蛋白产品及其农业工业加工制品，为劳动者智力、体力和心理素质的提高提供了一个合理的营养基础。应该说，这是农业基础作用的一个重大发展。

（3）更加紧密地体现在产业结构高度化的支撑性上

在工业化快速推进时期，农业的基础作用还有一个新的变化：这就是既包括农民花钱所培养的高文化素质的劳动者直接向城市部门以及工业等非农产业的转移，成为现代产业生产力的主体；同时也包括一部分农业耕地的直接转移，成为工业产业和现代经济基础设施的立足之地，支撑着我国产业结构的高度化。就我国的情况来看，非农产业发展占地指数（即非农产业创造亿元国民生产总值占用耕地数量）按50%计算，目前全国已有2 000多万亩农业耕地直接转移成了非农产业，影响了60多亿千克粮食的生产能力。可见，如果农业不发展，农业劳动生产率和农业经济效益不提高，农民的收入不增加，我国现代工业化便不可能实现。

（4）更加关键地体现在对市场经济运行的平抑性上

已有的实践表明，农业产值的增长速度对社会商品零售物价指数的上涨有着很大的平抑作用。国家农业部对我国1979—1996年的宏观数据研究显示，工业产值增长波动对当年国民生产总值的影响系数是0.48，而农业只有0.24，只及工业影响的50%；工业产值增长速度对社会商品零售物价指数的影响系数是＋0.5，而农业则是－0.46，即农业产值每增长1%，物价指数会下降约0.5个百分点。这表明在整个改革开放期间，农业产值的增长对我国社会经济的健康发展起着巨大的稳定作用，支撑着社会主义市场经济体制的建立和发展。而且农业的发展、农民购买力的提高，为我国非农产业提供了广阔的市场，也极大地促进了市场经济的良性循环。

（5）更加全面地体现在生态环境保护和生态文明建设上

农业是自然再生产与经济再生产的结合，因而农业生产的过程一方面为人们直接提供生活资料即农副产品，另一方面其生产行为又会直接或间接地影响大气、水源、土地的存在状态，如化肥和农药的使用、耕地的开垦、牲畜的放牧等，都与生态的运行有十分紧密的关系。以往农民不科学地使用化肥、农药，造成水土污染和农产品高毒农药残留超标，而且由于需求的驱动导致化肥农药厂生产的废弃物大量向大气层和江河排放，严重污染生态环境，破坏了生态平衡。此外传统农业生产耕地平面扩张，大量开山平湖填海，造成水土流失和沙漠化，以致自然灾害频发，危害社会生产和人民生活。在这里，现代农业的发展可采取进行生态农业、有机农业、精准农业、设施农业和农业标准化生产并提高科学种田水平的措施，这样能大量减少有毒化学物质的排放和水土流失，实现和保持生态平衡，为人们提供优质安全的农产品和洁净的空气与水源，为形成生态良好的国家作出重大贡献。

综上所述，实际上农业小部门化趋势是单就狭义农业而言的。如果将农业从种养业扩展为广义的现代农业，则农业部门所包含的领域就会大很多。现阶段所指的农业，通常为统计年鉴中的“第一产业”，主要是指农、林、牧、副、渔等本源的农业生产部门。在这种定义下，工业化的大发展确实折射出农业产出和就业占比的下降趋势。然而，随着广义农业的发展，农业产业的垂直一体化趋向也越来越明显，“现代农业的基本趋势是将从田间到餐桌的一系列农产品生产经营整合为农产品产业链”。由于农业内部分工的深化，我们应以工业化的模式来发展现代农业，农业将和工业融为一体。在广义农业中，直接农业生产的比重可能会下降，但与农业生产直接关联的产前、产中和产后与其他产业的经营将被整合到农业产业链中，形成依托于农产品生产供应链的大生产经营模式。此外，随着社会进步和居民生活水平的提高，人们对农产品已经不仅仅是生活必需品的要求了，还产生了发展和享受方面的非必需品要求，因而在狭义农业产出相对缩小的同时，工业化的多功能农业就产生了。

5.2.3 我国工业化社会发展现代农业必然走农业工业化道路

改革开放 30 多年来，我国工业化快速发展，而农业发展速度相对慢于工业，这就导致了农业产出占整个国民经济系统总产出的份额不断下降，出现了农业产出小部门化趋势。据分析，改革开放 30 多年来，农业增加值占国内生产总值的份额已由 1979 年的 31.17％下降到了 2011 年的 10.2％，共下降了近 21 个百分点，其下降速度超过了任何一个发达国家工业化过程中的任何一个时期。但中国农业小部门化有其自身的特点和矛盾。

（1）中国农业小部门化的产出比与就业比极不对称

中国的情况与世界农业小部门化一般模型反差极大，农业劳动力就业所占比重没有跟随农业增加值份额同步下降，到 2010 年年末全国在农业产业就业的劳动力占全国劳动力就业总量的比重高达 36％左右，比同期农业增加值所占的份额高出了约 26 个百分点，这是一个非常严重的逆结构。这里的本质问题是工业部门与农业部门的比较劳动生产率差距太大，即传统农业部门的财富创造力低下。2009 年中国非农产业对经济增长的贡献率达到 94.25％，其中工业产业的贡献率达到 46.31％，狭义农业产业的贡献率仅为 5.75％。从工农产业的比较劳动生产率来看，2005 年我国农业部门的比较劳动生产率为 0.281，而同年工业部门的比较劳动生产率则高达 1.995 8，农业比较劳动生产率只是工业比较劳动生产率的约 14％。到 2010 年我国农业部门的比较劳动生产率又继续下降到约0.266 6，工业和农业比较劳动生产率的二元差异进一步扩大。所以，在农业小部门化时期，农业的发展已经不只是农业自身的问题，而是直接关系我国社会劳动力特别是农村劳动力充分就业的大问题，是直接关系中国工业和其他非农产业能否高质量、大规模发展的大问题，也是直接关系我国生产、分配、流通、投资、消费、出口等宏观经济重大比例关系能否协调的大问题。基于此，我国在工业化社会发展现代农业，就必须着力于提高农业生产率，转化农业剩余劳动力，以彻底解决农业产出小部门化与农业劳动力就业大量化之间的矛盾冲突。而要达到这个目标，其根本出路就是用工业化生产方式改造传统农业，走农业工业化道路，大幅度提高农业生产率，这就是工业社会中国特色的农业现代化。

（2）农业工业化是农业与工业高级形态的产业综合

农业工业化是指运用工业化的经营方式和管理模式来谋划农业产业发展，在农业生产过程（产前—产中—产后）中推动一系列基要生产函数连续高度化地演进，实现农业与工业的高级形态的产业整合，即农业生产过程的工业化、农业生产结果的工业化和农业产业经营管理的现代化，最终形成工业化的新型现代农业生产方式。在这里，农业工业化走的是“市场开发—工业组织—农业生产”的新路子，以市场化的加工型农产品生产为主体，组织农业制成品生产，真正实现增值增业、工农融合、城乡一体。也就是说，农业工业化是传统农业向现代农业转型中农业生产方式本身的工业化改造过程，即农业产业的工业化革命。这场革命的实质是要实现农业与工业高级形态的产业综合，也就是在市场机制作用下工业和农业两大产业融合，农业经济主体用工业生产方式对农业生产要素进行整合利用的一种经济行为选择。这些生产要素既包括土地、劳动力和资本等传统农业生产要素，也包括从现代工业部门引入的现代生产要素，而且往往是后者起支配作用。在此，现代农业生产要素是舒尔茨意义上的现代要素即工业化生产方式，主要包括先进的生产技术和科学管理技术。农业经济主体进行生产要素整合有三个层面：一是在农业生产过程中引入工业部门的先进生产技术，实现农业机械化、农业信息化、农业生态化、农业水利化和农业多功能化等；二是对农业生产结果进行工业深加工，建立农业制成品工业体系，实现农产品和农业制成品的产供销一体的企业化经营；三是引入现代工业的产业组织方式，组织专业化、标准化、集约化和工厂化的大生产，分步骤地推行农业产业价值链分工，打造品牌农业，提高获取规模经济、范围经济和品牌经济效益的能力。总之，用工业化的生产方式来组织现代农业的发展，就是农业工业化。

（3）农业工业化战略是马克思工业化农业理论在新时期的发展

农业工业化的理论基础是马克思关于随着生产力的发展，工业和农业相综合的原理。马克思在《资本论》第十三章写道：“农业和工场手工业的原始的家庭纽带，也就是把二者的早期未发展的形式联结在一起的那种纽带，被资本主义生产方式撕断了。但资本主义生产方式同时为一种新的更高级的综合，即农业和工业在它们对立发展的形式的基础上的联合，创造了物质前提。”也就是说，生产力发展到一定程度，农业的进一步发展在于与工业进行联合。在马克思看来，这种联合就是资本对农业的改造，其作用在于提高农业生产的经济效益。“只有在资本以及与之相适应的一般生产形式占统治地位的地方，这种情况本身才有利于农业（指有利于农业生产效率——笔者）。”而资本之所以要进入农业过程中，则是为了扩大资本循环的空间领域，增加资本生产的剩余价值。对传统农业来说，通过资本的进入，使农业实行现代的机械化、信息化、规模化生产，并向工业精深加工延伸农业生产链条，可解决因自然再生产造成的农业“在产品完成以前，在生产本身中存在着的劳动中断现象”，以缩短农业生产持续的时间，并提高农业生产可调控性。此外，马克思还认为：“只有通过［工业对农业的］反作用，资本才能掌握农业，农业才能工业化。这一方面要求竞争有高度发展，另一方面要求化学、力学等，即要求制造业有巨大发展。因此在历史上也可以看到，农业从来没有以纯粹形式出现于资本以前的或同它自身的不发达阶段相适应的那些生产方式之中。”马克思在这里认为，农业从来不是纯粹的农业形式，它含有非农因素如农村纺纱织布的副业等。随着资本领域的扩大，资本生产部门必然会进入农业，首先是进入农业中的非农因素领域，然后进入整个农业生产过程，导致农业的工业化，并推进市场竞争和市场体系的完善，使资本增值率提高，这同时也会促进制造工业的大发展，提高工业化的深度和广度。

在以上论述中马克思明确指出，资本领域（工业部门）扩大必然导致农业的工业化，以此解决农业劳动中断的现象，提高农业的劳动生产率。今天我们提出的农业工业化理论和战略，就是对马克思关于“只有通过工业对农业的反作用，农业才能工业化”的论断在新形势下的继承和新发展，其现实意义十分重大。

首先，农业工业化对传统农业进行市场导向的工业化改造和经营，建设标准化、专业化、工厂化和高质化的大农业，提高农业生产效率，全面实现农业现代化。在市场经济条件下，农业生产日趋社会化和国际化。农业由孤立的、封闭性的自给型农业，转变为分工细密、协作广泛、开放性强的商品性农业。农业与国内外产品市场和要素市场联系更加紧密，农产品国际贸易更加自由化，农业生产领域的直接分工协作、国际农业合作以及各国集团对农业的干预等也将迅速发展。在这个过程中，农业商品化和市场化的程度大大提高，农业生产趋向集中形成规模化生产经营，从而使农业生产效率极大地提高，实现优质高效的现代农业。

其次，农业工业化集中推进农产品精深加工业的发展，延伸农业产业链条，实现农产品工业加工增值，扩大农业剩余劳动力转移就业的空间，提高农民收入水平和生活质量。在农业集约化发展的过程中，横向来看，农业企业的生产项目由多到少，将形成专业化生产，各企业之间的分工日益明显，农产品逐步向精深加工发展；纵向地看，农业工业过程将专业化，即由一个企业单独完成农业生产总过程，转变为由若干专门从事其中某一环节或某一阶段的企业分工协作共同完成，从而出现农业产前、产中、产后各产业模块，形成产业链条的深化。正是这种新农业产业链条的延伸，拓展了新的就业空间，使农业生产部门富余的大量劳动力不依赖常规制造工业产业而得以转移，也使传统小生产状态下的单个农业产品生产者融入农业工业化体系中，通过分工和协作，成为规模化现代农业生产经营组织中的农业工人。

再次，农业工业化使农业与工业、农村与城市更加紧密联系，尤其是产业升级与产业集群，催生现代农村城市，实现农村社区现代化和城乡经济社会的协调发展。农业工业化的发展，使农业逐步专业化和区域化，各个不同的农业地区形成各具特色的专业化地带。专业化的基地农业、与基地相连的农产品加工企业以及农产品销售网络在发展过程中不断扩大，形成产业链条和产业集群。这些工业企业对农村的劳动力和土地资源进行重新组合，为当地居民提供稳定的就业机会，开发和带动当地农村经济发展，促进农村经济社会事业全面发展，对地方财政和居民生活产生重大影响，对农村社区城镇化、现代化贡献巨大。

5.3 洞庭湖区的农业工业化生产体系和运行方式

在社会主义市场经济条件下，发展农业工业化，主要是从农业生产技术方式、农业经营方式、农业比较效益和农业产业联系四个方面来改造传统农业生产方式，实现农业现代化。洞庭湖区农产品丰富，稻谷、棉花、油菜籽、苎麻、蔬菜、茶叶、柑橘和猪、禽、水产等农产品负有盛名。虽然物产丰富，但其工业加工率低，产品附加值不高。实行农业工业化，正是为了把洞庭湖区的传统农业生产转化为具有规模经济和范围经济效应的现代制成品农业产业，最终产生市场经济效益。就洞庭湖区而言，农业工业化的重点是根据绿色生态经济发展要求，着力于资源节约和环境友好的两型化农业、工厂化农业、都市化农业、多功能化农业的发展和农业工业化技术创新。

5.3.1 实施“优质—特色—转化—加工—营销”的十字五环路径

农业工业化运用大工业化生产方式改造传统农业，应采取“市场开发—工业组织—农业生产”的模式，实施“优质—特色—转化—加工—营销”的十字五环路径，以工业“加工”为核心环节，以市场“营销”为出发点和落脚点，进而构成农业工业化的现代生产体系。在这个体系中，五大环节具有如下功能：

（1）优质是指发展优种优品的高效农业和精细农业

即放弃以往那种围湖开山造田式的“边际土地开发”战略，实行“优种优品开发”的集约式发展战略。目前洞庭湖区粮食、生猪和水果生产已经形成了较大的生产规模，现在的主要矛盾是“劣品”问题，只要集中力量进行“优种优品”的开发，借助现有的生产规模，洞庭湖区农业的骨干层面就会很快跃上新台阶。这里的主要工作应该是充分运用生物技术、标准化种植和生产来改造农产品的品种和品质，开发无公害、高效益、可持续且又适于工业加工的新食品和新饲料，提升农产品营养结构和经济功能。

（2）特色是指发展差异化、有特色的专业生产带

就农业来说，特色产品往往同资源禀赋的区位性和种养技术的习惯性有关。洞庭湖区的资源禀赋既有共性也有一定的差异，且种养方式也各有自身的特点，因此具有发展特色农业的良好基础。此外，特色农业还要同专业生产相结合。因为专是特色农业的前提，一般来说不专则无特色；同时，专又是特色农业的内在要求，不专就不可能有规模且质量也上不去，特色农业的效益便难以提高。总之，应该根据各地的资源特点和习惯，依据目前和未来市场的需要，合理调整农业生产的区域布局，规划出若干差异化、有特色的专业生产带，如优质稻生产带、专用粮生产带、饲料生产带、优质瘦肉型猪生产带、优质油生产带、优质蔬菜生产带、优质水果生产带、优质家禽生产带、优质渔业生产带、优质小水产生产带等，建立大生产式的特色农业经济。

（3）转化是指将植物蛋白转化为高结构的动物蛋白

一般来说，种植业良种化、特色化同养殖业规模化相结合，这是当今世界现代农业的发展趋势，目前发达国家均是以畜牧业为主体的。如丹麦和荷兰畜牧业的增加值已分别占到农业增加值的90%和60%之多。因为从生态学的角度分析，养殖业可提高能量转化效率，能将大量秸秆、谷壳等生物附料转化为动物能，这既增加了畜牧产品又增加了土壤的有机质肥料，是实现生态良性循环、发展绿色食品农业的必由之路。从消费学角度分析，养殖业是将低蛋白转化为高蛋白的唯一产业，使食品营养结构改善，达到高质化和多样化，以满足健康人体高质量繁衍的要求。从经济学角度分析，养殖业则是深化利用农业资源和增加农产品附加价值的基础。因为一方面养殖业可促进饲料业发展，拉长产业链条，为拓宽农产品加工业奠定基础，市场广、品种多、价格高；另一方面养殖业又是劳动和技术密集型的产业，可容纳多层次的劳动力就业，缓解农村劳动力就业的压力。

（4）加工是指工厂化制成品农业即工业化的农业

国内外的经验表明，尽管消费结构中恩格尔系数是下降的，但农产品中间需求的比重却是上升的，也就是社会对农业加工制成品的需求是不断扩大的。我国农产品中间需求占总需求的比重已上升到目前的60%以上，所以设施农业和农产品加工业（或称农业制成品制造业）的发展可大幅度带动农产品中间需求的扩张，对开拓农产品和农业制成品市场、扩大现代农业生产的空间以及调节农产品常年性消费与季节生产的矛盾等都具有重大作用，有助于解决当前农产品价格走低、农产品卖难、农业剩余劳动力过多和农民增收困难等矛盾。从洞庭湖区现有的情况看，农产品加工业的发展要与乡镇企业重组和城市化发展结合起来，以县城扩容和中心镇扩建为基础，实现乡镇企业的结构调整和资产聚集，建好一批产加销一体化的有优势、有品牌、有市场的龙头企业，要形成一批具有一定规模且各有特色的制成品农业工业区，进而带动整个湖区经济的现代化。

（5）营销是指按市场需求变化来整合现代农业生产因素

农业工业化是在市场经济条件下进行的，必须根据市场现在和未来的需要，从农业生产和工业加工的全过程来整合产品、定价、渠道和推销四大可控因素，以及公共关系和政府权力等不可控因素，实现农业工业化市场效益的最大化。发展农业工业化的前提是市场化，如果说自然原态的农副产品有相当一部分是农户自产自给的产品，那么农业制成品则应全部是商品，必须依据市场信息组织生产，也必须通过市场营销来实现其价值。市场“营销”既是出发点又是落脚点，这就需要农村的合作组织、农产品加工企业和农户全面了解市场和消费者需求，有了详细的市场信息才能正确指导农户和农业基地生产什么、农产品加工企业如何进行深加工，最终生产出符合市场需求且附加值高的产品。

农业工业化十字路径的五个环节是一个有机整体，每个环节都极为重要；但如果从工业化的角度看，加工环节是战略重点。目前洞庭湖区农产品加工业比较落后，农产品加工业的发展空间很大，其重要意义就在于延伸农业产业链条，既实现农业产业链与工业产业链的对接，也实现自然农业同现代市场的产业联结，形成专门化农业、工厂化农业、标准化农业、机械化农业、品牌化农业和生态化农业，增加产业空间，增加农民就业机会，增加经济效益，增加农民收入，增加消费者剩余，增加社会生态效应，使农业变为新工业、农民变为新市民、农村变为新城市，从根本上解决“三农”问题，实现城乡经济社会的一体化。

5.3.2 建立“生产技术—经营管理—产业联系”相融合的运行方式

农业工业化的运行方式也就是其工作机理，是指农业工业化据以推动农业转型的机制或原理。其运行方式主要体现为如下六大机制：

（1）农业生产技术变革，提高农业全要素生产率

农业工业化的关键是农业技术的创新，而农业生产技术的创新是其中尤为重要的内容。农业生产技术方式由手工生产转向机械化和科学化生产，大量吸纳和运用工业部门提供的农业机械和农用生化产品，不仅提高了农业劳动生产率和土地产出率，甚至在一定程度上改变了土地对农业生产的直接决定作用（如无土栽培和转基因技术），同时又提高了农产品质量，实现了农产品使用价值的优质化。正是由于生产技术方式的改变，农业由依靠增加农业要素投入来实现增长，转变到依靠提高农业要素生产率即农业全要素生产率来实现增长的轨道上来。通过这种作用，农产品成本降低了，农产品质量提高了，从而农产品的竞争力也提高了。

（2）农业经营方式转变，组织农业集约化生产

农业是一种生命产业，对土地有直接依赖性，而且土地在农业中不只是一个立足点和活动场所，它还能以自身的物理性质和生物性质对农业生产起重大作用，所以农业经营方式主要是指农业生产中利用土地的方式。实行农业工业化，必然导致农业经营方式向集约型转变。首先，农业机械化生产必然要求扩大土地经营规模，实现规模农业。其次，产供销一体化经营要求在区域布局上依据不同的资源和经济禀赋进行生产分工，形成比较合理的各具特色的农业经济区域，发展专业农业，打造新型产业链。再次，对土地需求的增加，促使对土地等农业资源多层次开发利用，使土地的地下层、地面层、空中层都获得利用，发展立体农业和精细农业。同时，这种需求的增加使得以前的荒地、荒山、荒沟、荒丘及荒滩都能重新获得高效利用，从而解决撂荒问题。最后，“企业＋农户”或“企业＋专业合作社＋农户”的一体化组织形式打破了小农经营束缚，既能提高农民组织程度，同时又可发展订单农业和工厂农业。

（3）农业生产周期和结构调整，抑制市场蛛网式波动

农业工业化的一个根本性机能就是克服农业在生产周期长和产品档次低等方面的弱质性：一方面能减少农业生产对自然条件的依赖，如工厂农业和设施农业等，调节产品季节差，相对缩短生产周期，增强农业生产的可调节性；另一方面农产品的工业再制造，能实现农产品和农业制成品的品种多样化和品牌化，调节消费者的欲望差，从而产生一种“需求创造”效应。这可在相当程度

上提高农产品的需求价格弹性，从根本上克服作为生活必需品低需求弹性的缺陷。因此，在供给具有了一定调节能力而需求富有弹性的条件下，农产品价格波动会趋向于收敛型蛛网波动，市场趋于稳定。

（4）农业产业链条延伸，创造农村劳动力就业的空间

传统农业的产业联系度很低，产业链条很短，农业产业的总联系率偏低，吸纳劳动力就业的空间也极为有限。而农业工业化则必然要求在农业生产中增加工业品投入，诸如化肥、农药和农用机械，并对原态农产品进行工业深加工，而这些农产品加工业，如磨粉、酿制、发酵、纺织等，常常是工业化过程中的先行行业；同时又要求对农产品和农业制成品采用现代物流和运营理念组织销售流通。因此，农业工业化必将提高农业产业的后向联系、前向联系和旁侧联系，从而提高农业产业的总联系度，实现商工农一体化经营。尤其应指出的是，一体化经营延伸了农业产业链。这不仅拓展了农民就业的空间，能大幅度增加农村过剩劳动力就地就业，显著增加农民的收入；同时也为有一定知识和资金能力的农民工提供了创业的空间，有助于新一代农民工实现自己的理想和抱负。

（5）农业生产过程标准化，建立两型农业生产体系

传统农业采用分散的小生产模式，以手工操作为主，专业化和规模化的水平极低，没有也难以实行标准化生产，因而无法进行科学种田，滥用化肥农药的现象十分严重，造成环境污染、产品品质低劣，以致普遍出现生态失调和农产品质量不安全事件，这是农业现代化必须彻底解决的一个重大问题。由于农业工业化立足于生产的专业化、规模化和信息化，种养农业和制成品农业的生产过程具备了标准化生产和管理的条件，特别是对各种生产要素的使用能够一律按农作物和动物生长所需的标准量以及国家制定的产品质量安全标准进行，这样既能实现农产品和农业制成品的优质以及保证产品质量安全，又保护了生态环境并节省了资源，真正推进低碳化的资源节约型和环境友好型农业生产体系的全面建立。

（6）农业产业管理现代化，提高顺应市场规律的能力

农业生产管理现代化是用现代科学管理方法和先进的管理手段、管理形式来管理农业的过程。进行现代化管理有利于合理地组织农业生产力，从而有计划地提高农业生产的社会化水平；通过对各类农产品的加工、运输、储藏、销售以及农业生产资料的采购供应，进行统一的科学管理，可使农产品生产效率、生产品质、流通速度都极大地提高，增强了农产品在国内、国际市场的竞争力，同时也提升了农业经营主体顺应农产品市场规律的能力。管理现代化包括管理信息化，农业部门及其企业可以利用信息技术大力推广最新生产技术、

生态技术，提高农业生产的经济效益；还可以利用电子信息等现代化管理手段加强管理，建立一支农业现代化管理的技能队伍。

5.3.3 创造农业工业化又好又快发展的基础设施条件

基础设施又称基础结构（infrastructure），是指国民经济体系中那些为社会生产和再生产提供一般条件的部门和行业的总体。世界银行 1994 年的发展报告就以“为发展提供基础设施”为题，分析了基础设施对经济增长的影响，得出基本结论为“基础设施即便不能称为牵动经济活动的火车头，也是促进其发展的车轮”。农业基础设施作为基础设施的一种，是指在自然再生产与经济再生产相交织进行的生物有机体同环境之间的能量转化、物质交换和循环的过程中所必须投入的物质与社会条件有机整体的总称，或者是指在农业产前、产中、产后三个相互关联、相互制约的环节中所使用的农业生产公共要素组合的总和。因此，农业基础设施是实现农业工业化的基础条件和先决因素，对农业持续增长和促进农业分工、节约交易费用具有巨大的作用。我国学术界一般将农村基础设施划分为农业生产性基础设施和农业非生产性基础设施。农业生产性基础设施包括农田水利设施、农村道路和公共性运输工具、部分大中型农业机械和设备、能源供给设施等；农业非生产性基础设施包括邮电通信设施、医疗卫生设施等。由于农业物质基础设施和社会基础设施在技术经济特性上的差异和对农业生产的作用的差异，我们将农业基础设施的性质与范围界定为改善农业物质生产条件、对农业工业化建设和发展起促进作用的物质基础设施，主要包括农用灌溉机械、公用水利设施、电网、通信、道路、贮藏、运输和能源设施等农业工业化的生产性基础设施。农业工业化要不断采用现代工业技术手段来改造农业、装备农业，不断采用现代管理方法来改善和调整农业，而农业基础设施是农业技术发挥作用的载体。基础设施资本的投资与其他生产性资本的投资在时间上是不可分的，或者说具有不可逆的性质，必须先进行基础设施投资，才能进行其他生产性资本的投资。

洞庭湖区发展农业工业化，必须增加农村基础设施的供给，加快推进城乡分割的“二元”宏观体制及基础设施供给基本制度的改革与创新。第一，按照基础设施的类别、层次，科学合理地划分市场与政府在提供基础设施方面的职能边界、职责和义务范围，政府要坚决从竞争性领域退出，或者不再进入竞争性领域。第二，根据城乡统筹发展的原则，加快推进基础设施供给制度的改革与完善，逐步建立起适应公共财政要求、符合国际惯例，城乡统一筹划、统一政策、统一标准、统一待遇的新型现代基础设施供给制度。第三，要确保农村基础设施建设资金有稳定的来源，例如制定法规确保某些农村基础设施在各级政府财政支出中的比重，或者确保某些农村基础设施财政支出占 GDP 的比重，并且对市场融资模式也应予以保护和支持。一般来说，农村基础设施长效筹资机制应由财政投资和市场融资两方面构成。第四，通过制度安排，优化投资结构，突出重点。农业基础设施建设和应用可以直接改进农业的生产手段，同时还为农业新技术的运用提供了物质保障。因此，农业基础设施的投资应优先于农业生产技术的提高与推广。在农业基础设施已阻碍农业工业化且投资又十分有限的情况下，可考虑放缓农业直接生产性活动的发展速度，将可供资源最大限度地集中于农业基础设施领域，实行“突进式”发展战略，以最短的时间迅速建设农业基础设施，使农业基础设施跟上甚至超前于农业工业化发展的需要。

06

洞庭湖区腹地
农业工业化目标评价指标体系

洞庭湖生态经济区现代农业发展的目标是实现农业工业化。农业工业化目标评价指标体系的确定，是通过对我国不同地域农业工业化发展程度的研究，综合湖区资源、经济、社会实际情况，认识并把握影响农业工业化因子的作用机制，构建科学且行之有效的目标评价指标体系和模型，在统一量化标准后，准确度量并解释农业工业化的动态变化特征，分析影响洞庭湖区农业工业化发展的关键因素，为农业工业化战略及时、准确和有效地实施提供决策依据和方向。

6.1 农业工业化发展的主要影响因素剖析

农业工业化的发展，对洞庭湖区经济社会的发展是至关重要的问题，也是农业现代化实现的重要标志。影响洞庭湖区农业工业化发展的因素是多方面的，因为传统农业、农村和农民问题的产生，既有其内部因素又有其外部因素，既是历史因素的积淀，又有其现实的原因。由此我们必须持全面的视角予以把握，不能仅仅局限于农业、农村、农民问题的内部，而忽视制度因素、产业联系、国内外市场等外部因素的影响和制约。

6.1.1 制度因素

农业工业化是在市场经济条件下，农业生产逐渐市场化、规模化和深度开发渐次高度化的过程，是一种自下而上的内生的制度变迁，是对传统农业、农村和农民的一场产业革命，同时又是对农民及相关社会群体利益的重新调整。这种变迁过程无疑将受各种制度因素的制约，所以积极推进制度创新是加快农业工业化进程的内在要求。农户组织制度创新，是实现农业工业化的前提；科技体制改革，是农业工业化目标能否实现的关键。此外，城乡管理体制创新、人力资源体制创新和国家宏观政策改革，则是农业工业化的制度保障。总之，如果没有制度创新提供的保障和动力，这场农业的工业化革命是无法完成的。农业工业化的制度安排问题，包括确立农民主权地位制度、土地产权制度、公共品供给制度、社会保障制度、金融投资制度、财政金融制度等。当前，我们要重点研究和设计工业反哺农业、城市支持农村的政策问题，具体涉及农业保护立法、价格保护政策、农民收入政策、土地流转政策、劳动力流动政策、科技创新与技能培训政策、农村社会保障和农业保险政策、农业金融及税收政策以及农村公共服务政策等一系列政策体系。

6.1.2 经济因素

任何一项产业的持续发展，没有足够的资金投入是不可能的，农业经济增长缓慢，缺乏足够的资金支持也是一个原因。一是国家财政对农业的投入不足。我国农业财政支出占国家财政总支出的比例，远远低于农业在国内生产总值中的比例。20 世纪 90 年代以来，财政支农的比重一直呈下降的趋势。二是湖区地方政府投资战略上的失误。地方政府没有高度重视农业在国民经济中的战略地位，只热衷于投资房地产等项目和眼前能见效益的项目，从而造成农业发展条件长期得不到改善，农业基础设施得不到及时维修和增加，抵御自然灾害的能力降低。三是因农业比较效益低，湖区农民不愿意增加对土地的投入。一些农民把土地承包给别人耕种，自己外出务工挣钱，个别地方的农民对种田投入很小甚至对土地采取放任的态度。再加上近几年农民非生产性支出过大，他们就更缺乏对农业投入的积极性了。

6.1.3 科技因素

农业工业化主要从农业的生产技术方式、经营方式、比较效益和产业联系四方面来改造传统农业生产方式，实现农业现代化。农业生产技术变革是提高农业全要素生产率的前提。而要实现生产技术的变革关键是要进行农业科技体制的创新。目前，湖区农业科技创新资源配置结构不合理，农业科学技术转化率很低，农业科技创新手段落后，现代信息手段缺乏，大面积综合实验基地少，缺乏可调控的光、温、水、肥、气等现代大型野外实验设施，难以对生物的生长发育过程作模拟研究，难以开展农业工厂化的实验。在农业系统内部，农业科技研发、推广之间不协调，造成农业技术创新过程不畅；农业科研单位取得了大量的科研成果，但许多成果都没有转化为现实生产力。因此，农业要纳入工业化运行范畴，关键一点就是改革传统的科技体制，建立有利于农业工业化发展的新型科技体制。

6.1.4 市场因素

农业工业化是在市场化条件下进行的，是在经济全球化、信息化条件下融入国际市场的规模化、集约化的现代农业。随着中国加入 WTO（世界贸易组织）和更加深入地参与世界经济的竞争，我国农业面向国际市场的视线放宽，在利用国际市场的机遇方面变得更迫切、更主动、更积极。比如在实现农产品由以国内市场为主向国内、国际两个市场转变的过程中，更加突出国际市场；在农产品生产由数量型向质量型转变的过程中，更加突出国际农业标准化；在农业资本构成由国内融资为主向国内外融资转变的过程中，更加突出利用外资；在农业科技由传统技术向高新技术转变的过程中，更加突出运用国外先进技术来改造传统农业从而使农业工业化成为必要和可能。在市场经济条件下，农民对种什么、种多少、如何种等问题的回答变得更现实，更有自己的判别标准。市场对农业的供求关系影响，渐渐成为引导农民转换生产方式、改变思想观念的巨大力量。

6.1.5 人力资本因素

科技创新是农业工业化的关键。然而，由于知识和技术的创新都是人的创新行为，所以知识和技术因素对经济增长的作用只有通过人力资本因素才能内生化，人力资本对农业工业化的发展具有决定性的作用。20 世纪 80 年代以来，高新技术革命的发生和蓬勃发展对人类经济社会的发展正在产生革命性的影响。资本形态已发生重大变化，知识资本及其载体人力资本具有积累作用，并已成为整个经济增长的主要动力，这就使资本具有了异质化的特征，进而出现了资本收益递增的趋势。应该说，这是资本发展史上的一场重大变革，它意味着人类生产方式及其经济范式转换已进入一个新的资本收益递增的历史时期。因此，在信息经济时代，技术创新和人力资本成为经济增长的内生性变量，相应地，指导农业工业化发展的理论思想和战略方式也会产生革命性的转变。

6.1.6 生态环境因素

21 世纪经济的主旋律将是绿色产品、绿色生产、绿色市场的绿色经济，这也是生态文明及可持续发展对经济生活的具体要求。目前，环境标准已经成为农产品进入市场的重要标准，绿色消费已经成为人们消费的目标和时尚，绿色消费观念正逐渐深入人心。面对这一时代趋势，农业工业化如果走高消耗、高污染的传统工业化路子，不仅没有消费者市场，同时也会造成资源的浪费和对环境的极大破坏。因此，农业工业化的发展尤重在思想观念和思维方式上实行重大调整。湖区从上到下包括各级政府、各职能部门、各涉农企业、广大农民等在内都要树立绿色经济观念：要打破以往产量型的农业定式思维，树立以讲求生态效益为主体的质量标准意识，正确引导农业生产经营者的经济行为；同时，要加强法制建设，通过完善的生态环境法律法规体系以及严格的执法行动，迫使各农业生产经营者在其生产经营过程中自觉保护好生态环境，合理利用农业资源，走经济效益和环境效益相协调的生态化发展道路。

6.2 农业工业化目标指标体系评价模型与方法

如前所述，农业工业化是以工业化为主导的工业与农业互动互融的发展过程。对农业工业化目标的确定和评价，就是要通过认识并把握影响农业工业化进程因子的作用机制，构建科学且行之有效的目标指标体系和测度模型，准确解释农业工业化和度量其动态变化特征，并找出阻滞农业工业化的因素，为又好又快地推进洞庭湖区的农业工业化、全面发展现代农业提供运作方向及依据。

6.2.1 国内外现代农业目标评价方法综述

目前，国内关于农业现代化的目标指标体系和进程测度方法可归纳为以下几种：

（1）模型法

该方法认为我国农业现代化的本质是农业科学技术现代化，因而以计算科技进步在现代农业发展中的作用来测度农业现代化进程。这种方法以资金（X）、劳动力（L）、科技（S）等为参数，经过微分、线性变形、时间序列分析及多元回归，建立公式来分析资金、劳动力、科技对农业生产的贡献，从而测度地域农业现代化水平。

（2）参数比较法

比如从比较社会学的观点出发评价农村的变迁，采用统计学中的相对数、平均数来解决多变量指数问题，并针对地域实情，参考历史数据及发达国家的实例，给出具体的测度结论。

（3）多指标综合目标测度法

这种方法主要采用主成分分析法、聚类分析法、灰色关联分析法、综合指标体系法，把描述对象的多项指标、信息加以汇集，经数学处理后，从整体上确认研究对象的进程动态。

（4）DEA方法（data envelopment analysis）

这种方法产生于20世纪70年代末80年代初，主要是在多指标输入输出时，通过对生产部门的物质投入、产出相对效益比较及各自优势来测度出农业现代化进程。

上述四种方法，国内研究中运用较为普遍的是多指标综合目标测度法。较有代表性的如原农业部农村经济研究中心主任柯炳生教授提出的中国农业现代化的指标体系及其标准，浙江大学经贸学院谭波等提出的地区农业现代化的评价指标体系。此外，郑兴和等人选出投入与产出两方面11个主体指标、32个群体指标对山东省农业现代化进程进行测度；单玉丽选用农业生产发展水平、农业经济发展水平、农民收入和消费水平、农业现代化物质投入、农业科技与农民教育、农业资源与环境6个主体指标、22个群体指标对福建省农业现代化进程进行测度；刘巽浩建议从物质装备投入、科学技术应用、经营管理水平与资源环境退化4个方面对农业现代化进程进行测度；蒋建平、梅方权等建议选择农民收入和消费水平、农村经济水平、农业发展水平、农业基础设施与投入、农业生产与教育、农业组织与管理、农业资源环境7个主体指标、21个群体指标对农业现代化进程进行测度。多指标综合目标测度法的优点是：测试过程比较规范，结果较为直观；有固定的计算格式，使用方便，经济意义明确；体现了系统性、层次性、可操作性的原则。

我们认为，上述方法和指标基本上都是对农业现代化目标的测评，相对来说范围更广，内容更多，结构更为复杂。而农业工业化是农业现代化的重要内涵与根本途径，其范围主要集中在现代农业的生产、运营和管理方面。因此在这里，农业工业化目标指标体系的设计和测度，侧重于体现农业生产过程中基要生产函数连续发生变化，与工业高级形态的产业综合的状态，衡量农业生产过程和生产结果的工业化程度，对农业工业化战略的实施有指导意义。

6.2.2 农业工业化目标评价指标体系综合模型

农业工业化目标综合评价按下面公式计算：

$$Y_K = \sum_{i=1}^{m_k} W_{ki} A_{ki}$$

由上式代入下式：

$$Y = \sum_{k=1}^{n} f_k Y_k$$

得目标综合评价指数模型：

$$Y = \sum_{k=1}^{n} f_k Y_k = \sum_{k=1}^{n} f_k \sum_{i=1}^{m_k} W_{ki} A_{ki}$$

以上农业工业化目标综合评价指数模型中，Y 为农业工业化综合评价指数，Y_k 为第 k 个主体指标数值，n 为主体指标的总数量，f_k 为第 k 个主体评价指标权重，W_{ki} 为第 k 个主体指标中第 i 个群体评价指标的权重，A_{ki} 为第 k 个主体指标中第 i 个群体评价指标的数值，m_k 为第 k 个主体指标中群体指标的数量。Y 即某一国家或地区某一时段农业工业化指数总和，反映该地区农业工业化总体水平。

6.2.3 目标评价指标选择的主成分分析法

国内外农业工业化的实践表明，影响和决定农业工业化发展水平和质量的因素很多，构建农业工业化目标评价指标体系不可能穷尽所有的影响因子。对此，我们采取主成分分析法的思路，在保证影响因子信息损失最小的原则下，简化目标评价指标体系结构，剔除相关性高但重要性低的指标，选择影响大但相关性小的指标。主成分分析法通过对原始变量相关矩阵内部结构关系的研究，计算出影响经济过程的几个综合指标，这些指标不仅保留了原始变量的主要信息，而且彼此间不相关，比原始变量具有更优的性质。其计算步骤如下：

（1）对原始数据进行标准化处理

经济指标通常具有不同的量纲，在数量级上也有很大的差异。为了消除量纲不同带来的影响，在进行主成分分析前，应对数据进行标准化处理，使每一变量的平均值为零，方差为 1。公式如下：

$$X_{ij} = \frac{X_{ij} - \overline{X}_j}{\sqrt{\operatorname{var}(X_j)}} \quad (i = 1,2,\cdots,n; j = 1,2,\cdots,p)$$

其中 $\overline{X}_j = \frac{1}{n}\sum_{i=1}^{n} X_{ij}, \operatorname{var}(X_j) = \frac{1}{n-1}\sum_{i=1}^{n}(X_{ij} - \overline{X}_j)^2 (j = 1,2,\cdots,p)$

（2）计算样本相关矩阵

$$R = \begin{bmatrix} r_{11} & r_{12} & \cdots & r_{1p} \\ r_{21} & r_{22} & \cdots & r_{2p} \\ \cdots & \cdots & \cdots & \cdots \\ \cdots & \cdots & \cdots & \cdots \\ r_{p1} & r_{p2} & \cdots & r_{pp} \end{bmatrix} \quad \text{其中 } r_{ij} = \frac{1}{n-1}\sum_{i=1}^{n} X't_i X't_j \quad i,j = 1,2,\cdots,p$$

（3）求相关矩阵 R 的特征值及特征向量

令 $|R - \lambda I| = 0$，

求得特征值（λ_k）、特征向量（t_k）、特征值贡献率（Y_k）、累积贡献率（$\mathring{Y}_k$）。

（4）选择主成分的个数 m（$m<p$）

令 $\lambda_1 \geqslant \lambda_2 \geqslant \cdots \lambda_p$ 为矩阵的特征根，t_1，…，t_p 为相应的特征向量，称

$$Y_k = \frac{\lambda_k}{\sum_{\lambda=1}^{p} \lambda_i}$$

为第 k 个主成分 $PRIN$（k）的贡献率，称

$$\mathring{Y}_k = Y_1 + Y_2 + \cdots + Y_k = \frac{\sum_{i=1}^{k} \lambda_i}{\sum_{i=1}^{p} \lambda_i}$$

为主成分 $PRIN$（1），…，$PRIN$（k）的累积贡献率。通常所取的 m 值，应使得累积贡献率达到 80%以上。

6.2.4 因子权数与目标标准值选择的思路

在农业工业化目标的综合评价指标中，权数的确定是一个非常关键的问题，直接影响目标及测评的合理性。权数在目标的综合评价中是经常使用的一个范畴，无论是经济社会与科技的发展决策，还是日常生活中人们在复杂事务中的选择，都涉及对各种影响因素权重的取舍。一般来说，权数按其性质可分为主观权数、信息量权数和独立性权数三种，按赋权方法可分为主观赋权法和客观赋权法两种。由于农业工业化是一个复杂的系统工程，在目标评价体系的构成中，尽管我们对各指标的选择采取了指标间相关性最小的原则，但任何客观事物都不可能孤立地发展，各因素间总是存在一定的必然联系和交叉影响，特别是农业更为突出。如总量指标反映农业工业化的进度和阶段性水平，但却取决于质量结构因素的发挥，而质量结构因素的作用又受制于基础设施条件。因此，农业工业化目标评价指标体系中各指标间都具有一定的可替代性。当然，各类指标对目标体的影响力还是有差别的。在这里，质量结构就是农业工业化的核心因素，反映农业工业化的本质，起关键性作用。基于这一分析，我们一方面采取特尔菲法，综合专家意见和我们对现实调查研究的认识，根据总量水平、质量结构、基础设施对农业工业化的作用程度和所涉及因子数量分别赋值，即总量水平赋权值 30%，质量结构赋权值 60%，基础设施赋权值 10%，突出质量结构指标，而在每方面指标的内部则基本选用简单算术平均法赋予各具体指标的平均权数来进行计算，以解决具体指标之间的互交叉性问题。

另外，对于农业工业化目标值即农业工业化的完全实现值“1”（标准值），

我们选择日本、韩国和美国现代农业中涉及工业化农业方面的综合性水平作为参照值，并结合我国国情和洞庭湖的区情确定。日本和韩国都是人多地少的国家，且又都是东方传统的农业大国。第二次世界大战后，日、韩进行土地制度改革，建立国家农业保护和促进体系，推动农业机械化、电气化、水利化、生态化，在东方最先实现了农业现代化，这其中有许多经验对我们有重要的启示。美国有最具代表性的现代大农业样式，专业化、机械化、化学化、区域化、高效化、市场化以及服务体系的完备化，都处于目前全世界一流的水平，其中有许多是值得我们参照和借鉴的。

6.3 洞庭湖区农业工业化目标评价指标体系

农业工业化目标测度的关键是测度指标体系和测度模型的构建，而测度指标体系、模型构建的依据是对农业工业化内涵的认识。目前在农业现代化目标测度方面，对国内研究影响较大的主要有：联合国社会发展研究所 1970 年提出的按贫穷、富裕区分的社会指标体系 21 项国际标准及其他专项国际标准；美国斯坦福大学社会学系英克尔斯（Alex Inkeles）教授提出的现代化 10 项标准等。这些都值得我们借鉴。

6.3.1 农业工业化目标指标体系建立的基本原则

农业工业化是建设现代农业的根本路径，且农业生产又是自然再生产与经济再生产的结合。因此，农业工业化是一个集自然、经济、技术、文化、社会和劳动力为一体的大生产系统，其各方面因素是相互关联、相互制约、相互促进的。这样，设定农业工业化目标就绝不能只看某个方面的内容，而必须以多指标体系进行全面的分析衡量。所以，建立农业工业化目标指标体系须遵循以下原则：

①系统性，即指标体系必须全面考虑农业工业化所涉及的各个方面因素及其内在联系，对各子系统的特性、地位和相互关系进行分析，使得指标之间既有相关性又具有一定的独立性，通过指标的综合，整体体现农业工业化发展要求。

②综合性，即指标体系既要考虑农业工业化发展的典型指标，也要兼顾农业工业化发展的关联性指标；既要考虑农业工业化发展的本身，也要兼顾农业工业化发展的环境因素和社会条件，尽可能多考虑涉及农业工业化发展的内外因子。

③代表性，即指标体系的建立要符合客观存在的规律性，包括农业发展的规律性和工业发展的规律性，选取能够反映农业与工业进行高级形态产业整合

的并能具体评价各地农业工业化发展内容的指标，做到按客观规律办事。

④重点性，即突出农业工业化发展中的主要矛盾和关键问题，掌握推进农业工业化的“抓手”，如重点对集约化、标准化和市场化发展水平进行评估，探讨解决问题的途径，这是目前洞庭湖区发展农业工业化的核心。

⑤可比性，即指标体系要从我国国情和洞庭湖区情出发，在科学分析的基础上进行设置，使指标体系既符合湖区的实际，又能体现农业工业化是一个世界性和历史性的过程，使其具有区际和国际间的可比性及现实的可操作性。

6.3.2 洞庭湖区农业工业化目标指标体系的主要内容

农业工业化实际上是现代集约化农业和高度商品化农业相统一的发展过程。因此，设定农业工业化目标指标体系应重点把握以下三点：

①对传统农业进行市场导向的工业化改造和经营，农业生产技术方式由手工生产转向规模化、机械化和低碳化生产，建设集约化、标准化、机械化、工厂化、高质化和生态化的大农业，提高农业生产效率和环境效益的目标评估。

②着重推进农产品精深加工业的发展，延伸农业产业链条，实现农产品工业加工增值，扩大农业剩余劳动力转移就业的空间，减少传统农民，增加农业工人，提高农产品工业加工附加值和农民收入水平的目标评估。

③农业工业化是在市场经济的条件下进行的，要结合全球化、信息化和网络化的新变化，建立新型的农产品和农业制成品的市场体系和企业营销体系，提高农业产业的后向联系和前向联系，实现商工农一体化经营，依据市场信息经营现代农业生产和流通，通过市场实现农产品和农业制成品价值的目标评估。

6.3.3 洞庭湖区农业工业化目标指标体系的构架

我们采用层次分析法，独立设计了洞庭湖区农业工业化指标的目标层次结构，把农业工业化这个总目标系统分解为不同层次的组成因素，以便更加科学合理地确定农业工业化的目标指标体系。这一体系构架以“农业工业化”为总目标层，下设“农业工业化总量水平”“农业工业化质量结构”“农业工业化基础设施”三个方面的目标指标，各自反映农业工业化的某一特定方面，且每个方面又分解出若干二级目标指标，形成了在“农业工业化”总目标下设3个方面目标指标、20个二级目标指标的评价指标体系（表6-1）。

表 6-1　洞庭湖区农业工业化目标指标体系结构与标准值表

	指标组	指标项目	权重	标准值 100％	2020 年目标值（标准值的 80％以上）
农业工业化总目标100％	总量水平30％	农村社会生产总值与农用耕地比值	0.06	5.0 万元/亩	4.00 万元/亩
		农业增加值与农业劳动力比值	0.06	3.0 万元/人	2.40 万元/人
		农产品加工业产值与农业产值比值	0.06	4.0∶1	3.20∶1
		农民收入占城镇居民收入比重	0.06	0.9∶1	0.72∶1
		城镇人口与乡村人口的比值	0.06	3.5∶1	2.80∶1
	质量结构60％	农业市场化率			
		组织企业化率	0.05	0.80	0.64
		产品商品化率	0.05	0.85	0.68
		生产订单化率	0.05	0.90	0.72
		农业资本化率	0.05	0.75	0.60
		农业高端化率			
		生产标准化率	0.05	0.90	0.72
		产品优质化率	0.05	0.95	0.76
		产品绿色化率	0.05	0.80	0.64
		产品品牌化率	0.05	0.70	0.56
		农业集约化率			
		科技进步贡献率	0.05	0.85	0.68
		农业机械化率	0.05	0.90	0.72
		生产基地化率	0.05	0.80	0.64
		农产品转化率	0.05	0.80	0.64
	基础设施10％	耕地有效灌溉率	0.04	1.00	1.00（100％）
		农村通电率	0.03	1.00	1.00（100％）
		公路到村率	0.03	1.00	1.00（100％）

在上表所列的洞庭湖区农业工业化目标指标体系结构中，“农业工业化总量水平”目标指标是从综合总产出的角度考核农业工业化的绩效，下设农村社会生产总值与农用耕地比值、农业增加值与农业劳动力比值、农产品加工业产值与农业产值比值、农民收入占城镇居民收入比重、城镇人口与乡村人口的比值五个分项目标指标，分别从农用土地产出效率、农业劳动生产效率、农产品加工增值率、农民收入水平、城镇化率五个方面评估农业生产过程和农业生产结果工业化的目标水平与效果。

“农业工业化质量结构”目标指标则是从发展模式和路径的角度评价农业工业化发展的质量水平，下设农业市场化率、农业高端化率、农业集约化率三个分项目标指标，每个分项指标下设有具体的二级目标指标。如市场化是农业工业化进行资源配置的基本组织方式，包括组织企业化率、产品商品化率、生产订单化率、农业资本化率等，分别从市场主体的组织化程度、农副产品进入市场交易的规模、市场直接调节生产的程度和农业生产经营融资的杠杆化率等主要方面评价农业工业化的市场化水平；高端化是用工业生产方式改造传统农业所要达到的基本要求，包括生产标准化率、产品优质化率、产品绿色化率和产品品牌化率等，分别从农业生产标准实施数量与体系、发展优质高效农业的水平、打造农业品牌产品的水平以及农业生产经营的能耗与污染物排放程度等基本方面评价现代农业发展的高端化水平；集约化反映现代农业的本质，包括科技进步贡献率、农业机械化率、生产基地化率、农产品转化率等，分别从农业和农业制成品生产的技术创新与技术推广、农业生产规模化与机械化程度、农业专业化基地大生产和农副产品工业精深加工规模等方面评估农业工业化的集约化水平。

"农业工业化基础设施"目标指标主要是从农业工业化生产条件的角度评价政府及农业生产主体对农业基本建设的投入水平，下设耕地有效灌溉率、农村通电率、公路到村率三个分项目标指标，分别从水利设施、电力设施、道路设施三个主要方面评价发展农业工业化的基本条件。

而表 6-1 所列的洞庭湖区农业工业化目标的标准值是指洞庭湖区全面实现农业工业化的目标数值，主要是依据农业工业化的上述内涵，参照美、日、韩等农业现代化先行国家的现代农业状态，再针对洞庭湖区农业发展的特点和趋势确定的。经模拟分析，到 2020 年洞庭湖区可实现农业工业化标准值的 80％以上，在基本实现农业工业化层面上全面建成国家级现代农业示范区。从农业工业化总量指标上看，届时洞庭湖区平均每亩耕地提供社会生产总值 4 万元（不变价），农业劳动力生产率人均每年达到农业增加值 2.4 万元（不变价），农产品加工业产值与农业产值比值为 3.2∶1，农民收入占城镇居民收入比重为 0.72∶1，城镇化率达到 72％。为达到此目标，洞庭湖区农业工业化在战略对策层面应集中优势力量，实施两型化农业、工厂化农业、多功能化农业和科技创新四大工程，并深入推进农业经济体制改革，为实现农业工业化目标提供强有力的制度保障。

07

洞庭湖区
两型化农业发展对策

在全球气候变暖和低碳经济已成为未来经济发展必然趋势的背景下，党的十六届五中全会首次提出要建立“两型社会”，即资源节约型和环境友好型社会，十七届三中全会进一步提出到2020年农村改革发展的基本目标之一是基本形成资源节约型、环境友好型农业生产体系（以下简称两型化农业生产体系）。两型化农业生产体系以统筹人与自然的和谐发展和经济、社会、生态可持续为目标，是未来农业发展的方向，是人与自然和谐共生的必然选择。虽然有关资源节约和环境友好的农业生产研究已有较长时间，但两型化农业生产体系不是资源节约型与环境友好型农业生产体系的简单相加，而是一个全新的概念，是一种新型的农业发展观。湖南是个传统的农业大省，而洞庭湖区在湖南农业发展中又占有举足轻重的地位，是湖南最大的粮仓，在保障国家粮食安全方面作出了巨大贡献。但是，由于没有协调好人与自然的关系，特别是长期的不合理开发和围湖造田、毁林开荒，导致洞庭湖区资源环境形势严峻，如洪涝灾害频繁、湖区植被面积减少、湖底快速淤高、生态功能退化、人地矛盾突出、渔业资源锐减等。因此，洞庭湖生态经济区发展农业工业化，建设国家级现代农业示范区，其首要任务就是以科学的态度和精神全面建立两型化农业生产体系。

7.1 两型化农业生产的经济学理论解释

两型化农业生产与农业工业化的本质联系是产业的生态化发展，走绿色发展的道路。农业工业化并不是以传统工业化生产方式来改造农业，而是要从根本上转变以资源大量投入、环境过度污染为特征的粗放式农业增长方式，以提高资源利用效率和保护生态环境为核心，以节地、节水、节肥、节种、节能、资源综合循环利用和生态农业建设保护为重点，以现代工业生产方式发展循环农业、生态农业、集约农业等有利于节约资源和保护环境的两型农业形态，最终实现农业的可持续发展。两型化农业生产体系内涵丰富，但其最主要的问题是要解决经济发展与资源、环境的矛盾，统筹人与自然的和谐发展。

7.1.1 两型化农业生产体系的三个基本要素

资源环境因素是一个国家经济发展的必要物质条件，它决定了一个国家经济发展的可能性、规模、速度和可持续性。两型化农业生产体系包含资源节约、环境友好、农业生产体系三个要素。全面分析两型化农业生产体系的理论内涵，首先就要科学理解这些基本概念。

（1）资源节约

按照联合国环境规划署的定义，资源是指“在一定时间、地点的条件下能够产生经济价值，以提高人类当前和未来福利的自然环境因素和条件”。在本书中，“资源”指的是自然资源，即人类可以直接从自然界获得并用于生产和生活的物质，主要包括土地、水、气候、生物、矿产及能源等。根据资源的可再生性，自然资源可分为可再生资源和不可再生资源。根据其能否重复使用，不可再生资源又分为可回收的和不可回收的不可再生资源。而“节约”在《现代汉语词典》中被定义为“使可能被耗费掉的不被耗费掉或少耗费掉”。有的学者认为“节约”包含四层含义：①广度开发利用，指一切可供开发利用的农业自然资源均要创造条件让其为人类造福；②深度利用，指通过现代科技的投入，深层挖掘其生产潜力；③有机废弃物利用，指人类应用生态系统原理，采用无废物工艺或农艺使整个生产系统实现资源的充分利用；④控制利用，即遏制农业自然资源特别是土地资源用于非农领域。

（2）环境友好

一般来说，环境可分为自然环境和人工环境两种。自然环境是指环绕在人类周围的各种自然因素的总称，包括大气、水、土壤、岩石、生物等，这些因素是人类赖以生存和发展的物质基础。人工环境是指人类以自然环境为依托，根据人类生产和生活的需要，对自然环境进行改造、建设所形成的环境，如城市、农村、工厂、娱乐场所等。本书中的环境主要是指自然环境，但又包括部分人工环境，如村容村貌。环境友好，就是各种活动要以环境承载力为基础，以遵循自然规律为准则，以绿色科技为动力，倡导环境文明和生态文明，采取各种措施保护或者维护生态环境。

（3）农业生产体系

农业生产体系是指由相互联系、相互制约的有关农业生产的组织形态和技术形态组成的一个系统整体，既包括生产力的因素，又包括生产关系的因素。技术不同，组织形态不同，就会有不同的农业生产体系。不同发展阶段的经济社会具有不同的农业生产体系，原始农业、传统农业和现代农业都有各自的农业生产体系，只不过在目的、内容、形式和规模上存在着差别而已。就现代农业而言，由于各国国情和资源环境要素不同以及人们对农业规律认识的不同，各国对农业生产体系的选择也不尽相同，如石油农业、生态农业等，其实都是农业生产体系的不同类型。

7.1.2 建设两型化农业生产体系的目标是实现可持续发展

两型化农业生产体系的核心是立足于体制改革和技术创新，转变农业发展方式，提高资源利用效率和保护生态环境，实现农业可持续发展。其主要措施是大力推广节约型技术和环保型技术，依靠广大农民大力发展循环农业、生态农业、集约农业等农业形态，最终实现经济效益、社会效益和生态效益协调发展的农业生产形态。基于此，洞庭湖生态经济区发展农业工业化的过程中，建立两型化农业生产体系主要应包括以下几个层面：

（1）建设两型化农业生产体系的目标是转变农业发展方式，实现农业可持续发展

从目前情况看，我国农业生产的粗放型经营方式仍未改变，“高投入、高能耗、高污染”的农业生产模式仍然是农业经济增长的主要形式。而农业的产业特性决定了农业是一个对自然资源和环境依赖性很强的产业，是一个占用和消耗自然资源较多的产业。可以说没有农业的可持续发展，就没有整个社会的可持续发展。因此，两型化农业生产体系的目标也可具体表述为维护人与自然的和谐共生，以环境承载能力为基础，遵循自然规律，切实保护和合理利用各种农业自然资源，提高资源利用效率，以最少的资源消耗和环境代价取得最大的经济效益、社会效益和生态效益，使农业生产和消费活动与自然生态系统相协调，通过农业可持续发展最终实现人与自然的和谐相处。

（2）建设两型化农业生产体系的基本要求是节约资源和保护环境，但应以节约资源为第一位

两型化农业生产体系是资源节约和环境友好生产方式的有机统一，资源节约生产方式是通过提高资源利用效率来降低资源投入强度，减少进入农业生产系统的物质流和能量流，实现农业经济增长的减量化。环境友好生产方式是通过发展循环农业等方式将生产活动保持在生态环境容量限度之内，提高农业投入品无公害水平、降低污染物产生量，并最终降低农业生产系统对生态环境的不利影响。两型化农业生产体系概念中的“节约”特别突出两方面含义：一是

指在谋求经济发展的同时尽量减少对资源的消耗和浪费，厉行节约；二是指在生产过程中用尽可能少的资源创造尽可能多的财富，提高资源的利用率。因此，在建设两型化农业生产体系的过程中，节约资源是首要的基本要求，是第一位的，只有节约资源，才能更好地保护环境。因为生产过程中有资源投入就必然有废弃物产生，要减少废弃物排放就要从源头上提高资源利用效率，减少资源投入，这才是保护环境的根本。

（3）建设两型化农业生产体系的主要措施是大力推广资源节约型技术和环保型技术

长期以来，我国农业经济发展中存在着技术供给和创新不足的问题，这就更需要依靠科技创新，着力推广节地、节水、节种、节肥、节药、节电、节柴、节油、节粮、减人的“九节一减”技术，开发光解地膜、生物农药、节水灌溉、农村户用沼气、病虫害综合防治、测土配方施肥等生态农业新技术，大力开发和推广秸秆粉碎还田、气化、固化等农村废弃物综合利用技术和污染治理技术。特别是要充分利用现代信息技术服务农业，以数码知识、网络技术为基础，以人力资本为主观载体，将技术进步转化为内生变量，推动洞庭湖生态经济区两型化农业快速可持续发展。

（4）建设两型化农业生产体系的最重要主体是农民

政府、涉农企业、农业经济合作组织等主体都是建设两型化农业生产体系的重要力量，但政府政策、农业技术的推广应用、农业结构的调整等最终都得依靠农民落实，农民参与农业生产经营的行为直接决定着两型化农业生产体系建设的成败。所以，通过利益诱导机制引导农民积极参与两型化农业生产体系建设是政府必须解决好的问题。另外，两型化农业生产体系是一种新的发展观，目的是要转变经济发展方式，所以需要更新观念，要帮助农民理解建设两型化农业生产体系的重大意义，增强其紧迫感和危机意识，从而将先进的发展理念内化为农民自觉行动。

（5）建设两型化农业生产体系的主要实践模式是循环农业、生态农业、集约农业等农业形态

虽然循环农业、生态农业、集约农业侧重点不同，如循环农业和集约农业侧重于节约资源，生态农业侧重于环境保护，但三者都可以服务于两型化农业生产体系，这说明凡是有利于资源节约和环境保护的农业形态，都应该为建设两型化农业生产体系所用。以上观点弱化了农业主流模式的争论，有利于统一思想，全面地、多层次地发挥现代农业的功能。

7.1.3 两型化农业生产体系的经济学内涵是外部性内部化

从制度经济学的视角分析，建立两型化农业生产体系实际上就是要降低农业生产的负外部性，通过制定一系列行为规则来约束农业生产的负外部性行为，实现外部性内部化，因而必然涉及制度的重新安排。农业环境问题的库兹涅茨曲线变化趋势以及农业资源环境所具有的公共产品特性、公共产权属性、外部性等经济学理论就构成了分析两型化农业生产体系的基本理论框架。

（1）农业环境问题的库兹涅茨曲线分析

环境库兹涅茨曲线的含义是：在经济增长、产业结构和技术结构演进的过程中，资源与环境问题先逐步恶化，然后再逐渐减少直至消失，呈倒 U 形。具体来说，在经济发展的初期，工业生产规模较小，环境污染问题较轻；在经济高速成长时期，投资和消费基金的增加“挤占”了环境治理基金，环境迅速恶化；当经济发展到一个较高水平时，环境退化的势头得到遏制，并开始逐步好转。环境库兹涅茨曲线理论同样也适用于两型化农业生产体系的分析。和工业经济发展阶段相适应，农业生产发展过程也经历了三个阶段，依次是传统农业生产、准现代农业生产、清洁农业生产阶段。很显然，两型化农业属于清洁农业生产阶段。在农业发展的初期，由于农业生产采用原始的耕作方法，农业生产规模较小，低投入、低产出，施用化肥、农药等较少，畜牧业排放的废弃物较少，因而环境退化较为缓慢。在经济高速成长期，随着工业的快速发展，特别是农用品的大量生产，农业生产者为追求农产品产量滥用化肥、农药、地膜等破坏农业环境的非理性行为加剧；同时由于经济技术水平较低，粗放型的农业增长方式导致农业污染严重，投资和消费基金的增加抑制了环境治理，这一时期是农业环境迅速恶化期。当经济发展到了一个较高水平时，消费者对农产品质量有了较高要求，对农产品的消费已由数量的满足转向质量的提高阶段。而农业的清洁生产对污染及其控制能够起到重要作用，并且政府通过发展蓄积起来的经济实力开始转向环境整治和国土整治，农业环境退化的势头开始得到遏制，并逐步好转。目前，发达国家的农业环境污染程度已经趋于下降，发展中国家的农业污染程度仍在上升，新兴工业化国家的农业环境污染状况正处于转折阶段。我国正处于传统农业向准现代农业转化时期，农业环境污染问题日趋严重。但随着两型化农业的实施，农业环境恶化的势头有望得到遏制。

（2）农业资源与环境问题的公共产品理论分析

公共经济学理论把社会产品分为公共产品和私人产品。公共产品是指具有消费或使用上的非竞争性和受益上的非排他性的产品。因此，非竞争性和非排他性是公共产品的两个基本特征。按照满足其特性的程度，公共产品又可以分为纯公共产品和准公共产品。根据其在消费过程中的性质不同，农村公共产品也可分为农村纯公共产品与农村准公共产品。典型的农村纯公共产品有大气层、农村生态景观、公共水域、农村环境保护、农业基础科学研究、大江大河治理等。然而，绝大多数农村公共产品是以准公共产品的形式存在的。两型化农业生产体系建设中的准公共产品包括以下几个方面：①在性质上接近于纯公共产品的农村准公共产品，如野生动植物、公共林地、农村公共卫生、小流域防洪防涝设施建设、农业科技成果的推广、农田防护林、病虫害的防治等；②一般的农村准公共产品，如农村道路、乡村电网、农村水利灌溉系统以及中低产田改造等；③在性质上接近于私人产品的农村准公共产品，如农村自来水。相对城市公共产品而言，农村公共产品具有较强的正外溢性。如大江大河治理、大型水利工程等农村公共产品的受益对象是众多的，不仅能促进本地的水利设施建设，减少本流域洪灾旱灾，同时对全国的生态环境改善也有益处。至于病虫害防治，如果不在本地得到控制，就会扩散到周边地区，造成大范围的损失。对于公共产品的供给方式和途径，学术界进行了大量有益的研究和探索。其基本观点是：公共产品可通过政府、市场和第三部门来供给。从经济效益上讲，由于农村地域辽阔、农民居住分散，农村中的公共产品难以取得像城市中的公共产品那样高的回报。如农村道路建设、农村环境整治，由于投入大或者难以收费，投资者难以靠征收使用费来收回投资，但由于这些设施对农村社会、经济发展的作用巨大，以及农民有权获得均等的公共产品和公共服务等理由，所以政府应该承担农村公共产品供给的主要责任。

（3）农业资源与环境问题产权失灵分析

科斯认为，如果交易成本为零，只要产权明确，则无论最初产权是如何分配的，通过交易总能达到帕累托最优（Pareto optimality），外部性也就可以消除。根据这个定理，现实中的资源与环境问题大多不是由市场缺陷造成的，而是产权界定不清的结果，如农地重用轻养、农业用水浪费严重、公共水域污染等现象。由于缺乏排他性的产权安排，所有相关的人都有监督责任，但监督成本往往由个人独自承担，监督效果却由大家共享，导致“搭便车”行为和“公地悲剧”现象的出现。没有产权的社会是一个效率绝对低下、资源配置绝对无效的社会。新制度经济学认为，产权安排直接影响资源配置效率，一个社会的经济绩效如何，最终取决于产权安排对个人行为所提供的激励。能够保证经济高效率的产权应该具有以下特征：一是明确性，即它是一个包括财产所有者的各种权利及对限制和破坏这些权利的处罚的完整体系；二是专有性，它使因一种行为而产生的所有报酬和损失都可以直接与有权采取这一行动的人相联系；三是可转让性，这些权利可以被引到最有价值的用途上去；四是可操作性。实践证明，产权界定越清晰，资源利用效率就越高，环境保护效果就越好。清晰的产权可以很好地解决外部不经济问题。目前，我国农业环境产权失灵现象十分普遍，这是因为：①由于技术等方面的原因，农业环境的范围不易确定，其产权边界也难以确定或确定成本较高；②目前农业环境产权还没有从农村土地使用权中独立出来，仍然依附于农村土地使用权，因此造成农业环境产权的所有者过多而难以确定单个农业生产者的权利；③由于交易费用的存在，农业环境污染者和受损者资本和技术上的差异甚至行政力量的倾斜，使农业环境污染者和受损者所采取的战略是非对称的；④产权的明确性和排他性要求对侵权行为能够进行惩罚和赔偿，然而农业环境污染造成的损失与赔偿往往是非等价的；⑤有效的产权制度安排应该随客观条件（人们的偏好、技术条件、相对价格等）的变化而变化，然而有限理性的经济人不可能具有完全信息而及时地做出相应的制度变化，这会使原本有效的产权安排缺乏效率；⑥有限的认识能力及对农业环境产权预期的不确定性也会使人们出现非理性行为。通过上述分析可知，在建设两型化农业生产体系的过程中，通过制度创新明确公共资源与环境的产权是实现资源节约与环境保护极为重要而又最具挑战性的一个关键环节。

（4）农业环境问题的外部性分析

外部性概念是由马歇尔（Alfred Marshall）于1910年提出的。他认为在正常的经济活动中，对任何稀缺资源的消耗都取决于供给关系的对比，而环境问题正是这种正常经济活动中出现的一种失调现象，由此他提出了“外部不经济性”这一重要概念。马歇尔的学生、福利经济学创始人庇古（Arthur Cecil Pigou）发现，在商品生产过程中存在着社会成本与私人成本的不一致，两者之间的差距就构成了外部性。所谓“外部”是相对市场体系而言的，是指在价格体系中未得到体现的那部分经济活动的副产品或副作用。这些副产品或副作用可能是有益的就成为正外部性，可能是有害的就成为负外部性。农业生产同样具有正外部性和负外部性，建设两型化农业生产体系实际上就是要充分发挥农业正外部性功能，着力减少农业生产的外部负效用。其负外部性主要表现在农业投入物污染和农业废弃物污染两个方面。农业投入物污染主要是由化肥、农药和农膜的过量投入和不合理使用造成的，致使水土流失、土壤板结、重金属超标、水体富营养化、农产品中农药残留量超标、生物资源锐减。在农业废弃物方面，不恰当的处理方式也对生态环境造成破坏，如畜禽粪便的随意排放、秸秆的就地焚烧，都造成农业的立体污染。概括起来，农业的负外部性主要表现为农业生产造成的各类面源污染以及乡镇企业和集约化养殖场造成的点源污染。从某种意义上说，最大限度地降低农业生产过程中产生的负外部性，是目前洞庭湖生态经济区发展农业工业化、建立两型化农业生产体系的内核和本源。

7.2 洞庭湖区两型化农业生产体系结构

农业是一个复杂系统，包括农业生产体系、农业流通体系、农业消费体系等。而农业生产体系又可分为农业技术体系和农业支撑体系两大子系统。所以，从系统构成来看，两型化农业生产是一个大体系，包括两型农业技术体系和两型农业支撑体系。两型农业技术体系是农业可持续发展的智能系统，是指农业各部门农、林、牧、渔之间及其内部各项农业技术的有机组合、配套，以及农业技术各个环节即农业技术创新（包括基础研究、应用研究、开发研究）、技术推广、技术应用之间的有机组合。农业技术体系从横向看包括种植业技术、畜禽技术、渔业技术和林业技术子系统；从纵向看包括技术创新、技术推广、技术应用；从技术要素构成看包括基础设施、耕作制度、栽培技术、要素投入、病虫害防治、品种改良等。要推动传统农业向现代两型化农业的跨越，除了技术体系外，还要构建支撑体系，如构建两型化农业的政策及法制支撑体系、两型化农业的多元投入支撑体系、两型化农业的生态支撑体系、两型化农业的标准化支撑体系、两型化农业的产业化支撑体系、两型化农业的组织支撑体系、两型化农业的风险防范支撑体系、两型化农业的人力资源支撑体系和两型化农业的绩效考核支撑体系等。只有如此，两型化农业生产体系才能充分发挥作用，从而实现洞庭湖区农业的现代化。

7.2.1 以生态与社会和谐为核心的两型化农业生产体系功能

作为自然再生产与经济再生产相交织的产业，农业始终具有经济、生态与社会三大方面的功能，但不同发展阶段农业功能的表现形式及其开发程度有所不同。我国传统农业主要强调农业的产品生产功能和社会治理功能；现代农业在此基础上更加强调生态功能和文化功能；而以资源环境经济学、生态经济学、循环经济学为理论基础的两型化农业生产体系，则更进一步强调资源与环境的安全，更加着眼于生态平衡与环境保护以及自然资源的永续利用。总的来说，两型化农业生产是多功能体系，具有节敛功能、优配功能、循环功能、经济功能、生态功能和社会人文功能，但节敛功能、优配功能是为了提高农业生产的经济效益，因而包含于经济功能之中；循环功能既是为了减少废弃物排放，也是为了减少资源投入、节约成本，因而包含于生态功能和经济功能之中。所以两型化农业生产体系最主要的功能还是经济功能、生态功能和社会功能，只是生态功能和社会功能被提到了前所未有的高度。

（1）经济功能

在农业工业化发展中，两型化农业生产体系能否成为现代农业的主导模式，关键在于与其他农业类型相比是否具有更强的市场竞争力或比较利益。因而，两型化农业生产体系首先应具备一个产业最基本的经济功能。①产品生产功能。农业的基本功能是为全社会提供农产品，其主要目标包括确保国家食物安全，为工业发展提供原材料，生产能够进行国际贸易的商品。产品包括粮食、油料、棉花、畜牧产品、园艺产品等。由于两型化农业生产体系注重资源节约和环境保护，客观上要求尽量少投入化肥和农药，因而产品更优质、安全、营养，能满足人们对有机食品的需求；而且通过与其他产业的结合，还能生产出清洁能源等新产品，进一步扩大农产品的范畴。②就业与创收功能。农业容纳隐性失业人员的能力很大，大量兼业型农户的存在可以缓冲由非农产业发展的波动引发的就业问题。两型化农业生产体系通过规模化、产业化、市场化经营，综合运用循环农业、生态农业、集约农业等现代农业生产模式，充分发挥节敛功能、优配功能、循环功能，延长农业产业链，做大做强农产品加工业，增加农产品附加值，通过生产有机食品增加创汇能力，完全能够吸纳更多的农业从业人员，大幅度增加农民收入，这就是两型化农业生产体系的就业与创收功能。③吸引投资功能。农业作为弱势产业，一直以来就是资金和人才尽流出的产业。两型化农业生产体系可改变农业的弱势地位，通过引入现代生产要素和产业化经营理念，拓宽投资主体，提高农业投资回报率，保证农业获得社会平均利润率，将农业培养成吸纳社会资金的主导部门。我国整体上已进入工业支持农业、城市反哺农村的阶段，随着工农剪刀差的消失和多项支农惠农政策的实施，通过制度创新，农业将成为未来投资的热点领域。

（2）生态功能

农业的生态功能是与生俱来的，农业内部生物有机体与外部环境之间存在着复杂的物质、能量与信息交流。环境影响着生物，生物也影响着环境，农业经济活动的自然再生产过程就是在二者的互动中完成的。动植物不断地利用并消耗环境资源，同时又对环境资源进行补偿，从而保持农业生态系统的平衡。农业包括两个主要部门——种植业和畜牧业，前者以植物的生命运动为对象，后者以动物的生命运动为内容，而动植物群体内部又包含着成千上万个种类。更重要的是，就任何一个特定的生物而言，它既是环境的占有者，同时又是其他生物赖以生存的外部环境的重要组成部分。农业生态系统中的许多生物之间通过食物的营养关系相互依存、相互制约。系统中的植物、食草动物与食肉动物，通过食与被食的关系形成一个有机链条，并通过这个链条维持着生态系统的平衡。总之，两型化农业生产体系具有美化环境、维持生态平衡和保护生物多样性等显著的生态功能。农业在生产粮食等农产品的同时，还无偿提供生态及景观功能，间接地为人类带来福利，如具有净化空气、美化环境、传承文化等功能。这在林业中体现得最为明显，如森林具有保持水土、涵养水源、防风固沙、调节气候、净化空气、美化环境等多种生态功能。

（3）社会功能

两型化农业生产体系在传承人类文明、增进社会福利、满足人们对精神生活的需求等方面也发挥着重要功能。①文化传承功能。我国农耕文化历史悠久，农业古书、古典、古迹极其丰富，各地形成的种植方式、耕种技艺、农具农器等都凝聚了人类的智慧，是人类文明进步的重要标志。从这个意义上讲，保护农业就是保护文化、保护文化的多样性。②休闲旅游功能。近年来，随着城镇化水平的不断提高和人们生活质量的逐步改善，农业和农村的观光休闲功能日益彰显。农业和农村分布着全国70%以上的休闲和旅游资源，大力发展休闲农业对拓展农业功能、调整农村产业结构、建设现代农业具有重要作用，对培育新型农民、促进农村富余劳动力就地转移、增加农民收入具有重要意义。③示范辐射功能。两型化农业生产体系通过大力推广应用节约型的耕作、播种、施肥、施药、灌溉与旱作农业、集约生态养殖、秸秆综合利用等节约型技术，大力推广应用减少农业面源污染、减少农业废弃物生成、注重水土保持和生态建设等环保型技术，大力培养农民和农业企业的资源节约和环境保护观念等多种措施，将科学的耕作方式和文明健康的生活习惯渗透、辐射到农业生产与农民生活的各个方面，通过试验区的示范辐射作用，以点带面，进而带动其他地区的发展。

7.2.2 洞庭湖区建设两型化农业生产体系的基本原则

建设两型化农业生产体系既是农业工业化的重要组成部分，也是资源与环境压力下洞庭湖区实现绿色可持续发展的必然选择，对转变农业发展方式、统筹人与自然的和谐发展具有重大而深远的意义。基于此，两型化农业生产体系的建设应遵循以下一些基本原则：

（1）资源与环境安全原则

资源与环境安全是构建两型化农业生产体系的第一原则。两型化农业生产体系与传统农业生产体系的根本区别就在于经济发展方式不同，经济增长不是两型化农业生产体系的唯一目标，GDP也不是评价两型化农业生产体系的唯一指标。资源过度开采、环境过度污染，农业就不可能持续、健康发展，两型化农业生产体系坚决摒弃以牺牲资源环境为代价的经济增长方式，所以从某种程度上讲，资源与环境安全优于片面的经济增长。

(2)“3R”与节约优先原则

由于两型化农业生产体系本质上是一种循环经济，所以应贯彻循环经济的3R［即reduce（减量）、reuse（复用）、recycle（再生）］原则要求，在农业生产过程中建立减量化、再利用和资源化流程体系。减量化原则对应的是输入端，旨在减少进入生产和消费环节的资源、能源和产品；再利用原则属于过程性方法，目的是延长产品和服务的使用寿命；资源化原则是输出端方法，通过把废弃物再次变成资源以减少最终处理量。两型化农业生产体系包括资源节约与环境保护两个方面，但二者之间不是并列的，具有明显的层次性，节约资源是前提，具有优先地位。污染物的大量产生，就是资源的不合理利用造成的，资源节约是从根本上减少污染的措施，只有抓住了资源节约这个基础，才能从根本上解决农业环境污染问题。

(3) 整体推进与因地制宜原则

两型化农业生产体系的建设要坚持整体推进、共同发展的原则，以防出现局部环境改善而整体环境恶化的情况，避免出现新的地区发展不平衡；同时还要坚持因地制宜、不搞“一刀切”的原则。洞庭湖区应立足于本区域自然条件、资源禀赋、经济社会发展的实际，统筹农、林、牧、渔业之间的协调发展，宜农则农，宜林则林，宜牧则牧，宜渔则渔，发展特色农业，发挥比较优势，建立具有区域特色的两型化农业生产模式和产业格局。

(4) 政府引导、市场运作和公众参与原则

两型化农业生产体系的主体包括政府、企业、社会组织和公众（农户）。要坚持“政府引导，市场运作，公众参与”原则，不能通过行政命令搞“拉郎配”。政府的作用是制定法律、政策和发展规划，制定经济激励政策和市场诱导机制以促进两型化农业生产体系的发展，建立科学合理的经济社会发展考核指标体系；涉农企业的责任是推行资源环境管理制度，实施产品生态设计及生命周期分析，对社会负责；社会组织和农户的责任是在自己的岗位上和生产中贯彻实施资源节约、环境友好的原则，监督政府和涉农企业的行为。

(5) 制度与技术创新“双轮”驱动原则

根据舒尔茨的观点，改造传统农业需要引进新的现代农业生产要素，也就是需要进行农业技术创新。根据新制度经济学的观点，制度是经济增长的内生变量，制度和制度变迁与创新对经济增长与发展有着至关重要的影响。所以，发展两型化农业生产体系需要创造两个基本条件，一是进行制度创新，二是进行技术创新。前者提供发展的动力，后者提供发展的手段，缺一不可。

（6）物种共生与生态耦合原则

由于农业内部参与循环的对象大多互为食物，大部分以生态食物链的形式循环，所以两型化农业生产体系特别强调农业生产中的生态耦合效应，鼓励充分利用不同物种生长过程中的互补互利性，实行一业为主、多种经营、立体种植、种养结合，逐步实现“整体、协调、循环、再生”的生产模式，提高资源利用率和农业生态系统的生产力。

7.2.3 洞庭湖区建设两型化农业生产体系的关键环节

资源环境问题已成为全球性问题，统筹人与自然的和谐发展已成为世界各国共识，虽然表述不同，但两型化农业生产体系实际上代表了世界各国未来农业发展的方向。由于各国国情不同、农业发展阶段不同、农业与农村经济制度不同，所以在建设两型化农业生产体系的过程中所遇到的问题也不尽相同。根据洞庭湖区发展农业工业化的实际情况，两型化农业生产目前主要面临制度与技术两大难题，这是建设两型化农业生产体系要攻克的关键环节。

（1）两型化农业的制度创新

判断一种新的农业发展模式的生命力强大与否，关键在于它能否带来更高的经济效益。两型化农业生产体系追求生态效益、社会效益与经济效益的统一，而不是为了维护生态效益而不计成本。两型化农业生产体系能否成为农业工业化发展的主导模式，能否为亿万农民所接受，关键在于与其他农业生产方式相比是否能够给农民带来更高的经济效益和更多实惠。建设两型化农业生产体系，生产优质、安全的农产品，自觉减少农业生产的外部不经济性，这一系列问题不能靠道德说教来改变，最终得靠制度创新。如何改变农业丰产不丰收的悖论，如何保证有机农产品比“石油”农产品获得更高的经济效益，如何调整农、林、牧、渔等农业内部各部门之间的比例，如何提高农民、涉农企业参与建设两型化农业生产的积极性，更具体地说，如何让农民自觉地节肥、节药、节水和节约土地等资源，这一切问题的最终解决需要引入市场机制，建立一种利益诱导机制，使得农民明白节约资源、保护环境有利可图，而浪费资源、污染环境代价太大。目前的现实情况却是农业用水边际成本几乎为零，所以浪费严重；为保障国家粮食安全，政府对化肥、农药的补贴进一步导致化肥和农药的滥施；家庭联产承包责任制导致土地碎化，妨碍农业规模化经营，不利于农、林、牧、渔业等农业结构的调整升级。两型化农业生产体系的制度设计是一个复杂的系统工程，既包括原有产权制度、利益分配机制、农产品补贴等制度的改革，也包括设计新的制度，如水权交易市场机制、土地流转制度、排污权交易制度、大宗农产品期货市场等。而且，制度的重新设计会打破原有利益分配格局，势必遭到既得利益所有者的反对，因而，制度设计是又好又快发展两型化农业的难点和重点。

（2）两型化农业的技术创新

如何节约资源能源，如何保护环境，这既是一个经济问题，也是一个技术问题。两型化农业生产技术体系是一种以经济发展与资源环境的持续承载力相适应为指导思想，在不危及后代需求前提下满足当代人需求的农业工业化发展途径，是资源节约技术、污染治理技术、生物防治技术、无机肥料技术、食品安全生产技术、平衡施肥技术、生物能源技术、农产品质量标准体系和监测技术、信息技术等现代农业技术的综合。我国农业生产技术相比工业生产技术更加落后，构建两型化农业生产技术体系主要存在以下问题：一是技术开发难度较大。新技术要求协调经济发展与环境保护之间、资源利用与保护之间的关系，它是一种环境不退化、经济上可行并能为社会所接受的适宜技术。这种技术创新基于全新的系统工程方法、生态学和生态经济学理论，在发达国家也尚处于探索阶段，可供借鉴的经验并不丰富。二是新技术收效周期较长。由于两型化农业技术要求建立生态系统中物质的良性循环和多级利用链条，以达到充分利用资源获得最大经济效益，并有效防止废弃物对环境污染的目的，这使得新技术最终收效周期较长，往往需要好几年，而无时无刻不存在的粮食安全与农民增收难题增加了我国大部分地方推广这类技术的难度。三是农业科技推广体系不健全。其具体表现为：农业科技推广运行机制与市场不协调，缺乏分工；基层农业科技推广人员数量不够，知识结构不合理；农业科技推广机构服务领域狭窄，忽视产后加工与销售环节的服务；农业科技推广机构条块分割，推广效率低；农业科技成果长期无偿转让，缺乏利益分配和激励机制。总之，这些矛盾都是洞庭湖区建设两型化农业生产体系所要认真解决好的关键性问题。

7.3 洞庭湖区两型化农业生产战略模式

洞庭湖区两型化农业生产体系建设是一项包括经济、社会、生态等方面，贯穿产前、产中、产后等环节的系统工程，必须坚持经济规律和自然生态规律，始终遵守四项基本原则：一是生态优先原则，不以耗竭资源和牺牲环境为代价，在保证生态效益的前提下追求经济效益，实现人与自然和谐相处；二是综合治理原则，从法律法规、技术、制度、农业产业结构调整、农村社会变革甚至观念更新等方面进行全方位的综合治理，加强规划和领导，动员全社会广泛参与；三是因地制宜原则，根据湖区各市县区的资源特点来发展农业，培养各地的产业特色和经济活力，形成互补优势，避免恶性竞争；四是合作与开放原则，加强地区之间的协作，建立互补互促的产业生态链，实现环湖地区水患同治、交通同网、生态同护、技术同享的局面，同时广泛参与国际国内农业经济技术合作与竞争，在开放中加快观念更新和制度创新，在竞争中提升两型化农业生产体系的建设速度。

7. 3. 1 洞庭湖区两型化农业发展的基本思路

洞庭湖区两型化农业的发展应该从湖区实际出发，充分发挥湖泊生态资源优势和农业主产区的产业优势，以市场为导向、以综合效益为中心、以科技为支撑、以制度为保证，加快农村基础设施建设，调整农业产业结构，推广农业清洁生产，因地制宜大力发展循环农业和生态农业，重点完善湖区农业节水灌溉设施体系，最终实现农业发展方式转型，促进湖区现代农业以及社会快速可持续发展。

（1）贯彻低碳绿色经济发展战略

低碳绿色经济是以低能耗、低排放、低污染为基础的经济发展方式，是人类社会继原始文明、农业文明、工业文明之后的又一大进步。其实质是通过提高能源利用率和创建以太阳能、风能、生物质能等可再生能源为主的清洁能源结构以减少二氧化碳排放，这是人类在全球气候变暖和生态环境遭到严重破坏的情况下实现可持续发展的必然选择。全球气候变暖对农牧业、生态资源、水资源的影响最为严重。因此，发展低碳绿色经济也是两型化农业发展过程中必须自始至终坚持的理念和战略。一方面，发展低碳生态化农业，减少对石化能源的依赖，减少碳排放，尤其是要减少化肥、农药、农膜等化学品的投入，逐步淘汰高能耗的农业机械设备，开发节能降耗的农产品加工设备，禁止随意焚烧农作物秸秆等农业废弃物；另一方面，农业结构调整、农产品改良应该适应未来气候变化，减少因气候变化而带来的农业生产风险。

（2）立足湖区实际和市场导向两个基础

两型化农业生产没有统一的标准化模式，关键在于因地制宜、扬长避短，结合湖区的资源和产业优势，发展环境友好的现代农业。湖区农业资源的特点在于气候适宜，生物种类繁多，农业基础较好，水资源丰富但季节分布不均。所以在发展两型化农业的过程中要做“活”水的文章，退田还湖，大力发展适水农业、避灾农业，根据区域特点，宜农则农，宜林则林，宜牧则牧，宜渔则渔；针对湖区有机肥和农作物秸秆丰富的特点加快农业废弃物资源化利用，改造中低产田，改善土壤质量；基于湖区传统优势农产品，大力推广“猪—沼—果”“猪—沼—粮”等生态农业模式，延长农业产业链。而要做到以上几点，发挥市场对资源配置的基础性作用是极为重要的，必须坚持市场经济规律，着力突破市场机制发挥作用的体制性障碍，在更大范围、更深层次发挥市场配置资源的基础性作用。根据两型化农业发展的基本要求，以下两个方面尤其值得重视：第一，运用价格机制与利益诱导机制，将资源节约、环境保护与农民收入最大化目标联系起来。只有给予经济主体足够的激励，使环境保护者有利可图、环境破坏者付出代价，才能使建设两型化农业生产的最重要主体——农民自觉遵循循环经济“减量化、再利用、再循环”原则，实现收入增长与环境保护的双赢，从而使发展两型化农业成为一种自觉自利的活动。第二，将环保事业作为一种产业来经营，大力发展静脉产业，使保护环境本身成为可营利并创造大量就业岗位的事业，使循环经济成为经济发展的新增长点，成为建设两型化农业生产体系的重要支撑。

（3）依靠观念创新、技术创新和体制创新

两型化农业本身就是一个重大的创新，而一切创新的前提是解放思想、更新观念。如果观念不更新，就很难有技术和体制机制的创新。所以，首先就要打破传统观念的束缚，改变人们的思维定式，从而找到解决农业生产与资源环境问题的新举措。再从经济学角度讲，建设两型化农业生产体系还需要进行技术创新和制度创新，前者提供发展的技术和手段，后者提供发展的动力与制度保证。一方面，改造传统农业、调整农业产业结构、节约农业资源、提高能源利用率、发展绿色环保产业等都需要先进科学技术的支持，现代的生态农业、循环农业、精准农业等，无一不是以高新技术为支撑的。因此，洞庭湖区两型化农业技术创新的重点是如何尽量节约地、水、能源，如何尽量减少农业化学品的投入。另一方面，如何改变农业资源（如水资源）无偿或廉价使用的习惯，使资源价格能反映资源的稀缺程度，避免出现“公地悲剧”，如何使农业生产对资源环境的外部效应内部化，真正实现“谁开发谁保护、谁破坏谁恢复、谁受益谁补偿”的市场法则，如何改变农业生产小而分散的特点从而实现规模经济效益等，这些问题的解决都离不开体制机制的创新。

（4）抓好两型化农业生产的四大工程

①开展农业废弃物综合利用示范工程。农业废弃物含有大量的有机物，蕴藏着广阔的发展前景。洞庭湖区农作物秸秆、畜禽粪便等农业废弃物资源丰富，但秸秆综合利用率只有55%，畜禽粪便由于处理不当或根本未经处理而随意露天存放，严重污染了环境。因此，开展农业废弃物综合利用示范工程，不但能改善环境，而且能节约资源，提高资源利用率。这里的重点是以农业废弃物综合利用为突破口，把“三废”（粪便、秸秆、生活垃圾及污水）变“三料”（肥料、燃料、饲料）。②推行农业化学投入品减施工程。减少化肥、农

药、农膜等农业化学品投入是改善土壤质量、提高地力、治理水体富营养化的重中之重。近几年来洞庭湖区化肥、农药施用量不降反升，成为湖区两型化农业发展的最大障碍。为此，应大力推广测土配方施肥技术，调整优化用肥结构，研发高效、低毒、低残留农药新品种，推广病虫害综合防治方法，通过农业化学投入品减施工程实现“田园清洁、家园清洁、水源清洁”的目标。③实施农村人居环境整治工程。由于城乡二元结构的长期存在，我国农村基础设施和公共设施严重短缺，农村聚居点缺少规划，生活污染物直接排入周边环境，造成严重的“脏乱差”现象。洞庭湖区农村人居环境主要存在饮用水安全隐患，给排水和生活垃圾造成的卫生安全隐患，因人畜混杂、防洪、卫生防疫而引起的公共安全隐患（如血吸虫病），因过境道路和缺乏村中道路而导致的交通安全隐患这四大隐患。所以，湖区人居环境整治工程的重点是硬化乡村道路，配套建设供水、排水设施以及垃圾集中堆放点，推广清洁能源，以沼气池建设带动农村改圈、改厕、改厨，治理人畜混杂居住环境，加强村庄规划，整治村容村貌。④洞庭湖区要通过无公害农产品生产基地建设工程，大力推行清洁生产方式，迅速扩大无公害农产品和绿色食品基地面积，积极开发绿色食品、无公害农产品和有机食品。其重点是在水稻、茶叶、蔬菜、瓜果等优势作物的示范基地建设过程中，严格按照无公害农产品生产技术规程和绿色食品生产技术规程进行标准化生产，实行全程质量监控，确保产品质量，提升洞庭湖区优质农产品生产地位，提高湖区农产品市场竞争力。

（5）构建湖区农业节水灌溉设施体系

在“后三峡”缺水时代，农业节水灌溉是洞庭湖区发展两型化农业生产的一个根本性问题。当前湖区农业灌溉有效利用系数只有0.53，水资源利用率较低。根据专家测算，喷灌比漫灌节水50%～60%，灌溉系数为0.7～0.8，应在粮、棉、油种植区适度推广大面积喷灌技术作业；而滴灌灌溉系数更大，达到0.9，相对于漫灌方式滴灌节水在80%以上，可在大棚作物种植区、果林种植区推广滴灌技术作业。因此需要改变农民传统的用水观念，建设湖区农业节水灌溉设施体系，将传统的漫灌方式逐步改造为喷灌和滴灌方式，全面提高农业节水灌溉水平；同时，要下大力气解决“水渠道截断综合征”，改造和完善常规灌溉设施。为了实现农业稳产高产，几十年来洞庭湖区进行农田水利设施建设，大力修建农业灌溉水渠，将江河以及雨水引入农田。然而水渠的修建材料全部以混凝土为主，其用意在于用混凝土防止水渠中的水渗漏流失。而这恰恰引发所谓“水渠道截断综合征”，因为庞大的地下水系统无法得到水量补给，导致地下水系统逐渐萎缩，特别在干旱时节其抗旱成本甚高。农田小水利实际上也是河流的细小分支，如果把河流比作人体的动脉，而小水渠及沟、塘、港、垱则相当于人体的静脉和毛细血管。因此，应顺其自然规律建设具有透水、透气、会“呼吸”功能的新型水渠道护坡——生态护坡，以解决“水渠道截断综合征”。新型水渠道生态护坡较传统护坡更具有自然生机，与周围景观相协调。这种生态护坡材料以环保材料为主，多数为天然材料，对环境污染小。据有关研究，其生态护坡措施有：①修建水渠时，在水渠两边不再覆盖混凝土，而用矮生植被来替代，使雨水能渗透回补到地下水系统。矮生植物具有几个特点：吸收雨水；固土护坡；吸收二氧化碳。这种方法既能解决“水渠道截断综合征”，又能为国家积累更多的碳汇。②选择矮生植物应该首选当地野生植被，因为其适应性强，生命力比专门培植的其他植物强得多，维护成本低；而且应采取多种类的矮生植物，用以保持生物的多样性。③靠近农田水渠边的适当区域可种植竹子和柳树及适宜洞庭湖区种植的树种，进行混合种植。其好处在于：保持生物多样性；在多雨时节，竹子可吸收多余的雨水，减轻内涝压力；竹子及其他树种能吸收大量的二氧化碳，可为推进低碳农业提供广阔的发展空间。

7.3.2 洞庭湖区两型化农业发展的战略目标

根据两型化农业生产体系的要求和湖区的实际情况，洞庭湖区两型化农业生产的总体战略目标为：到2020年，全面建成资源节约、环境友好的农业生产体系。湖区经济发展、社会发展、生态友好，城乡统筹发展。人与自然和谐统一；农业劳动生产率、土地产出率、农业资源利用率、环境质量、可持续发展能力等基本达到国际先进水平，全面进入可持续发展的良性循环；以人均绿色地区生产总值（EDP）和农民人均纯收入计算的经济发展指标达到全国一类农业地区先进水平；湖区全面建成经济社会发达、产业结构合理、基础设施完善、人居环境优美、生态文明先进的现代化生态型城乡统筹地区、国家级两型化现代农业生产示范区、全国生态文明和生态经济建设样板区。

为使两型化农业生产体系建设规划与经济社会发展“五年规划”相协调，洞庭湖区建设两型化农业生产体系的总体战略目标可分解为近期目标、中期目标与长期目标三个阶段性目标。

（1）2010—2015年基本建立两型化农业生产体系建设的机制框架和地方性法规体系

推动农业产业结构调整优化，大力发展农产品加工业，建成一批无公害农产品基地和农业科技园区示范工程，资源生产率有较大幅度提高，农业化学投入品只增不减的趋势得到初步扼制，在湖区重点污染地区推广农业清洁生产，农村再生资源回收利用体系和生活垃圾分类与污水处理系统基本建立并初步形成静脉产业。以上为初步建立资源消耗低、环境污染少、经济效益好的现代农业生产体系奠定基础，以绿色地区生产总值和农民人均纯收入计算的经济发展指标达到全省先进水平；同时，初步建立绿色消费体系，建立绿色食品认证制度和社会绿色消费体系，鼓励消费绿色食品和环境友好产品。

（2）2016—2020年建立完善的两型化农业管理体系和政策法规体系

基本形成以经济效益好、资源消耗低、环境污染少、科技含量高、人力资源得到充分发挥为特征的两型化农业生产体系；产业结构不断优化，能源、资源生产率显著提高，环境质量明显改善，可持续发展能力显著增强；能源及资源生产率、环境质量、可持续发展能力、农村公共服务水平等达到当时国内先进水平；以绿色地区生产总值和农民人均纯收入计算的经济发展指标跨入全国先进行列。具体内容包括：①建立完善配套的地方性法规体系、社会管理体系、政策支持体系、绿色技术平台和技术创新体系；②两型化农业的高新技术园区有效运行，农业生态环境质量明显改善，基本完成以循环农业为主导的产业结构调整；③大幅度降低农业系统有害投入品的投入强度，大幅度提高农业资源利用效率、废弃物资源化利用率、物质循环再利用率，农产品加工转化率和商品率达到国内发达地区水平；④无公害农产品比例达到80%，形成一批在国际市场中具有较强竞争力的优质、安全、名牌农产品；⑤建立健全农村生活垃圾的分类回收与处理系统、节水节地节能的技术支持系统，形成一批具有较强市场竞争力的农业废弃物资源化利用加工企业，静脉产业得到快速发展；⑥基本完成洞庭湖生态经济区行政管理体制整合和区域布局一体化，初步形成产业发展一体化、基础设施一体化、市场体系一体化、社会发展一体化与生态建设一体化的格局。

（3）2020—2030年全面建成人、自然、社会和谐统一的两型化农业生产体系

能源及资源生产率、环境质量、可持续发展能力等达到世界中等偏上水平，极大地提高生态环境质量并整体改善生存空间，湖区全面进入可持续发展的良性循环。以绿色地区生产总值和农民人均纯收入计算的经济发展指标达到当时全国一类地区先进水平。洞庭湖区发展成为经济社会发达、产业特色鲜明、空间布局合理、基础设施完善、城乡统筹发展、人居环境优美的现代化生态型地区，社会主义新农村、全面小康、和谐社会的目标全面实现，成为全国两型化农业生产体系建设的样板和典范，成为中部崛起的发动机和国家新的经济增长极。

7.3.3 洞庭湖区两型化农业生产体系的建设模式

两型化农业生产体系的建设模式是指发展两型化农业的方式、方法和途径。从理论上说，任何一种两型化农业生产体系的建设模式都是以生态规律和经济规律为指导的，都是生产对象、生产要素、科学技术等元素的组合，而且随着农业科学技术的进步，节能、环保、高效的农业发展模式还将层出不穷。洞庭湖区农业资源环境问题突出表现在化肥、农药投入过多，秸秆就地焚烧，畜禽粪便和农村生活污水随意排放，造纸企业污染水体，农副产品浪费严重，农产品加工业落后，产业关联度小等方面。与此相适应，湖区应大力发展属于大农业（包括农、林、牧、副、渔）“源头预防”层面的农业清洁生产模式、农业生态恢复型发展模式、农业工业化多产业耦合模式、“林浆纸”型一体化发展模式；同时，还应建立属于农业生产生活废弃物“污染治理”层面的农副产品综合利用模式、畜禽养殖废物资源化循环利用模式以及农村生活污水零排放模式。

（1）农业清洁生产模式

该模式主要源于工业清洁生产的思想，即把污染预防的综合环境保护策略持续应用于农业生产过程、农产品加工和消费中。该模式侧重于农业生产过程的调控以及外部物质的施用，主要通过三种方式实现整个农业生产过程环境污染最小化和资源利用最大化：一是绿色农用品的研制开发和施用技术的改进；二是农业生产管理，主要包括轮作制度的改善和种植结构调整等内容；三是农业生产条件的综合整治，包括维护灌溉设施、修筑堤坝、提高土壤肥力等。该模式广泛适用于种植业，在养殖业和林业中也有较高的推广价值，但由于该模式对技术条件要求较高，而多项清洁生产技术在国内仍然处于研究试用阶段，故该模式的发展应当在研究中逐步完善。

（2）农业生态恢复型发展模式

该模式指以水土保持、污水自净为核心的合理利用土地资源，提高区域内生态经济系统的整体效益，改善生态环境而采取的综合治理措施。洞庭湖区由于人为地过度开垦湖地、侵吞湖水、砍伐森林，致使生态环境严重破坏，自然灾害频繁发生，水土沙化、盐化程度提高，严重影响了农业生产。这需要通过退耕还湖、植树造林、堤防建设、平垸行洪、水土保持、生活污水自净等措施对农业生态环境进行综合治理。主要措施有：①水土保持生态工程。主要包括坡面治理、沟道治理和护岸三大工程。②生活污水自净生态工程。是指通过污水灌溉、污水塘养鱼等措施，利用污水灌溉农业，反过来又利用农业生产净化污水，使有害废弃物变为有效农业资源的一种生态工程。③农耕治理生态工程。主要包括以改变微地形为主的农耕治理工程，如等高耕作、等高带状间作、等高沟垄种植等，以增加地面覆盖为主的耕作措施如草田带状轮作、地膜覆盖、青草覆盖、免耕等。④林草栽培生态工程。主要包括植树种草，既防止水土流失，也为社会提供燃料、饲料、木料和肥料，达到既改善生态环境又发展生产的双重目的。

（3）农业工业化多产业耦合模式

该模式的核心部分是农业内部循环，主要由种植业、养殖业、林业和农产品加工业四大产业构成，通过合理调整内部产业结构，使农业资源在四大产业之间得到最大程度的共享，运用产业生态学的横向耦合原则，通过各产业废物交换的方式形成稳定的农业内部循环体系，组合方式灵活多样，既可以是两个产业之间的简单耦合，也可以由多个产业进行复杂耦合。在此基础上，农业工业化可突破农业内部产业的限制，促进多产业联合共生。首先，农业为工业生产和以餐饮业为代表的第三产业提供原材料，而工业和第三产业则为农业提供生产资料和各种服务。其次，作为农业废弃物的下游分解者，资源再生产业将其转化成为有价值的资源后返还到农业生产过程。再次，食品消费主要来自农业生产，而消费产生的有机垃圾等固体废物和生活污水能够转变成为农业有机肥料资源，从而减少化肥、农药的投入，最终形成以农业为主体的新型资源循环体系。

（4）“林浆纸”型一体化发展模式

洞庭湖湿地盛产的芦苇是造纸的原材料。但造纸企业排污严重，一度成为洞庭湖水体的最大污染源。为从根本上解决这个问题，湖区必须在造纸业中大力推行“林浆纸”型一体化发展模式。“林浆纸”一体化循环发展，是世界发达国家造纸工业的经验。即在市场机制的作用下，通过将造纸企业的生产负外部性内部化，将原来分离的林、浆、纸三个环节整合在一起，造纸企业自行负担起造林的责任，自行解决木材原料问题，发展生态造纸，形成以纸养林、以林促纸的产业格局。同时，可通过引进先进工艺和设备，减少进入生产环节的原材料；通过综合节水工程，降低用水量和排污负荷；通过引进先进技术，大幅降低废水中的污染物，而且处理后的废水回收后能继续用于生产；通过多种措施把废弃物再次转化为资源，如制浆黑液资源化、生物质发电供热、粉煤灰利用、废纸制浆重新造纸等。

（5）农副产品综合利用模式

该模式是将农业生产过程中的副产品通过加工处理变为有用的资源加以利用，实现农业副产物资源化（肥料化、饲料化、能源化、原料化），向农户提供清洁的生活能源和生产能源，向农田提供清洁高效的有机肥料，消解对环境的污染和生态破坏，保障农业的可持续发展。其具体模式有：①农业废弃物肥料化模式。将粪便或秸秆物经过发酵后进行还田处理，秸秆还田是提高土壤有机质成分的最省力易行的方式，湖区可以通过秸秆还田来提高地力。②农业废弃物饲料化模式。这是一种对花生、山芋、玉米等农作物秸秆进行青储、微储、氨化等技术处理，使秸秆中的纤维素、木质素细胞壁膨胀疏松，便于牲畜消化吸收的一种秸秆饲料利用技术。③农业废弃物能源化模式。包括秸秆制沼气、秸秆气化、秸秆发电等方式。④农业废弃物原料化模式。主要是利用农作物的秸秆作为造纸原料或制作食用菌，利用小麦秸秆制取糠醛、纤维素，利用植物秸秆制作秸秆餐具等；同时，利用稻草编织草帘、草苫，用于遮盖蔬菜产区的温室大棚等。

（6）畜禽养殖废物资源化循环利用模式

该模式以根本解决畜禽粪便污染和增加经济效益为目标，利用厌氧发酵技术和生态工程的方法，使畜禽粪便转化为养殖业内部或种植业的原料或能源，实现养殖粪便的潜在经济价值，同时实现养殖废物零排放。首先将畜禽养殖粪尿固液分离，固态粪便作为高效农家肥可直接出售给附近的无公害农产品种植户，也可加工成商品肥料后出售。畜禽尿和冲洗水等高浓度有机废水被厌氧发酵设备处理，主要产物为沼气、沼液和沼渣。沼气部分既可用作生活燃料，也可发电为饲料加工和养殖场照明提供能源。沼液和沼渣经过简单处理后可直接出售给无公害农产品种植户。厌氧处理后的出水可作为养殖场冲洗水循环使用。该模式适宜在养殖场和无公害种植基地较为集中的农村地区推广，既可以在大型畜禽养殖场单独发展，也可以多家小型养殖场联合发展，组合方式可以因地制宜地加以选择。另外，由于该模式能够实现养殖废水的多级循环利用，在水资源短缺的山村地区发展养殖业时极具推广价值。

（7）农村生活污水零排放模式

该模式以实现农村生活污水零排放为目标，借鉴城市生活污水的处理方法并充分考虑农村地区的自然环境特征，采用生态型、高稳定性、较低投入、少维护的绿色环保工艺，将生活污水中的有害物质和污染环境成分清除、降解，做无害处理。目前国内外应用的农村生活污水治理处理技术比较多，名称也多种多样，但从工艺原理上通常可归为两类：第一类是自然处理系统，利用了土壤过滤、植物吸收和微生物分解的原理，又称为生态处理系统；第二类是生物处理系统，又可分为好氧生物处理和厌氧生物处理。在洞庭湖区农村可考虑采用人工湿地污水处理和厌氧生物滤池结合的处理模式。人工湿地污水处理技术是一种基于自然生态原理，使污水处理达到工程化、实用化的新技术。将污水有控制地投配到土壤经常处于饱和状态，生长有芦苇、香蒲等沼泽生植物的土地上，利用植物根系的吸收和微生物的作用，并经过多层过滤，来达到降解污染、净化水质的目的。它是一种充分利用地下人工介质中栖息的植物、微生物、植物根系，以及介质所具有的物理、化学特性，将污水净化的天然处理与人工处理相结合的复合工艺。而厌氧生物滤池净化系统，则是将收集后的农村生活污水经过格栅取出较大悬浮物质后送入集水池，调节水量和水质的变化，再进入厌氧生物滤池和砂滤池，从而使大部分有机物被降解，出水经过地下渗滤系统后送入回用水池，可以用于生活区的景观用水。砂滤池产生的大量污泥运用堆肥的方法经过简单发酵后加工成为肥料，再用于农业生产。

08

洞庭湖区
工厂化农业发展对策

我们知道，农业工业化是在市场机制作用下工业和农业相综合，农业经济主体用工业生产方式对农业生产要素进行整合的一种经济行为选择。进行生产要素整合的以下两个层面都与工厂化有直接关联。一方面，农业生产过程的高级形式就是工厂化式的生产，如专业化、标准化、精细化、集约化、品牌化、智能化和设施化的生产；另一方面，对农业生产结果进行工业深加工，更是以工厂化的组织形式进行的。所以，工厂化是建立农业工业化产业体系的基本组织形式。洞庭湖区建设国家级现代农业示范区，走农业工业化的道路，从根本上来说就是要大力发展工厂化的农业，实现由大田农产品向工厂制成品的提升。

8.1 工厂化农业的定义及经济学解释

工厂化农业是以高科技农业生产方式为基础，以农产品工厂化生产和精深加工为核心，以需求创造为手段，以提高农产品的科技含量和附加值为目的，以扩大内需、提高最终消费率为终极目标，实现农产品和农业加工产品的产供销各个优势环节跨区域的发展，形成有市场竞争力的新型产业。工厂化农业的发展不单纯是农业问题，也不仅仅是工业问题，它既包括原料品种的专业化、种植基地的规模化，也包括生产工艺的现代化、包装的新颖化，更包括管理运营的一体化和营销手段的科学化。因此，工厂化农业主要就是制成品农业，最能体现农业工业化的精髓和本质。

8.1.1 工厂式设施农业和工业加工农业的融合是工厂化农业的内涵

工厂化农业是现代生物技术、现代信息技术、现代环境控制技术与现代材料不断创新和在农业上广泛应用的结果。它主要是指在相对可控环境下，采用现代工业的生产方式进行农业生产，也就是说农业生产需要有标准、生产工艺、生产车间，而且是常年不间断生产，生产出来的产品需要有品牌、商标、标准、包装。工厂化农业是规模化、集约化的生产，它与自给自足的自然经济有着本质的不同，它的发展必须建筑在现代综合技术高度集成的基础之上，必须以现代科学技术为支撑。同时，工厂化农业也指农副产品的工业再制造。这是个全新的制成品生产产业，与以往作坊式的农副产品加工业不可同日而语：一方面把原来广义农业中“农林牧副渔加”的“加”独立为一个新型的以农副产品为加工对象的工业制造产业；另一方面还包含了设施农业。所谓设施农业包括塑料大棚、温室、植物工厂化三种不同的技术层次，是利用人工建设的设施，以可调控的技术手段实施生产要素的全方位调控，为农业生产提供良好的环境条件，实施高产高效的农业生产方式。它是一种高科技、高投入、高产出、高效益的集约化生产方式，直接采用现代农业工程、电子机械和信息技术，通过改变局部自然环境，为动植物生长提供相对可控甚至最适宜的环境条件，具有工业定制的性质。

在这里，由工厂式设施农业和工业加工农业组合而成的工厂化农业，同传统农业和农副产品加工业相比，其内涵是：①工厂化农业涵盖了设施农业、工厂农业等先进农业生产方式，是一个意义更广的新型产业；②工厂化农业的产品以商品形态出现，基本上是社会最终消费品；③工厂化农业的产品既有通过改造和控制自然条件而由工厂生产的农产品，也有经过工业加工的农业制成品，包括初级加工、深加工、精加工；④工厂化农业不再是加工剩余的农副产品，而是由农业生产单位向加工制造业提供定制的专业原料，是根据市场需要生产的定制农业；⑤发展工厂化农业的直接目的是为了提高农业制成品的科技含量和附加值，实现从数量农业向质量农业的发展飞跃，以取得最大的效益。

8.1.2 农业制成品生产的内在性和外在性是工厂化农业的基本特征

从以上分析可以看出，工厂化农业最显著的内在性特征是现代工业的技术装备和生产经营管理方式应用于农业生产全过程。其一是工业化的设施装备，体现了现代工业技术或产品的集成；其二是工业化的生产手段，使农业生产有了固定的生产车间（温室）、产成品加工车间、生产设施和工具装备；其三是工业化的生产过程，每个生产单元都有生产计划、生产工艺、生产和产品技术标准，按工业化作业流程组织生产；其四是工业化的组织与管理方式，在单个生产企业内部有产、供、销系统和独立的成本核算制度。总之，工厂化的农业生产方式用现代技术和工业化生产手段，使农业产品实现工厂化连续作业、周年生产，通过可控条件和工业手段实现农产品和农业制成品的高产高效，以满足消费者的多元化和高质化需求，并促使农业增产、农民增收，进而提高整个社会的生产质量和生活水平。

此外，工厂化方式生产的农业制成品还具有社会化大生产的外在性特征。与传统农业狭窄的产中活动相比，工厂化农业是产前、产中、产后连接配套的生产体系，这种连接不仅体现在经营设施农业的企业和农产品工业加工企业的内部，而且体现在其生产经营活动中与社会各相关方面所建立的广泛联系上。随着工厂化农业生产规模的不断扩大、专业化程度的不断提高，围绕制成品农业产业的社会专业分工也将越来越明晰。工厂化农业带动了一批相关产业的形成和发展，与工厂化农业关联配套的产业群体和社会性的服务体系逐步形成。以园艺种子、种苗产业为例：种子、种苗及产业化可以带动基质、穴盘、营养液配置、微喷灌设施、生物肥料、制种机械等相关专业生产产业的形成和发展，还可以带动种子、种苗流通市场的规范和发展。可以说，工厂化农业是社会经济发展到一定阶段的产物，这种以现代科学技术为支撑的现代农业产业在融入社会化大生产体系的过程中，必将冲击传统的小生产农业，使农业生产方式向现代化迈进。

8.1.3 工厂化农业的基本功能是抑制农产品市场的蛛网式波动

农业是一个生命产业，受自然因素的影响。农作物生长周期比较长，农户难以根据市场价格信号及时调节生产，而且原态农产品易变质、储存期短，农民难以通过库存途径来调节供给。从需求角度看，传统农产品是典型的生活必需品，产品的需求价格弹性和收入弹性低。供给调节滞后与较低的需求价格弹性共同作用可能会使农产品市场出现发散型蛛网波动，市场极不稳定，而且产品附加值极低。工厂化农业特别是农产品的工业深加工，改变了农产品的物理学属性，形成工业制成品，可以延长产品的储藏期，一般比鲜活农产品的保存期延长几倍或几十倍；同时制成品在加工后物理生化性能稳定，且包装严密，不易损坏，既方便长途运输，又能扩大市场。这样便可平抑农产品季节性生产与常年性消费以及农产品产出地与销售地的矛盾，进而有效调节农产品季节差，相对缩短生产周期，增强农业生产的可调节性。冷藏保鲜技术的应用，也能在一定程度上延长原态农产品的储藏期，调节农产品供需在时空上的矛盾，增强农户对市场供给的调整能力。而设施农业则能摆脱对光、温、水、气、肥等条件的天然依赖。传统农业生产对植物生长要素的调控局限于对“土地要素”的调控，难以实施对“宇宙要素”的调控。设施农业依托农业工程技术和生物技术，以可控的技术手段将部分或全部环境条件置于人为调控之下，依照生物生长规律，不间断地克服限制因素，全面满足植物生长对光、热、水、气和营养物质的需要，使对动植物生长要素的全方位调控成为可能。

另外，工厂化农业还可大大提高农产品消费的需求弹性。传统农业生产远远不能满足消费者千差万别的消费欲望，消费者的需求没有相应的供给与之对应，导致供给制约需求，经常造成农产品买难卖难而使产品大量积压，农业生产力低下和农民收入损失严重。而工厂化农业通过设施农业和农产品精深加工，使动植物生长由人工创造其最佳生活环境，从而能够人为设计、工厂定制，进行需求创造，实现农产品和农业制成品的多元化、高质化、品牌化、安全化、保健化、便捷化和多功能化，开发出大量同类的替代性农产品和农业制成品，调节消费者的欲望差。这在相当大的程度上提高了农产品和农业制成品的需求价格弹性，有可能从根本上克服生活必需品低需求弹性的缺陷。因此，在需求富有弹性的条件下，农产品价格波动会趋向于收敛型蛛网波动，这就会促进农产品市场趋于稳定，实现最佳品质结构、最佳时间结构、最大生产量和最高生产效益，而且还能改善城乡居民的食品营养结构，直接提高人体的健康水平，而这同时也大幅度增加了农产品生产效益。比如长沙市望城区的旺旺食品公司用大米加工膨化类食品，大米可增值 44 倍。又如 1 吨玉米，卖原粮的收入不超过 1 000 元；加工成淀粉，可卖 1 800 元，增值近 1 倍；淀粉加工成糖类，每吨果糖卖 3 600 元，每吨葡萄糖卖 4 000 元，可增值 2 倍多；糖类加工成酸类，每吨谷氨酸卖 13 万元，可增值 30 倍之多。总之，工厂化的制成品农业增值空间巨大，能实现农产品作为生活必需品向非必需品的转化，大幅度提高其附加价值，对农民增收和国家财政增加都具有十分明显的效果；同时，又扩大了农村劳动力的就业领域。据有关专家测算，我国农产品加工业与农业的产值比每增加 0.1 个百分点，就可以带动 230 万人就业，农民人均增收 190 元，这是解决湖区农业剩余劳动力就业的一条非常现实的途径。

8.2 湘阴县发展工厂化农业的基本经验

从农业工业化战略的重点来看，农业发展应该以县域经济为单元构架，利用其区位、资源、产业优势重点发展工厂化农业。我们在研究过程中对洞庭湖区湘阴县发展的工厂化农业进行了系统调查，以此说明工厂化农业的巨大潜力和在洞庭湖区发展的现实可行性。湘阴县地处南洞庭湖滨，湘、资两水尾闾，素有“鱼米之乡”美称。全县总人口有68.94万，其中农业人口59.04万，占全县总人口的85.5%，是个典型的农业大县。自2002年以来，湘阴县把农业工业化作为全县工作的重点，积极探索工厂化农业发展模式，以大力发展标准化品牌农业为切入点和突破口，通过“企业+基地+农户”模式，推动农业增效，带动农民增收，促进农村发展。

在传统农业发展时期，该县农业基础薄弱，农村经济发展较慢。据统计，2001年湘阴县全县GDP总值为38.73亿元，农业总产值有14.6亿元，人均收入仅2 506元。而实施农业工业化战略后，县域经济发展成效显著。2011年，全县GDP总值为195.7亿元，比2001年增长405.29%，农业总产值有58.42亿元，比2001年增长312.57%，全县农民人均纯收入为7 912元，比2001年增长了215.72%。2001年，全县农产品加工业产值不到30亿元。2011年，全县农产品加工业实现产值约200亿元，比2001年增长566%，占县域工业总产值的55%左右；上缴税收占全县财政收入的40%以上；农产品加工业总产值与农业产值之比为2∶1；全县85%以上的初级农产品通过加工转化实现增值。

目前，湘阴县共发展农产品加工企业400家，其中省市级龙头企业28家，是全省龙头企业最多的县之一。年产值在50万元以上的有268家，农产品加工转化率达到85%以上。该县农产品工业加工产品现已拥有4件中国驰名商标、1个中国名牌产品、24件湖南省著名商标、21个湖南省名牌产品，是湖南省的品牌大县。这些农产品加工企业采取“企业+基地+农户”的模式，企业生产基地100多万亩，形成了蔬菜、茶叶、植物油及调味品等八大类强势工厂化农业产业链，带动农户18万多户，主要农产品优质率达85%以上，吸纳就业人员近10万人。湘阴县农业工业化发展粗具规模，工厂化、标准化、品牌化农业水平快速提升，先后获得“全国农产品加工百强县”“乡镇企业十强县”“全国藠头出口基地县”“全国粮食生产先进县”“全国无公害茶叶示范县”和湖南省唯一的“农产品质量综合管理示范县”“省水产品第一县”等殊荣。湘阴县发展工厂化农业的主要做法和经验如下：

8.2.1 建立健全农产品的标准生产体系，对农产品进行高效优质种养

湘阴县在这方面做了很多有价值的工作：一是收集了国家、省、行业已建

立的15项标准，同时结合实际，把一些先进的科技成果和生产经验综合在一起，制定了藠头栽培、水稻栽培、有机茶栽培等生产技术和产地环境要求等标准13项，共编制了水稻、茶叶、藠头等26个无公害农产品（绿色、有机食品）生产技术操作规程，建立了无公害农产品生产监控、市场监控、责任追究、环境检测、质量检验等多项制度。二是通过积极推广生态农业、轻型栽培、有害生物无公害防治等一系列标准化综合配套技术，指导农户建立田间生产档案，全过程规范生产无公害农产品。三是在全县建立有机茶示范片4 800亩，绿色藠头基地18 000亩，无公害优质生产稻示范区10个、面积2万亩。四是全县已完成70.9万亩无公害农作物产地认定工作，完成无公害农产品基地12.7万亩、绿色食品基地3万亩、有机食品基地农产品认证14个、绿色食品认证3个、有机食品认证1个。长康、振湘等17家企业通过ISO9000、ISO14000、GMP（良好作业规范）、HACCP（危害分析与关键控制点）体系认证。目前，全县已建立了15万亩绿色食品水稻标准化生产基地、5万亩绿色食品藠头标准化生产基地、5万亩有机茶标准化生产基地，全年节省农业成本和增加农业收入近5 000万元。以城西镇兴隆村为例，实施农业标准化生产每亩增收128元，全村经济效益增加30.34万元。该村以村委会牵头，组建了兴隆大米加工协会，发展会员36人，连接村内外农户1 000余户，基本形成优质稻标准化生产和优质大米加工的主导产业。又如该镇楠竹村的华鑫农副产品开发公司是藠头行业省级龙头企业，有固定资产4 200万元，这几年通过“企业＋基地＋农户”模式，全村开发了4 000亩标准化生产基地，还在国土部门、农业部门的支持下平整开发了2 000亩高标准农业基地。2007年，楠竹村全村的工农业总产值达9 500万元，其中以藠头为主导的产业总产值占82.9%；人均纯收入为8 000元，其中由藠头产业带来的收入占71.4%。

8.2.2 大力建设标准化农产品生产基地，打造农业制成品的原料车间

工业产品只有大批量生产才能营利。同样道理，农业生产只有大规模种养才会获利。因此，湘阴县紧扣农产品工业加工企业对原料的需求，建设标准化生产基地，在技术、资金上大力扶持，使农业向规模化、标准化、高效化生产推进。湘阴有藠头加工企业78家，年加工能力达8万吨。通过引导推动，三塘、白泥湖、石塘、东塘等11个乡镇的农民大力调整种植产品，利用低产、低效的稻田、旱土种植藠头，使全县标准化的藠头种植面积由原来的2.4万亩扩展到6万亩。为适应茶叶企业生产品牌茶对原茶的需要，湘阴县通过制定扶持政策，对荒山荒地进行连片开发，使全县标准化的茶叶种植面积由1.4万亩

扩展到3万亩。而且该县还采取“企业＋基地＋农户”的模式开展标准化茶叶基地建设，成为全省唯一一个无公害茶叶示范县。如兰岭绿之剑茶叶有限公司作为省农业产业化龙头企业，自1995年以来，公司组织实施了万户万亩标准化良种茶开发工程。到目前为止，村、组、户累计开发绿色食品茶园和有机茶园1.6万亩，建立三个标准化茶叶种植基地，发展茶农8 200户。公司经常派技术人员下乡传播科技知识，指导茶叶生产，使广大农民掌握有机茶育苗、栽培和茶园管理新技术，并培养茶叶生产农民专业技术员3 000余人；同时，公司还以“订单农业”的形式与农民签订鲜叶收购合同，由公司向农户无偿提供种苗、技术，无偿回收产品，风险厂担，利益共享，把公司利益与茶农利益紧密联成一体，茶农的茶园成为公司品牌茶生产的第一（原料）车间。湘阴县柠檬酸钠公司、长康实业公司、义丰祥实业公司、金顶实业公司等几家规模较大的农产品加工企业，年加工豫薯、芝麻及油类作物达13万多吨。过去农民没有大规模种植这些作物的习惯，企业所需原料主要依赖外地调入，生产成本高，产品有市场无原料，产业链条短，企业发展难。针对这一状况，有关部门从外地引进种苗，通过示范种植，在湘阴县东部11个乡镇建立10个示范片，引导6 000户农民大面积种植，建立了标准化的豫薯基地3万亩、芝麻基地1万亩、油料作物基地2万亩。目前，全县已建立标准化的优质水稻、藠头、茶叶、水产、生猪、水禽、豫薯、植物油八大工厂化农业的高效种养基地。

8.2.3 依托农业制成品龙头企业，培育带动新型工厂化农业产业

湘阴县拓展龙头企业，同步提升传统产业，依托资源办企业、上项目，让企业和大宗农产品对接。通过办乌龙米业公司、东风米业公司、新泉米业公司等一批大米加工企业，对县内优质稻进行深加工，巩固标准化的优质稻基地85万亩、无公害生态优质稻10万亩；通过创办洞庭食品厂、南湖麻鸭加工厂、昌恒食品公司，发展麻鸭、生猪、土鸡等系列畜禽产品加工，稳定了全县标准化的畜禽养殖规模；通过创办南湖土特产有限公司、新绿洲土特产有限公司等蔬菜加工企业，推进了4万亩标准化蔬菜基地的良性发展；通过创办振湘嘉鑫渔业食品有限公司，成功开发出鱼丸、火焙鱼等无污染、无公害的鱼类制品，较好地解决了因加工、运输、保鲜跟不上而“鱼贱伤农”的问题，促进了全县水产业的发展，水产品总量连续8年居全省第一。目前，湘阴县农产品加工企业联结标准化的种养基地50万亩，占全县种养面积的28%；联结农户14万户，占全县农户总数的83%。这种联结形式带动了农户的积极性，使农民收入大幅度增加。

8.2.4 发展标准化的农产品精深加工业，以品质优势赢得市场竞争力

湘阴的比较优势在特色农业，发展潜力在加工工业，这是由其区位优势、资源禀赋和实现农产品加工增值决定的。湘阴县藠头、茶叶、特种水产、油脂、优质稻等支柱产业和新兴产业的比较优势明显，具有生产效率相对高、成本相对低，并且在种植和养殖阶段已经具备了优质优种的良好基础，把这种资源优势转化为产品优势，需要工业加工增值，需要围绕农产品转化大办加工工业，通过标准化的工业加工，打造产品品质优势和品牌优势，在国际、国内市场上获得竞争力。湘阴县的做法：一是通过内部改制盘活。对原有规模小、档次低的农产品加工企业，因地制宜，采取能股则股、能租则租、能卖则卖的办法，盘活资产，激发活力。近几年来全县先后对 66 家农产品加工企业进行了股份制和股份合作制改造。二是通过招商嫁接做活。积极招商引资，引导外来资本、技术与县内资产、资源嫁接，创建新企业，提升老企业。目前已有日本、中国香港、中国台湾等国家和地区的多家公司在湘阴投资创办了 5 家农产品加工企业，总投资 8 000 万元，年产值突破 1.5 亿元。三是通过强强联合激活。引导企业实现双向扩张，把企业逐步做大。三塘酱厂、华鑫公司、海日食品已与深圳中浩集团联合上市。振湘食品有限责任公司与日本岩下株式会社合作创办了岩下宏辉有限公司，加工能力增加到 3 万吨，2012 年完成产值 2.4 亿元，创汇 1 200 多万美元，上缴税款 360 万元。目前，全县共发展农产品加工企业 400 家，拥有兰岭、三塘、振湘、义丰祥、长康、洞庭生物科技、华鑫、华康、金威、金顶、浏阳河等一批省市级龙头企业。湘阴加工“龙头”的昂起，促进了农业结构的优化升级和农民增收。目前，全县 100 万亩耕地实现了与加工业的“对口”调整，形成了蔬菜、茶叶、植物油及调味品等八大类强势的工厂化农业产业链。

8.2.5 采用国际先进品质管理模式，力创制成品农业品牌产品

目前湘阴县拥有国家级和省级品牌 50 个，有 42 种农产品获得质量安全认证，是湖南省工厂化农业的品牌大县。该县的产品品牌之所以能取得这样骄人的成绩，得益于企业在农产品的精深加工过程中狠抓质量安全认证和产品品牌争创，不断提高农产品质量，大力培育农产品品牌。一方面，倡导、支持农产品加工企业与国际先进管理模式接轨，着力提高企业标准化质量管理水平，并以此作为根本性路径来提高产品品质。目前，湘阴已有义丰祥实业、华康食品

等八家企业通过了ISO9000国际质量管理体系认证，福湘木业等四家企业通过了ISO14000国际环境管理体系认证，振湘食品、华鑫食品等五家企业通过了HACCP管理体系认证。另一方面，推广无公害生产，主要通过推广生物防治技术和生态种养模式，从源头把住产品品质关口。兰岭茶厂采取“保株治虫”等措施，所产有机茶已通过国家有机食品认证；华鑫甜酸藠头等六种农产品已获“绿色食品”称号。特别是兰岭茶厂的生态良种茶园自建园起连续8年从未喷过化学农药，3年未施化学肥料，于2000年9月获国家环保总局有机食品发展中心的有机茶原料生产、加工和贸易三项认证。该公司还在湖南农业大学和湖南茶叶研究所的专家们的指导下，研制和生产了一大批名优茶叶。兰岭毛尖、兰岭绿茶、兰岭花茶至今已连续两届荣获“湖南名牌产品”称号，同时，连续两届荣获“国家AA级和A级绿色食品”称号。2006年，兰岭有机茶获得“国家驰名商标”称号。总的来说，通过实施标准化的质量品牌战略，湘阴县工厂化农业产品市场竞争力越来越强，市场占有率越来越大，特别是藠头在国际、国内市场的份额不断提升，出口总量占湖南省出口总量的70%、全国出口总量的30%、日本市场的10%。

8.2.6 组织农民专业生产合作社，全面普及工厂化农业标准化生产

在市场经济体制下，以一家一户为单位的分散、小规模的农业生产单位与大市场之间的矛盾越来越突出，而且标准化生产难以实施。要解决这一矛盾就必须重构与市场机制相衔接的农业微观经济基础，其有效办法是建立新型农民专业生产合作社。为农户提供产前、产中、产后服务，统一技术规范、统一质量标准、统一品牌销售，推广标准化生产试验基地。该县重点扶持了南湖博亿鸭业专业合作社、躲风亭月湖特种水产养殖专业社、城西垸特种水产养殖协会、三塘高仑生猪养殖协会、南阳白乌特种水产养殖协会五个示范点，帮助其规范运作，完善规章制度，并及时总结经验，向全县推介，以点带面，促进了全县农民专业组织的发展。到目前为止，全县共建立新农村建设相关协会700多个，带动农户9 300多户；发展专业合作组织45个，其中登记注册的28个，带动农户数22 100户，成员年人均收入与当地农民年人均纯收入对比增加600多元。以南湖洲镇为例，当地素有麻鸭养殖习俗，但由于受条件、技术和市场的制约，出现了增产不增收、发展停滞不前的现象。2004年，在深入调查的基础上，通过地方政府的支持和专业大户闽德辉的带动，该地注册成立了博亿鸭业专业合作社。该社共有社员265户，涉及6个村，养殖麻鸭达100万羽。合作社对社员麻鸭养殖的品种、数量、技术管理、销售等情况一一摸

底，利用每月召开例会的时间传授麻鸭养殖技术、提供销售信息，并根据麻鸭档案记载，提醒、指导社员采取标准化的管理措施。合作社统一购进鸭苗和饲料、统一病情防疫、统一销售，按市场价格议价。经过几年的发展，该社年产值已突破 2 000 万元，年利润突破 300 万元，为社员年均增收 6 000 元以上。此外，该县在大力发展特色水产品养殖过程中，共建立渔业专业合作经济组织 43 个，发展会员 3 760 名，带动养殖大户 9 763 户，水产品总量已连续 17 年居全省县级第一。

纵观湘阴农业工业化的发展，给人最深的印象是，现代农业生产经营的各个环节都有工业手段、工业技术、工业装备在发挥重要作用，是比较典型的以农产品工业深加工为主导的工厂化农业。湘阴县以农业的市场化为背景，运用现代工业化技术和现代经营管理理念以及组织方式来组织现代农业的生产和经营，将农产品生产和加工集中化、企业化、规模化，实施全程工厂化的标准化经营。这实际上就是对农业工业化战略的实践与创新，对洞庭湖区发展以工厂化农业为主导的农业工业化提供了有说服力的例证。

8.3 洞庭湖区发展工厂化农业的对策措施

近几年，洞庭湖区围绕农业增效和农民增收，发展以农产品加工业为重点的工厂化农业，取得了一定的成绩和经验，也形成了自己的特色。目前该区已初步建立起以食品工业为主体，涉及粮油、畜禽、水果、水产、竹木、蔬菜等十大类的农产品加工体系，推动了农产品资源的加工利用，促进了优势农产品产业带的形成和发展。如常德的优质大米加工，长沙的肉食品加工，岳阳的蔬菜加工，益阳的竹木加工，常德、益阳的油脂加工，长沙的乳品加工，长沙、岳阳的饲料加工，长沙、岳阳、常德的茶叶加工，长沙、常德的烤烟加工等。部分地方出现了由众多农产品加工企业按照专业化分工组成的特色县、特色乡和特色村，促进了农业规模化和专业化经营，并形成了一批品牌产品。当然，洞庭湖区工厂化农业的发展尽管取得了一定成就，但总体上还处于一般性农产品加工的低水平阶段，设施农业仅仅是零星发展，尚未真正达到工厂化批量生产程度，尤其是定制式的工厂化农业制成品生产尚未起步，在生产过程的科学化管理方面，与发达国家和地区的现代农业相比，还有不小的距离。因此，洞庭湖区还需要大力推进工厂化农业的进程。

洞庭湖区工厂化农业发展总的思路是：从洞庭湖区实际出发，建设优势产业带，围绕优势产业带发展设施农业和精深加工，建设好六大制成品农业产业链，即粮食制成品产业链、蔬菜制成品产业链、食用油制成品产业链、畜禽水产制成品与乳制品产业链、茶果制成品产业链、竹木林纸制成品产业链，重点打造米制品、油制品、肉制品三大农业工业化产业集群。在结构调整和产业不断升级、质量和效益明显提高、加工能耗显著降低的前提下，力争实现年均增长15%的发展速度，到“十二五”期末农产品加工业产值与农业的产值之比超过2：1，主要农产品加工转化率（初加工以上）达到80%以上，精深加工比重明显增加，主要农产品深加工率（二次以上加工）达到60%以上。同时，在城市群周边地区重点发展以蔬菜为主体的设施农业，推进生物技术、工程技术和信息技术在设施农业中的集成应用，努力拓展设施农业生产领域，深入挖掘设施农业的生产潜能，切实提高设施农业管理水平，大力提升设施农业发展的规模、质量和生产效益；努力实现设施农业生产种类丰富齐全、生产手段加强改善、生产过程标准规范、生产产品均衡供应的总体目标，探索出一条具有洞庭湖特色的高产、优质、高效、生态、安全的设施农业发展道路。为实现以上目标，我们建议抓住关键，突出重点，采取以下对策措施：

8.3.1 进行全社会范围的观念变革

从世界发展趋势来分析，随着经济发展的水平提高，居民可支配的收入大幅度增加，城镇居民家庭恩格尔系数（Engel's coefficient）下降，在食品消费上必然由鲜食型农产品为主向加工型农产品为主转换。目前高收入国家居民消费的可食性农产品中，经过工业加工的食品已占70%以上。因此，全面建立加工型农产品生产基地并组织标准化的大生产，这是洞庭湖区作为一个传统农业地区进行现代农业的建设、发展农业工业化势必要进行的一个根本性转变。以往洞庭湖区农业产业技术水平不高，农产品工业加工程度低，农产品附加值低，农民就地就业率低，农村居民收入低，农产品价格波动剧烈，“三农”矛盾比较突出，其根本原因在于生产方式上还没有实现由鲜食型农业生产向工业加工型农业生产转型。所以，目前要全面解决“三农”问题，小打小闹是没有出路的，这已被这些年洞庭湖区农业产业化低水平的实践所证明。从我们调查研究的情况来看，目前改造落后的农业意识，不仅是农民和农户的问题，而且是一个社会问题。因此，必须进行一场社会范围的观念变革，从农户、企业、科研机构、中介机构到政府，都要彻底改造小农经济意识，转换传统农业观念，真正实现向现代加工型的工厂化农业生产方式的转变，从各个方面和领域建立起工厂化农业的生产、营销、流通、科研、组织和政府决策的模式。

8.3.2 发展农业制成品供应链管理

供应链管理的实质是通过核心企业和与其他主体的协调，集成供应链的过程。这种协调是协调参与者的局部利益与供应链的集体利益之间的关系，达到使链上的各个贸易伙伴从以前单纯的竞争关系发展到以竞争为次，合作、协调为主的关系，以谋求长期利益为原则，目的是实现利益共享、风险共担。这里实施协调的主体是核心企业，对农业工业化而言就是龙头企业。洞庭湖区农业制成品物流体系的组织模式最终应向以营销企业为核心的供应链模式发展，目前应主要培育农业制成品物流中心企业作为建立物流网络的核心企业。基于供应链思想和利益机制，在培育对策上要着力培养其分担风险和整合物流的能力，逐步在农产品重要集散地和交通枢纽建立涉农消费品产业集群园区，并形成集加工、保鲜、流通为一体的大型农产品物流配送中心；积极支持农民组建农产品流通专业协会，大力发展农村各类中介组织和经纪人队伍，从而提高农业制成品流通效率。特别强调政府、企业与研究机构应协作开发农业制成品物流体系，可以通过股份合作、合作性投资来保障农业制成品物流体系是“风险共担、利益均沾”的经济共同体。

8.3.3 做大农业龙头企业集群规模

国内外实践证明，工厂化农业建设的核心环节是龙头企业集群发展，特别是加工销售的龙头企业的发展。农业工业化以加工销售企业为龙头，一头连着基地的千家万户，一头连着国内外市场，按照市场需求组织生产加工，把农产品生产、加工、储藏、销售衔接起来，既保持了家庭联产承包责任制的稳定，又形成了大规模的产业群、产业链。搞活一个龙头企业可以带动一个基地或众多基地的发展。洞庭湖区龙头企业在发展方向上，要根据市场的需要彻底打破地域、行业、所有制界限，以大（规模大、产业大、市场大）、高（高起点、高技术、高附加值）、新（新产品、新工艺、新技术）、外（外向型）的要求，围绕设施园艺产业、设施养殖产业、粮食产业、蔬菜产业、食用油产业、畜禽水产品和乳制品产业、茶果产业、竹木林纸产业等农业制成品产业链的发展，建设一批与大生产基地、大龙头企业、大市场网络相联结的农产品加工业产业园，形成工厂化农业的产业集群，推动农产品加工业发挥优势，提升规模，提升质量，提升效益。洞庭湖区尤其要大力引导龙头企业通过定向投入、定向服务、定向收购，建立稳定的加工型农产品生产基地，形成一批与加工企业相配套、示范效应大、产品质量好、带动面广的现代化农产品原料生产“车间”。在此基础上，我们应着力壮大工厂化农业的龙头企业规模，按照“扶优、扶强、扶大”的原则，充分利用洞庭湖区大宗农产品的资源优势，以资本运营为纽带，通过联合与兼并，建设一批起点高、规模大、带动力强、年产值在10亿～50亿元甚至过100亿元的大型或特大型龙头企业，形成“市场牵龙头、龙头连基地、基地带农户”的具有国际先进水平的工厂化农业发展模式。

8.3.4 主攻基地标准化品牌农业生产

洞庭湖区基地标准化品牌农业已有了一个好的基础，但总体水平仍不高。按照农业工业化的要求，今后湖区总的发展目标应围绕创建无公害农产品、绿色食品生产基地开展标准化品牌农业的生产，力争在“十二五”期末湖区优势农产品和特色农产品生产标准化率达到90%以上，示范基地标准入户率达到100%，地市级龙头企业全部实现标准化生产；同时，注重树立品牌意识，加快农产品商标的注册和绿色产品的申报，强力发展品牌农业，不断推出市场前景好、经济效益高的农产品。为此我们建议，洞庭湖区专业化基地品牌农业的发展要按照区域化布局、专业化生产、标准化管理、产业化经营和社会化服务的发展思路，发展壮大粮食油料、棉麻纺织、肉奶水产、果蔬茶、竹木林纸五大产业链，建立完整的生产加工、储藏运输、市场营销的产业体系。这里要重点抓好“四大产业重地”：重点建设国家级大型商品粮生产基地，实施基地县超级稻等优质粮食产业工程；重点抓好生猪、淡水养殖产品等优势产业带建设，以正虹科技、洞庭水殖、唐人神集团为龙头，在洞庭湖区建成全国重要的现代化生猪、肉奶和名特优水产品生产加工基地；重点建设华容、沅江、临湘等优质棉麻产区，大力发展棉花、苎麻精深加工，建成全国最大的优质棉麻生产和纺织加工基地；重点建设林纸一体化特色产业，以泰格林纸集团等企业为依托，充分利用湖区芦苇、林竹资源，走绿色造纸精深加工道路，打造全国重要的绿色林纸一体化生产加工基地。同时，设施农业是最全面和最规范的标准化生产，应在制成品农业基地推广。洞庭湖区的设施农业要由简易覆盖和简易设施型向一般设施型和工厂型农业发展，有计划地发展塑料大棚、日光温室、环境调控技术、专家系统和无土栽培技术，应重点在蔬菜、花卉、水果等的生产上推广应用，力争尽快达到发达国家和地区的先进水平。

8.3.5 大力推进绿色农业生产机械化

农业机械化的重大作用是提高劳动生产率和土地产出率，促进农业集约化经营，降低生产消耗，优化产品质量，因而是工厂化农业的一个重要方面。可以说，没有农业机械化就没有农业生产过程的工业化和集约化，农业机械化是实现农业工业化的必由之路。洞庭湖区农业生产规模较大、专业化程度较高，既具有推行机械化农业的客观条件，又是专业化基地品牌农业建设的重要基础。首先，要推进主要粮食作物机械化，重点做好水稻育插秧机械化技术的试点、示范和推广工作，并集中力量整合资源，形成合力，加大投入，上下共同努力，以水稻机收技术为重点，进一步抓好水稻联合收割机的推广工作，在基地要大力引导水稻生产合作社、种粮大户、科技示范户、农机大户发展高性能的半喂入联合收割机；同时集中抓好集约化育秧、商品化供秧试点，探索专业化基地农业的育秧、供秧社会化服务模式；还要坚持农机与农艺相结合，加强技术培训，重点培育机插秧作业合作社、龙头企业及中介服务组织，以点上示范带动面上推广。其次，要加快大中型拖拉机和多功能、适应性强的小型拖拉机的示范推广步伐，充分认识大中型拖拉机耕作质量优、作业效率高、经济效益好的优越性能，了解一机多用、适应性强的小型拖拉机的优势，促进耕作机械的更新换代；同时要进一步抓好动力植保机械、节水灌溉机械、农副产品加工机械以及其他先进适用农业机械的推广工作。其三，要加大农机科研开发力度，找准主攻方向，选好科研课题，重点在水稻、油菜、棉花等大宗农产品生产和茶叶、蔬菜、柑橘等特色农产品加工方面取得突破；要结合农机购置补贴和农机装备推进项目的实施，开展农机化技术组装、集成、配套的试验示范，把建设示范基地作为推进农机化科技创新的一项重要措施来抓，促进绿色农机化技术的推广应用。

8.3.6 加快工业加工型农业科技创新

在当今全球信息化的条件下，发展现代工厂化农业基本上要依赖于科技创新，依赖于科技进步对传统农业的技术改造。当前洞庭湖区应集中人力、物力、财力对大宗农产品加工技术和加工工艺进行攻关，推进技术创新和技术进步，形成一批技术含量高、具有洞庭湖地域特色的名牌农业制成品。首先，建议在岳阳组建农产品加工和设施农业技术推广中心，加快工厂化农业成熟适用技术的推广和运用。鼓励大型龙头企业走产学研联合，生产、科研开发一体化的路子，使企业逐渐成为技术创新的主体，提高龙头企业自主科研开发水平。实施工厂化农业技术人才发展战略，从整体上提升产业的综合素质与长远市场竞争能力。同时，设施农业要从长远战略需求出发，在一些共性和关键技术领域如温室结构优化与新型材料、温室数据采集与智能化控制系统软硬件、温室高效生产综合配套技术关键设备、温室节能与资源高效利用技术、植物工厂高新技术和温室管理机器人等方面的研制与开发率先取得突破。其次，必须加快农产品质量安全标准体系建设，保证产品质量安全水平。积极建立农产品标准体系，对有发展前景的大宗农产品，名、优、新产品，现有加工出口创汇产品率先开展制标工作。鼓励和推进企业积极推行 CMP 和 HACCP 管理方式，积极推行 ISO9000 质量管理及质量保证系列国家标准，积极贯彻 ISO14000 环境管理系列认证体系，鼓励有条件的企业开发绿色、环保标志产品，申请贸易对象国的安全、环保类标志的认证。对于获得以上认证或获得国家级、省级著名商标的产品，各级政府给予适当奖励。

8.3.7 营造良好的政府政策促进环境

工业反哺农业、城市反哺农村的政策问题，具体来说涉及一系列政府政策体系的建立。我们在对浙江金华和湖南长沙、岳阳、娄底、株洲等市的调查中发现，凡是工厂化农业发展得好的地方，政府都比较重视这种农业，建立起了有利于制成品农业发展的政策环境。目前洞庭湖区制成品农业政策环境尚待进一步优化。问题突出表现在多头管理，各行其是，导致农产品加工业的标准化体系、检测体系、食品安全体系、技术推广服务体系、质量认证体系以及信息网络体系不健全；另外，缺乏有效的政策扶持，对农产品加工企业的投资和信贷扶持政策及扶持措施有限，资金短缺成为湖区产业发展最重要、最普遍的制约因素之一。所以，湖南省和湖区各级政府要加强引导，进一步理顺工厂化农业的管理体制，建立统一高效的管理机构，全程服务制成品农业的发展。建议湖区农业、工信、金融、科技、税务、工商、公安、卫生等部门要形成合力，为发展工厂化农业提供全程服务。要做好市场预测，加强科研攻关能力，技术开发要有适度的超前性，为农产品加工提供技术支撑；同时，加强农产品标准体系建设，全面推行 HACCP 管理系统，制定、修订一批农产品质量、品种、生产技术、生态环境等标准，逐步与国际接轨，消灭无标生产，培植名牌产品，提高竞争力。要加快农产品专业批发市场建设，重点培育一批年交易额30亿元以上、辐射全省和全国的农产品专业批发市场。加快龙头企业连锁直销经营体系建设，重点扶持大型龙头企业形成自己的生产控制到终端销售的大营销网络。抓好农产品物流服务体系建设，在岳阳、常德、益阳等农产品重要集散地和交通枢纽建立集加工、保鲜、流通为一体的大型农产品物流配送中心。积极支持农民组建农产品流通专业协会，大力发展农村各类中介组织和经纪人队伍。充分利用国际资本看好中国市场和沿海企业向内地转移的机遇，突出产业招商、专业招商，把招商引资的重点放在世界强势农产品加工企业和国内优势企业上。精心选择一批吸引力大、竞争力强、发展潜力大的项目，建立制成品农业招商项目库，做好项目包装、策划和推介工作。积极参与组织龙头企业国内外农业招商活动，认真筹办各种农业展销活动。以上政策措施可促使洞庭湖区工厂化农业出现新局面。

09

洞庭湖区
多功能化农业发展对策

随着社会生产力的发展，经济社会结构发生根本性调整，由农业大部门化转化为农业小部门化，农业产出占社会总产出的比重下降，但这并不意味着农业的地位下降。随着城乡居民消费需求的多元化，农业为满足多种不同的社会需求表现出了多功能特性，农业作为国民经济的基础在新形势下以新的形式发挥重要作用。多功能化农业在这里是指农业部门除了提供粮食和其他农产品之外，还为实现其他目标作出了贡献，例如保护环境、保留田园景色和乡村风味、防止洪涝灾害、涵养水源、防止土壤侵蚀和水土流失、处理有机废弃物、净化空气、提供绿色景观和自然景观，以及传统文化的继承等。洞庭湖区农业相对发达，农业资源开发空间巨大，发展多功能化农业优势十分明显。

9.1 多功能化农业的经济学解释及产业格局

总的来说，多功能化农业是指农业具有提供农副产品、调节自然生态、保护自然环境、提供观赏景观、传承历史文化、维护社会稳定、实现国民经济协调发展等功能，并具有各功能相互依存、相互制约、相互促进的多功能有机系统特性。我国对多功能化农业的发展十分重视，2008 年的中央 1 号文件指出，农业不仅具有食品保障功能，而且具有原料供给、就业增收、生态保护、观光休闲、文化传承等功能。建设现代农业，必须注重开发农业的多种功能，向农业的广度和深度进军，促进农业结构不断优化升级。

9.1.1 国内外关于农业多功能性概念的提出和确认

多功能化农业是学者们根据农业的多功能性提出的概念。农业是人们利用动植物的生长机能，采取人工培养和养殖的办法取得产品的物质生产部门，是人类从自然界索取生存资料过程中创造出来的最早文明之一。所以从生产本质看，农业具有多功能性。农业生产包括劳动者、自然界、产品三大要素：农业生产是一种在自然环境中劳动的产业，对劳动者来讲是一种有氧运动，劳动者在农业活动中可以强身健体；农业生产以自然界的动植物为劳动对象，为植物、动物移栽和培养提供地域空间，具有生态功能；农业生产能维护自然界的地面景观，优化生态环境，为百姓休闲娱乐提供活动场所，为居民生活美化庭院，具有生活休闲功能；农产品通过能量转化维持人类生存，通过品质安全来保障人类生活质量的提高，因而农业生产成为人类的必要生存和发展手段。另外，农业劳动过程创造了人类的母体文化——农耕文化，具有文化功能；农业也孕育了农业社会，为社会运行提供了物质基础，具有社会功能。可见，农业是具有多种功能的产业。

国外比较重视农业的多功能性研究，最早源于对日本稻米文化的研究。日本为了保护其“稻米文化”，于 20 世纪 80 年代末 90 年代初提出了“农业多功能性”概念。日本之所以提出农业多功能性概念，主要原因是二战后日本大量土地被撂荒，同时大量的农业劳动力流向城市，直接导致了抗御自然灾害的能力减弱、传统的农业地面景观遭到破坏。这一现象使他们认识到农业多功能性的重要性，而且政府应该为保持农业的多功能性而努力。1997 年，日本在《新农业基本法》中把农业的公益性功能作为一个重要的组成部分加了进去；1998 年，日本在农业白皮书里面提出“农业的多方面功能”概念；1999 年，日本正式在农业白皮书中提出“农业多功能性”概念。此后，在日本，“公益性功能”这一概念被称为农业的多方面功能。日本的农业多功能性概念得到与日本具有相似的农业生产条件和贸易立场的韩国响应，后来欧盟一些国家也相继加入日本和韩国这一集团。之后，农业多功能性概念相继出现在联合国的文献决议之中和各国农业政策讨论中。1992 年，联合国环境发展会议通过了《21 世纪议程》，并将第 14 章第 12 个计划（可持续农业和乡村发展）定义为“基于农业多功能特性考虑上的农业政策和综合计划”。1996 年世界粮食首脑会议通过的《罗马宣言和行动计划》承诺中提出“将考虑农业的多功能特点，在高潜力和低潜力地区实施农业和乡村可持续发展政策”。联合国经济合作与发展组织（OECD）于 1998 年 3 月召开的农业部长会议所发表的公报上指出，农业除了提供农产品之外还具有其他功能，并给农业多功能性作出了指导性定义：“农业活动要超越提供食物和纤维这一基本功能，形成一种景观，为国土保护以及可再生自然资源的可持续管理、生物多样化保护等提供有利的环境。”联合国粮食与农业组织（FAO）在 1999 年 9 月召开的国际农业和土地多功能特性会议上指出，农业的基本职能是为社会提供粮食和原料，但在可持续乡村发展范畴内，农业又具有多重目标和功能，包括经济、环境、社会、文化等各个方面。中国政府2008年也明确提出了开发农业的多功能性，拓展农业生产的广度和深度。

基于农业的非食物功能具有生产的外部经济性、不易销售的间接价值和使用价值的隐存性、其经济价值难以精确评估等特点，提倡农业多功能性的国家主张对农业生产进行保护、扶持和补贴。但是这些农业政策在国际农业贸易过程中对提倡农业多功能性的农产品进口国有利，而有损农产品出口国的利益。所以，一些农产品出口国如美国、澳大利亚、加拿大等国反对农业多功能性概念，认为农业多功能性只不过是日本、韩国、欧盟等保护主义国家和组织为了维持农业高度补贴与保护所提出的口号而已。所以，存在农业贸易冲突的国家之间对这个概念产生了激烈争论。但是由于重视农业的多功能性，的确有助于各国重新审视和认识农业这一古老产业，从而在新的理论基础上制定新世纪农业发展战略，确保农业和农村可持续发展，因而，主张农业多功能性的国家越来越多，一些反对这个概念和这种研究的发达国家（如美国）也开始转向支持农业多功能性概念。

9.1.2 国内外学术界关于农业多功能性的经济学理论分析

农业多功能属性具有重要的经济学内涵，揭示了农业与国民经济各大部类之间的关系。传统的农业与第二、第三产业之间的联系被割裂，工农城乡之间缺乏协调统筹。农业多功能性问题的提出，从理论到实践都丰富和拓展了农业的内涵，特色产业、生物质产业、生态产业、旅游休闲产业、农业文化产业等新的产业形态纳入农业产业的范畴，厘清了农业与工业、第三产业、生态环境、能源、生物质经济、高新技术产业等各大经济领域之间的联结脉络，进一步找准了农业在国民经济体系中的地位，不仅为各大部类的协调发展提供了科学依据，同时也为现代大农业产业体系的构造搭建了一个理论和实践的平台。由于农业多功能性具有如此重要的战略地位，因此，国内外经济学界对这个问题进行了比较深入的理论研究，主要运用现代经济学关于联合生产、外部性和公共产品等的理论概念来界定农业多功能性的属性及其特征。

（1）从联合生产角度分析农业商品产出和非商品产出之间的关系

对联合生产的理解作为农业多功能性认识的基础，在国外农业多功能研究文献中较为常见。美国学者弗雷什沃特等人（Freshwater et al.）对从联合生产理论发展过程和类型、双重理论、生产函数来分析商品产出和非商品产出关系，到应该将联合生产特点考虑到政策制定中去但又存在实际操作问题的两难状态作了具体分析。法国学者法拉利（Sylvie Ferrari）提出农业生产过程包含着与农业商品产出同时产生的农村休闲娱乐和废水废料污染正、负非商品产出，在假定土地的属性是必需的可分摊的生产要素时，由于土地有限供给和商业投入并存，通过模型量化分析认为，实际上农民生产更高的边际利益价值。这是因为土地对环境服务产出的边际收益为正，平衡了土地的农业商品边际产出的下降。同样也有其他研究者用模型从联合生产和联合消费角度解释农业多功能性作为农业的驱动需求。联合生产指的是农业商品产出和非商品产出同时产生的过程，联合消费指的是公共品或准公共品被多个消费者同时使用。分别在传统农业和有机农业两种模式下运用消费者效用函数，当经济达到帕累托最优状态时，根据拉格朗日乘数方法推导出消费者有机食品对传统食品的替代率，即消费者对生产联合性的意愿支付值，值的大小取决于传统农业和有机农业的土地生产力差距以及有机农业正的副产品。联合消费支持联合生产，因此农业多功能性成为农业需求增加的驱动力。而芬兰学者米耶蒂宁（Miettinen）则以“芬兰麦类种植和野鹑鸡”的案例分析联合生产，再次实证证实农业生产除了经济功能外还有环境和社会功能。他提出芬兰种植麦类的选择、农民对除草剂的使用、狩猎者的狩猎量影响到黑麦面积大小和野鹑鸡数量时，则在一个动态的条件下，使农业生产的负外部性如何内部化的问题。用最优控制模型分析发现黑麦种植面积和野鹑鸡数量的减少并且仍有下降趋势的根本原因是农民和狩猎者不会考虑黑麦种植和野鹑鸡保存所具有的社会效益。若从社会规划者、农民和狩猎者各自决策的最优化角度分析，根据目标方程和约束条件，以及现值拉格朗日函数和极大值原理，可推导出不同主体其决策最优时有不同的选择。因此要使农业生产的负外部性内部化，需要政府通过征收庇古税和狩猎者许可证费用以及补贴措施来实现。

（2）运用外部性理论分析农业多功能性存在的必然性

外部性理论是经济学术语。外部性亦称外部成本、外部效应（externality）或溢出效应（spillover effect）。外部性可以分为正外部性（或称外部经济、正外部经济效应）和负外部性（或称外部不经济、负外部经济效应）。外部性概念的定义问题至今仍然是一个难题，有的经济学家把外部性概念看作经济学文献中最难捉摸的概念之一。归结起来外部性概念有两类定义：一类是从外部性的产生主体角度来定义；另一类是从外部性的接受主体来定义。前者如萨缪尔森（Paul A. Samuelson）和诺德豪斯（William D. Nordhaus）的定义：“外部性是指那些生产或消费对其他团体强征了不可补偿的成本或给予了无需补偿的收益的情形。”后者如兰德尔（Randall）的定义：外部性是用来表示“当一个行动的某些效益或成本不在决策者的考虑范围内的时候所产生的一些低效率现象，也就是某些效益被给予，或某些成本被强加给没有参加这一决策的人”。用数学语言来表述，所谓外部效应就是某经济主体的福利函数的自变量中包含了他人的行为，而该经济主体又没有向他人提供报酬或索取补偿。上述两种不同的定义在本质上是一致的，即外部性是某个经济主体对另一个经济主体产生的一种外部影响，而这种外部影响又不能通过市场价格进行买卖。根据外部性理论，吕耀、张晓涛等人认为农业在我国劳动力就业、经济缓冲、社会福利保障替代方面具有较大的非商品产出价值，具有显著的正外部性；但是在环境方面则较多负的非商品产出，而在粮食安全保障方面非商品产出边际价值不大；传统文化继承和农业景观的外部性存在需求不足和供给过度状况。方志全和俞菊生等人在研究都市农业这一多功能化农业经营形态时，认为都市农业提供的是复合产品和无形服务，与传统农业相比，其生态功能和社会功能更加突出，因此具有较强的外部性。这种外部性主要表现在以下两方面：一是动植物生产能产生溢出效益，农作物和其他植被产生的生态效益是惠及所有民众和整个社会的，对溢出部分的享受不具有排他性；二是绿色农业、生态农业、旅游农业、休闲农业等产业形态，其提供的产品涵养了水源、净化了空气、制造了氧气，同时这些产业形态提供的休憩场所又满足了人们休憩的需求，具有消费的非竞争性和受益的非排他性。

（3）基于产业融合角度分析农业多功能性的可行性

产业融合的概念最早可追溯到美国学者卢森伯格（Rosenberg）对美国机械工具产业（machine tool industry）早期演变的研究当中，他认为在19世纪中期当相似的技术应用于不同产业时，一个独立的专业化的机械工具产业出现了，他将这个过程称为技术融合。根据欧洲委员会绿皮书的定义，融合是指“产业联盟和合并、技术网络平台和市场三个角度的融合”。美国学者格里斯坦和坎纳（Greenstein & Khanna）指出“产业融合作为一种经济现象，是指为了适应产业增长而发生的产业边界的收缩或消失”。日本著名学者植草益（Masu Uekusa）教授认为产业融合是这样一种现象：原本属于不同产业或市场的产品，由于技术创新而导致具有相互替代关系，而使两个产业或市场中的企业转为处在竞争关系中的一种现象。我国学者李俊岭从产业融合的角度分析农业多功能的作用及相关效应，认为产业融合不仅拓宽了农业新领域，形成新的产业，而且促进了农业生产要素的重新配置，更有利于农业的健康发展。总之，产业融合理论很好地解释了农业多功能性实现的可能性，即发展多功能化农业的可能性。随着科学技术的进步和生产力水平的提高，以及人们主观上对更高生活质量的追求，第一产业加快了同第二、第三产业的融合，农业与加工业、高新技术产业、旅游业以及服务业出现了加速融合的趋势。比如信息化农业，它是集知识、信息、智能技术等生产经营诸要素为一体的开放型、高效化、高科技的新型农业；生态型农业是农业与高新技术产业的融合，使得农业传统的经济功能得到了提升，从而实现了传统农业向现代农业的飞跃；观光休闲农业是农业与旅游业的融合，它把农业经济与旅游、科普教育工作结合起来，充分发挥了农业的社会功能和生态功能，从而可以取得最大效益，实现可持续发展。此外，工厂化农业也是产业融合的结果。

（4）从可持续发展角度分析农业多功能性开发的重要性

“可持续发展”是世界环境与发展委员会（WCED）1987 年在其著名的报告《我们共同的未来》中提出的世界发展方针，它的定义是：“既满足当代人的需要，又不对后代满足其需要的能力构成危害的发展。”1992 年联合国环境与发展会议中通过的《21 世纪议程》，第一次把“可持续发展”由概念和理论推向行动，从而使可持续发展理念得到国际性的承认，并在全球范围内广泛开展。农业可持续发展是可持续发展中最为重要的部门，各国都比较重视。自古以来农业都是人类生存和发展的基础，随着人口增加对农业提供食品的压力越来越大，追求高产量的石油农业应运而生。但农业“绿色革命”以后，高投入石油农业的弊病逐渐显现出来，各种环境问题频频向人类发出警报：施用农药导致害虫天敌被杀死，农药残留对人类健康构成威胁，大量使用化肥引起地表水体富营养化和地下水硝酸盐含量超标，农业生态稳定性下降，生物物种减少等。波特和古德温（Potter & Goodwin）研究认为发达国家普遍对农产品进行补贴，人为抬高了部分农产品价格，诱导农民大量种植有补贴的这些“计划产品”，鼓励了水、肥料和农用化学品的大量使用，产生了多方面负的“外部效应”。这一系列问题促使人们对这种石油农业生产方式进行反思，而发展可持续农业有利于上述难题的解决。“可持续农业”这一概念最早是在美国加利福尼亚州“可持续农业研究教育法”中提出来的。1987 年 7 月世界环境与发展委员会等国际组织云集挪威奥斯陆，提出“2000 年粮食：转向可持续农业的全球政策”。1988 年，国际可持续农业协会在美国成立。1989 年联合国粮食与农业组织通过了有关可持续农业发展活动的第 3/39 号决议。1991 年 FAO 在荷兰召开农业与环境国际会议，形成了关于可持续农业和农村发展的《登博斯宣言》，其中提出了“可持续农业”的概念，即“管理和保护自然资源基础，调整技术和机制变化的方向，以便确保获得并持续地满足目前和今后世世代代人们的需要。因此这是一种能够保护土地、水和动植物资源，不会造成环境退化，同时在技术上可行、经济上有活力、社会上能广泛接受的农业”。当然，不同的国家和地区在不同时期农业可持续发展的战略重点可能有所不同，但农业发展的可持续性都具有生态可持续性、经济可持续性、生产可持续性和社会可持续性四个方面的目标特征。布罗姆利（Bromley）认为，农业可持续性是人们寻求对农业自然资源与环境保护的最佳思维，并非是在无限的未来寻求有关消费和福利最大化的路径或过程。因此，它与农业多功能性是高度一致的。现代社会的发展不仅要求农业的经济功能，同时也强调其政治功能、社会功能、生态功能。FAO的专家们把保护生物多样性、提高农业生态系统质量作为全球环境保护、食物安全、可持续发展的基础。他们强烈呼吁要把过去那种单纯地把农业生态系统看作生产农产品的单一功能的看法，转变为生产食品、保护环境、保护人类健康、保障可持续发展的多功能实体。在这里，农业多功能性的实现依赖于可持续农业的技术体系和政策体系支撑，而可持续农业的实施最终以实现农业的生产、经济、环境、社会等功能的协调发展为目标。利用农业多功能性理论和分析方法，有利于更好地理解不同功能之间的协调和平衡问题，有利于实现农业的生产效益、经济效益、社会效益和环境效益的协调发展，最终达到可持续发展目标。

(5) 运用环境经济学评估方法估算农业多功能性价值

根据环境经济学理论，直接市场评估方法（如生产率变动法、成本法）、揭示偏好法和陈述偏好法为三大类评估环境损害（费用）与效益价值的方法。陈述偏好法如条件价值评估法、陈述选择法等，常用于农业多功能性价值评估。芬兰学者Kyosti Arovuori和Jukka Kola运用陈述选择法调查芬兰农民对农业功能性目标政策的选择，然后用多项Logit模型解释芬兰农民在12项不同措施中的首要选择，显示了他们对以促进农业多功能性为目标的农业政策的接受意愿。Yrjola和Kola则是运用条件价值评估法调查消费者对农业多功能性的偏好，估算意愿支付值。其研究结果是芬兰消费者认为食品安全是农业的最重要功能，其次分别是动物福利、粮食安全和农村地区生存。80%的消费者在不同程度的数额上愿意支付农业某些方面的功能，平均水平为每年支付50欧元。他们在2000年曾用成本法评估芬兰农业多功能性价值，认为农业补贴是保证农业多功能供给的一种举措。如果农业支持减少30%，会导致农业产出减少20%～30%，若把多功能性因素考虑进去，如环境因素、农业就业情况以及粮食安全等非商品产出的下降，社会利益会减少。环境价值的评估是基于消费者对那些保持了农村景观、农业生态系统的多样性和其他农村休闲美学价值的环境友好农场的意愿支付值，就业率下降和粮食安全社会成本评估分别基于失业和养老成本增加以及进口替代国内生产而提高了食品行业的原材料成本。另外，揭示偏好法如内涵资产定价法、旅行费用法等，也是应用较为普遍的方法。比利时学者Isabel Vanslembrouck等用内涵资产定价法来研究农业对农村旅游的影响，丹麦学者佩德森和哈斯勒（Pedersen & Hasler）用内涵资产定价法评估瑞典南部和丹麦东部之间厄勒桑特海峡（Oresund）地区城市边缘地带的森林绿化价值。美国学者兰德尔的《评估多功能性农业的产出》一文较为综合地概述了农业多功能性价值的估算问题，作者基于产品价值估算证据来源于现存市场、调查或实验的不同方式，综合评价估算农业多功能性价值应综合运用揭示偏好法和陈述偏好法。笔者认为估算证据来源于调查或实验的陈述偏好法更为多用，其中条件价值评估和意愿选择实验是人们较为推崇的评价农业多功能性价值的方法，尤其有利于评估农业中的非商品产出或者说绿色产品价值。由于农业产品除商品产出外还有多种有价值的非商品产出，因此绿色支付必然成为最大化衡量农业利益的工具。

9.1.3 由农业多功能性到多功能化农业开发的产业格局

农业多功能性是从农业作用于社会发展的角度来说明农业在社会不同发展阶段的功能属性的，是社会生产关系范畴的概念，它要解决的问题是农业发展的战略地位及在整个国民经济利益格局中农业部门的利益保障问题。而多功能化农业则是功能属性的产业化，是生产力范畴的概念，它要解决的问题是农业产业领域的拓展，农业生产力在深度和广度上的开发。多功能化农业从生产力的角度来确立农业在国民经济中的多功能性地位，以物质的力量来表达农业在新的历史时期作为国民经济基础的重要地位。自农业多功能性概念提出后，世界上许多国家特别是发达国家在农业多功能性转化为多功能化农业产业方面进行了比较全面的开发和实践，全球范围已基本形成了现代多功能化农业的产业发展格局。

（1）有机农业

21世纪以来，食物农业有机化生产成为生产时尚，有机农业生产规模日益扩大。国际贸易中心（ITC）2003年2月的调查数据显示，目前全世界实行有机管理的农业用地已达1 700万公顷。各大洲有机管理的面积分布大体是：大洋洲44.91%、欧洲24.79%、拉丁美洲21.67%、北美洲7.73%、亚洲0.55%、非洲0.35%。有机农业用地占农业用地面积比例最多的10个国家是列支敦士登（17.97%）、瑞士（9%）、奥地利（8.64%）、意大利（6.76%）、芬兰（6.73%）、丹麦（6.20%）、瑞典（5.20%）、捷克共和国（3.86%）、冰岛（3.4%）、英国（3.33%）。目前，世界有机农产品的主要种类及其比例为：蔬菜水果18.2%、牛奶和蛋类16.1%、粮食14.3%、婴儿食品与用品11.1%、加工食品7.1%、肉类6.1%、其他（饮料、食油等）27.1%。随着有机产品规模的扩大和一些大型销售商的介入，现在有机农产品的零售市场已由过去单一的农户直销渠道转向多元化经营。据食品伙伴网报道，各种销售渠道的销售额构成如下：超级市场占25%～50%，有机农产品专卖店占25%～

40%，直销占 10%～40%。

（2）生态农业

自 20 世纪 90 年代始，世界不少国家出台补贴支持生态农业政策。生态农业用地面积规模性扩大，其产品产值不断增加。生态农业发展最快的是欧盟：1986—1996 年欧盟国家生态农地面积年增长率达到 30%；生态食品和饮料销售额从 1997 年的 52.55 亿美元增加到 2000 年的 95.5 亿美元。至 2000 年，全球 194 个国家中有 141 个国家规划或已经开始发展生态农业，到 2010 年全球生态农业生产面积占农业生产总面积的比重已达到 10%以上。目前，在世界上实行生态管理的农业用地约 1 055 万公顷，其中澳大利亚生态农地面积最大，拥有 529 万公顷，占世界总生态用地面积的 50%；其次是意大利和美国，分别有 95 万公顷和 90 万公顷。若从生态农地占农业用地面积的比例来看，欧洲国家普遍较高。大多数亚洲国家的生态农地面积较小，总计只有 4 万公顷。现在全球每年生态农业产品总值达到 250 亿美元，其中欧盟 100 亿美元、澳大利亚 35 亿美元、美国和加拿大 100 亿美元。除德国外，欧洲生态食品消费较多的国家还包括法国、英国、荷兰、瑞士、丹麦和意大利，产品种类包括作物产品、奶制品、肉类、水果等。

（3）能源农业

巴西是世界上规模开发能源最富成效的国家。巴西从 1975 年开始以甘蔗为原料大规模地开发和生产酒精燃料。经过几十年的努力，巴西已建成完整的酒精燃料产业链：从种植甘蔗到生产酒精燃料，从制造酒精燃料汽车到建立酒精燃料供应站，形成了一个遍布全国各地的产销网络，并广泛地在轻型汽车上使用酒精燃料。现在巴西全国每年消费酒精燃料 110 亿升左右。巴西在保证粮食和肉牛生产的情况下，扩大能源作物的种植面积，仅在亚马逊地区，就开发适宜种植油棕榈的土地达 5 000 万公顷。巴西也是目前世界上最大的酒精燃料生产国和出口国。1976—2003 年，巴西甘蔗年产量从 1 亿多吨增长到 3.5 亿吨，单位面积产量从每公顷 50 吨提高到 70 吨，每公顷甘蔗提炼的酒精从 2 204升提高到 5 500 升。该国目前有 370 多家甘蔗加工厂，酒精年产量达 160 亿升，2005 年出口酒精达到 21 亿升。美国也很重视酒精燃料的生产，产量从 1979 年的 1 000 万加仑（1 加仑≈3.785 升，后同）增加到 2003 年的 32 亿加仑。在巴西和美国的影响下，欧洲也加大了生物能源的开发，2010 年包括生物燃油在内的可再生能源在能源消费结构中的比重从 2005 年的 2%提高到了 5.75%。

（4）旅游农业

马来西亚的农业观光旅游颇有创意。该国农业部于 1986 年创办的国家农业公园坐落在原始森林中，占地 1 295 平方千米。园内建有水稻园、可可园、动物园、水产园、畜牧园、民居园、蘑菇园、农作物种植园、蕨类植物园、热带水果园、花园食品街、宿营地、丛林旅馆、城堡、别墅、动物表演台、音乐台、零售店、儿童游乐场、休息室等。西方国家的旅游农业目前比较热的创意是乡村野外旅游。如在美国犹他州每年有几百万游客在无人治理的荒凉乡村地区旅游，不少游客在泥土路上沿着古老的邮递马车行进路线驾车穿越西部沙漠地带。该地的乡野旅游项目除了汽车旅游外，还有远足、自行车、打猎、钓鱼、滑雪、水上运动等。在澳大利亚，乡野旅游主要有生态旅游、探险旅游和沙滩旅游等项目。澳大利亚有许多天然的生态环境吸引着游客，最著名的是昆士兰的乌达拉国家火山公园，这个火山公园特有的地貌和山洞吸引着游客来探险。在新西兰，乡野旅游主要有丛林旅行、泛舟游览、徒步旅行、河流漂流运动、垂钓等项目。

（5）文化农业

农业是一个古老的产业，发展到现代化的今天，农业本身就成了文化的产物，其内部蕴藏着丰富的文化资源。在这里，文化农业是指以自然为载体，以生物为对象，以农业情结为核心，以农产品产出为目标，以生产、科研、教育和管理等农业生产活动为形式，而在农业的产生、形成和发展过程中形成的一种产业文化。从这个意义上讲，保护农业就是保护文化、保护文化的多样性。另一方面，农业对教育、审美等有关人们的价值观、世界观和人生观形成都有积极的作用，有利于人与自然和个人与社会的和谐发展。20 世纪 90 年代初，文化农业出现了一个新领域，即农村文化旅游与展览产业。在这个领域，加拿大土著民族反应最快，经营了乡村土著旅游项目，目前加拿大已有 1 300 个土著文化农业旅游项目。农产品文化展览办得最好的国家是澳大利亚，该国的皇家复活节农产品展览会是集科普、娱乐、商贸于一体的农产品文化展览会，而且展览规模很大，一般有 3 万多平方米的展览场馆。

（6）都市农业

20 世纪五六十年代，美国的一些经济学家首先提出了“都市农业”的概念，随即在全球得到了较广泛的认同。所谓都市农业是指地处都市及其延伸地带，紧密依托并服务于都市的农业。它是大都市、都市郊区和大都市经济圈以内，以适应现代化都市生存与发展需要而形成的现代农业。都市农业是以生态绿色农业、观光休闲农业、市场创汇农业、高科技现代农业为标志，以农业高科技武装的园艺化、设施化、工厂化生产为主要手段，以都市区市场需求为导向，融生产性、生活性和生态性于一体，高质高效和可持续发展相结合的现代农业。目前，全世界约有 8 亿人口从事都市农业经营，其中有 2 亿人口从事销售，并且这些人中有1.5亿人是全职人员。英国城市农庄已经在20多个城市的原用于工业生产的土地上开展起来；一些德国城市内原来用于煤矿开采的土地，现在也逐渐成为都市农业规划用地，在柏林市内有8万名社区菜园工人生产蔬菜；美国大都市接壤地区生产的农产品已占到美国农产品价值的40%以上；新加坡通过发展都市农业，已经实现了肉类供应完全自给和25%的蔬菜自给。

9.2 日本多功能化农业的基本做法和经验

前文已述，农业的多功能性概念最先出现在日本的“稻米文化”中，认为农业除了满足人类的食品功能以外，还肩负着更多、更广泛的生态环境、社会文化功能，并将农业多功能性作为《新农业基本法》的基石。日本提出农业多功能性主要是基于农业保护和进行农业政策调整。20世纪六七十年代，日本经历了以农业机械化、化学化为基本特征的农业现代化进程，兼业农户所占比重越来越大，大批农业劳动力流向城市，农业劳动力老龄化问题愈演愈烈，大量土地荒废，传统的农业地面景观遭到破坏。相对于发达的工业，农业在提高产值、吸纳就业、对外贸易等多方面的地位都远不如工业，因此，国民对农业的关注度相对较低。在此背景下，日本政府希望通过加强农业多功能性建设，发展多功能化农业，以全面改善农村环境、提高农民收入水平和保护传统农业文化景观，并希望以此统一和强化国民对农业和农村问题重要性的认识，为制定相应的政策提供依据，并为这些政策实施创造良好的条件和氛围。经过多年的实践，日本的多功能化农业发展已取得了极大的成效，积累了丰富的经验。

9.2.1 日本对农业多功能性的理解与实践

对农业多功能性的理解，日本许多专家认为农业除了提供农产品以外，还具有保护粮食安全、防洪蓄水、净化环境、乡村休闲、保护历史和文化等社会功能和生态功能。其中防洪蓄水和保护粮食安全是其强调的重点。由于日本是重要的稻米生产和消费国，因此十分重视稻田的防洪价值。“水稻田需要大量的水，水稻田能够降低发生山体滑坡和洪水的风险。日本水稻田的蓄水功能能够达到500万立方米，比水量容量最大的水库的8倍还要大……”一项研究表明，农业多功能性具有非常大的货币价值。比如水稻田对于土地的保护，其价值估计每年可达到4万6千亿日元，远远超过了粮食产出的价值每年3万亿日元。另外，一些专家认为确保粮食安全是一项非常复杂的任务，需要经济、社会、生态各方面稳定和谐。多功能化农业是经济功能、社会功能和生态功能的融合，能够帮助实现这一目标。日本是重要的农产品净进口国，以农业的多功能性作为保护该国国内农业生产和农产品市场的理由。在日本，不仅农业的这些功能已经得到广泛重视，并且评价和保持农业的多方面功能已成为日本《新农业基本法》的一项重要内容。如日本农林水产省综合研究所用替代法对日本1997年农业多功能性的作用就从防止或减轻洪水灾害的功能、水源的保护和涵养功能、防止土壤流失的功能、防止山体滑坡的功能、处理有机垃圾的功能、净化大气的功能、缓和气候变化的功能、保健休闲与安居乐业的功能（文化功能）八个方面进行了定量分析。正是基于对农业多功能性的认可和重视，日本非常重视多功能化农业的全面发展，但其主要的发展类型有以下四大类：

（1）有机农业普遍发展

日本有机农业经营以小规模农户与农场占多数，有机农业主要以农作物栽培为主，有机畜牧业发展相对比较薄弱。在实行有机栽培的作物中，有机稻米占五成，有机蔬菜占三成半，其余为有机果树与有机茶，各占半成多。除有机栽培的农产品外，日本还有各类特别栽培的农产品，如无农药、减化肥栽培，无化肥栽培，减农药、减化肥栽培等，其经营面积比无化肥、无农药的有机栽培面积多2～3倍。日本有机农业经营都比较注重精耕细作，强调有机农业的功能和提高农产品的自给率，提倡减农药、减化肥经营，在生产经营认证方面的要求比欧美国家相对低一些。日本有机农产品流通的最大特征是十分重视直销。在20世纪70年代的起步阶段，日本有机农产品流通主要采取生产者和消费者直接结合的办法，即成立产销联合组织，其主要优势在于使有机农产品的生产者与消费者之间建立“面对面的相互信赖”关系。1985年随着有机农产品生产规模的不断扩大，一些地方出现了专业配送有机农产品的流通组织，也有一些地方依托日本生活协同组合联合会（简称“生协”）实行专业配送，这样流通配送覆盖面不断扩大，消费者可随时随地买到有机农产品。1996年以来，日本市民对有机农产品的需求量不断增加，国外有机农产品也大量进入日本各地，因而日本有机农产品流通进入了多元化的流通时期。其流通的主要形式有六类：一是通过建立产销联合组织，实行直销；二是由专业流通配送组织实行宅配化；三是由生协组织配送；四是大型连锁超市、大卖场与有机农产品生产基地实行订单销售；五是设立连锁专卖店进行销售；六是外食加工企业与日本国内外有机农产品基地实行订单直销。

（2）生态农业形式多样

日本“生态农业”概念的提出始于20世纪70年代，而生态农业发展经历了强调农产品（加工品）质量安全、提高农业生态环境质量到实现可持续发展的过程。在日本生态农业的发展过程中，政府颁布了很多政策、法规，并不断进行完善。如，1992 年 6 月 10 日，日本政府在颁布的《新的食品、农业、农村政策的方向》中提出发展环境保护型农业，并把它作为农业政策的新目标。其基本内容是农业不仅应稳定地提供农产品，还应与环境相协调，为保护国土作贡献。日本将环境保护型农业定义为灵活运用农业所具有的物质循环机能，注意与生产相协调，通过精心耕作，合理使用化肥、农药等减轻环境负荷的可持续农业。此后，日本政府相继颁布了四部与生态农业相关的法律，即《食物、农业、农村基本法》《可持续农业法》《堆肥品质管理法》《食品废弃物循环利用法》。其中，1999 年 7 月 12 日颁布的《食物、农业、农村基本法》，是在对 1961 年实施的《农业基本法》进行评估后制定的具有新理念的政策法规。该法规的核心在于实现农业可持续发展与农村振兴，确保食物的稳定供给，发挥农业、农村的多种功能，它是 21 世纪日本发展生态农业的基本方针。在日本政府与社会各界的支持下，日本发展生态农业的形式多种多样。主要有：第一，再生利用型。即通过充分利用土地的有机资源，对农业废弃物进行再生利用，减轻环境负荷。如将家畜粪便经堆放发酵后就地还田作为肥料使用，将污水经处理后得到的再生水用于农业灌溉等，这都是充分利用农业再生资源的措施。第二，有机农业型。即在生产中不采用通过基因工程获得的生物及其产物，不使用化学合成的农药、化肥、生长调节剂、饲料添加剂等物质，而遵循自然规律和生态学原理，协调种植业和养殖业的平衡，采用一系列可持续发展的农业技术，维持农业生产过程的持续稳定。其主要措施有：选用抗性作物品种，利用秸秆还田、施用绿肥和动物粪便等措施培肥土壤，保持养分循环；采取物理和生物的措施防治病虫草害；采取合理的耕种措施保护环境，防止水土流失，保持生产体系及周围环境的基因多样性。第三，稻作—畜产—水产三位一体型。即在水田种植稻米、养鸭、养鱼和繁殖固氮蓝藻的同时，形成稻作、畜产和水产的水田生态循环可持续发展模式。这种模式的做法是在种植水稻的早期开始养鸭，禾苗长大后，田中出现的昆虫、杂草等为鸭提供饲料，鸭的粪便作禾苗的肥料，又可为水田中的红线虫、蚯蚓、水蚤及浮游生物提供食物来源，同时给鱼等提供饵料，从而实现生态循环。这种生态农业技术已在日本农村推广和普及，该技术所产生的综合效益亦被众多水稻种植农户所认可。第四，畜禽—稻作—沼气型。即农民在养鸭、牛等家禽家畜过程中，将动物的粪便作为制造沼气的原料；同时，农作物的秸秆经过加工用来作家养畜禽的饲料或沼气的原料，沼气又可为大棚作物提供热源等。这样，经过能量转换可实现生态的均衡发展，并且生产的农作物比较环保，又能实现经济效益。

（3）“第六产业”发展迅速

“第六产业”在欧美也叫创意农业。20 世纪 90 年代，针对日本农业面临的发展窘境，日本东京大学名誉教授、农业专家今村奈良臣（Naraomi Mamula）首先提出了“第六产业”的概念，指出可以通过三个产业的相互融合提升农产品附加值，改变农业发展前景。因此，将三次产业相加，即1＋2＋3＝6，这就是“第六产业”，其核心在于三次产业的“一体化”和“融合”，这是日本当下正着力推进的新型农业。以往，作为第一产业的农业仅仅局限于农产品生产过程，“第六产业”则融合了第二产业的食品加工业、肥料生产等制造业，以及第三产业的农产品流通、销售、信息服务等，形成生产、加工、销售、服务的一体化。生产、加工、流通、销售的一体化，使得在产地增加农产品附加值成为现实，使得农业从业者与不同产业、不同领域如食品加工业、旅游业、高科技产业开展合作成为现实。根据日本农林水产省的统计，2005年日本食品业生产总值为81.7万亿日元，其中，农林水产等初级生产部门占比最低，仅占13.5％，而食品加工部门占28.1％，流通部门占38.5％，餐饮业占19.8％。农林水产占比从1960年的40％一直下降到1990年的20％左右，直至2005年的13.5％，而加工、流通、餐饮业比重不断提高。也就是说，随着经济发展，日本国民消费日益多样化，食品加工、餐饮服务业发展迅速，其附加价值也更高，而农产品生产本身的价值占比不断降低。这成为日本传统农业日益萧条的一个重要原因。正是在这种情况下，日本政府以农业为主体，让第二、第三产业附着其上，原本作为第一产业的农业变身为综合产业。综合了农业、饮食、地域资源等多要素的“第六产业”的诞生，让人们发现了创意农业的可能性。拥有绚丽包装和丰富内涵的新农业一改以往衰落的形象，激发了农业活力，增强了地方经济发展动力。而新产品的开发、设计、试验、促销等，需要各领域专门人才，需要流通信息基础设施建设，新技术、新品种需要相应的知识产权保护。因此，日本有越来越多的企业、资金、人才开始进入日趋活跃的“第六产业”。总之，发展“第六产业”是农业小部门化时期拓展农业功能、提高农业产出效益特别是农产品加工和流通效益的重要举措。为此，日本计划到2015年在500处产地推广生产加工销售服务战略，实现产地增收5％以上。总的来看，日本的“第六产业”即创意农业以“多功能致富型”为特征，大力开发农业的生态、体验、休闲等功能。日本大分县的“一村一品”运动是创意农业的先行者。该县因地制宜，把自己一些特有的东西（可以是某种农产品，也可以是一种文化或一首歌谣）打造成为日本全国乃至世界名牌产品。日本创意农业的发展重点是设施农业、加工农业、观光休闲农业、多样化农业，属于综合功能的创意农业，重点开发农业的绿色、环保、体验、休闲和示范功能，以高新技术产业和镶嵌式多功能的“绿岛农业”为两大特色。日本的创意农业主要集中在三大都市圈内，即东京圈、京阪神圈和中京圈，以蔬菜、水果、多作物、多品种生产为主，主要为市民提供优质农产品和满足绿化环境的需要。

（4）都市农业成效显著

日本的都市农业是指都市半径2～3倍距离范围内的农业区域。20世纪50年代末至70年代初是日本经济高速发展时期，大规模无秩序化的农村开发和城市化建设使日本形成了以东京、大阪、名古屋三大都市为中心的东京圈、京阪神圈、中京圈三大都市圈。随着日本经济的快速发展，三大都市圈不断扩张，从而导致都市内部及周边的农业用地大幅度减少，大部分农用地被用作工业和城市建筑用地，一些农用地由此被隔离成为城市中的孤岛，零星地点缀在城市之中，成为都市农业。日本的都市农业充分发挥了农业的经济、生态环境、社会文化功能，是多功能化农业的重要经营模式之一。具体来看，都市农业又包括以下几类经营方式：①农业公园。农业公园是日本城郊出现的一种创意休闲型农业设施，由农业部门开发建设，主要资金来源于国家和地方财政。比如大阪市城郊的农业公园内有各种农业生产分区，根据植物种类和生产方式而定，比如有葡萄园、梨园、玫瑰园等，可供市民采摘或观赏。该玫瑰园中收集了日本国内外400多个玫瑰品种，令人赏心悦目；园内的热带植物温室将各种高大新奇的植物品种展示出来，让人尽享自然之美；设施农业生产区向市民介绍农业生产技术的新发展。在经营方面，农业公园根据一年四季的生产变化推出各种主题公园活动，从而吸引大量的市民参与；在管理方面，为保证投资的有效性，政府部门委派人员直接介入公园的日常管理。总之，日本农业公园是一种具有显著社会效益和经济效益的都市创意农业模式。②农业特区。农业特区是日本千叶县开辟的山地农业项目，其目的是利用山区农地开展农村和城市间的交流活动。千叶县南部山地较多，比如在鸭州市，大块平坦的农田面积有3 000公顷，山地面积有1 200公顷。随着农业生产机械化程度的提高，大块平坦的土地容易被农民的后代所继承，而小块土地则往往遭遇弃耕。针对这种状况，地方农业协会（简称“农协”）开发了农业特区项目，即由农协出面以低价收购农民想要弃耕的土地，集中进行开发经营。这些土地的开发方式之一是建立学校的自然基地，使之成为城市中学习有关农业生产方式的教育实习基地，让学生亲自插秧、收割，体验农业生产。这些土地的开发方式之二是将小块土地租给市民，供其业余时间前来劳作休闲，市民在周末和节假日来到自己承租的土地上劳动，比如种菜、种花、种树等，其他时间可以委托农协管理。这种方式让市民在紧张工作之余能够放松身心，并感受到农业生产带来的快乐。③农业观光园。农业观光园是町村（相当于我国的村民委员会或社区）办的农户合作制项目，是由町村组织、农户参与建设的观光园。观光园以农田生产设施为主，配套建设小木屋、会议室、餐厅等，用于接待城市游客。观光园内建设各种小型农园，一般占地面积在 1 亩以内。小型农园有两种出租方式：一种有配套住房，适合距离较远的城市客人；另一种没有配套住房，适合往返方便的市民。观光园主要由日本国家、地方政府和农户投资，预计用 10 年左右时间可以收回投资。此外，观光园还经常组织各种活动，如啤酒节、烧烤聚餐等，受到了许多市民的喜爱。④家庭农庄。农业公园、农业特区和农业观光园主要是由政府或农协组织开发的项目，而家庭农庄则完全是由农民或农场主从自身的农业资源中开发出来的另一种休闲农业，是指农民将废弃或多余的农舍加以改造，并提供给都市休闲度假者前来住宿和休息。

9.2.2 日本支持多功能化农业发展的政策措施

大量实践表明，日本多功能化农业发展成效显著，不但缓解了当前农业和农村经济发展中的环境问题，而且也带来了可观的经济效益。日本应用替代成本法测算的结果显示，农业多功能性已经给日本的农区和山区、丘陵区分别带来 550 亿和 240 亿美元的效益。日本多功能化农业的发展之所以能取得如此巨大的成效，与日本政府采取的一系列重要的政策措施是有密切关系的，政策的支持发挥了重大作用。

（1）政府机构改革体现多功能要求

2000 年日本进行了政府机构改革；农林水产省也于 2001 年 1 月进行了机构重组，内部的部厅局除原来的大臣官房、农林水产技术会议、粮食厅、林野厅、水产厅不变外，原来的 5 局（经济局、机构改善局、农产国艺局、畜产局、食品流通局）调整为 4 局（综合粮食局、生产局、经营局、农村振兴局）。其中综合粮食局负责粮食政策，保障粮食的稳定供给；生产局负责农业生产政策，致力于提高粮食自给率；经营局负责农业经营政策和培养农业后继者，确保农业的可持续发展；农村振兴局负责农村政策，推进农村建设与发展。农林水产省下属的事务管理单位也进行了相应改革，引入独立行政法人制度。到 2001 年 4 月，包括实验研究机构在内的农林水产省原 26 个事务单位已转变为 17 个独立行政法人。新的机构设置，突出强调确保粮食和食物供给稳定，培养新人继承农业，发挥农业保护国土、确保水源、保护自然环境、提供美丽景观以及保存文化的多方面功能。

（2）突出强调提高粮食自产自给率

如果不能满足国民对粮食等食物的基本需求，农业的其他功能也无从谈起。提高粮食自给率是实现农业多功能性的前提和基础。根据《新农业基本法》的规定，日本政府于 2000 年 3 月制订了粮食、农业、农村基本计划，提出了日本粮食自给率的目标，2010 年以热量计算的综合粮食自给率要达到 45%。实现这一目标的主要措施包括：①立足日本国内生产及改善国民饮食生活。在生产方面，在稳定大米生产的同时，扩大麦子、大豆、饲料等战略性作物的自给率生产。具体目标是：到 2010 年大米生产量由 1998 年的 1 003 万吨调整为 969 万吨，自给率由 99%调整为 96%；小麦生产量由 57 万吨调整为 80 万吨，自给率由 14%调整为 25%；大麦和裸麦的生产量由 19 万吨调整为 35 万吨，自给率由 19%调整为 35%；大豆生产量由 14 万吨调整为 25 万吨，自给率由 3%调整为 5%；饲料生产量由 394 万吨调整为 508 万吨，自给率由 25%调整为 35%。在消费方面，开展全民运动来重新审视和改善饮食生活，降低畜产品、油脂类产品消费，扩大大米及奶制品消费。为鼓励消费者享用本国产品，一方面加大对本国产品的宣传力度，另一方面通过开发、普及新技术，提高产品品质，强化食品标识制度，以满足消费者需求。②稳定进口。一是依据乌拉圭回合农业协议，日本对大米实行最低市场准入量管理。2000 年日本大米进口数量为 76.7 万吨，占国内消费量的 7.2%。二是进口国内短缺的麦类、大豆等产品，以满足国内需求。三是在进口措施方面，当农产品进口对国内生产已经或者可能造成重大影响时，或者在紧急情形下，实行关税调整和进口限制等措施。③加强粮食储备。粮食储备是保证国家粮食安全的一个重要手段。日本在目前大米过剩的情况下，采取了增加储备量的措施。政府的储备量根据歉收时保证两个月稳定供应的需要确定为 150 万吨，目前日本粮食储备量已达到 180 万吨。

(3) 重视绿色农业科技的开发与推广

日本以“技术立国”为发展战略，其现代农业发展的模式一直是其他东亚国家仿效的对象。如何确保科学技术，尤其是以绿色生物技术为先导对农业发展的贡献，政府是予以了高度重视的。为了提高粮食自给率，日本政府确定以自给率较低的麦子、大豆、饲料等作物为中心，加强新品种培育与技术开发。一是培育与外国产品同等水平的、可口的、对病虫害有良好抵抗能力的品种，着眼于品质的提高；二是开发新的栽培技术，以稳定生产并减少用工和费用；三是开发轮种技术，提高农地的利用率；四是加强水稻基因组等基础性研究，利用生物技术开发水稻划时代新品种；五是加强再生利用研究，开发新的技术，把农业和食品生产的废弃物加以再生利用，使之变为资源和能源，实现农业与环境的协调；六是开发新技术，利用天敌昆虫等取代农药，以保护环境，推进“绿色农业”的发展。通过农业科技开发与推广，日本农业奠定了可持续增长的坚实基础。为了适应新形势的要求，2000 年日本还对农林水产省下属的农业试验研究机构进行了改革，组建了新的农业技术研究机构，并使之成为独立行政法人；同时，加强中央、地方（都道府县）研究机构与大学、民间研究机构的合作，推进农业科研的集中化和高效化。此外，日本还充分发挥政府和农协双轨制推广体系的作用，根据各地不同特点，积极推广优良品种和先进技术。

（4）建立完备的农业教育体系

日本历来重视教育，认为教育是提高国民能力的重要手段，是国家发展的重要条件。《新农业基本法》明确规定，国家应当制定必要的措施，积极开展农业教育，加深国民对农业的理解，提高农民的技术水平和经营管理能力，促进希望从事农业生产的人们学习农业技术和经营管理方法，确保农业发展后继有人。政府采取的具体措施是：①建立完备的农业教育体系。目前日本共有农业高校 390 所，农业短期大学 66 所，都道府县农业大学校 41 所，民间研修教育机构 3 所，农林水产省农业者大学校 1 所，就农准备校 10 所，这些院校对培养高素质的农业生产者发挥了重要作用。以 1999 年为例，上述各类院校共对 6.2 万人开展了农业教育，其中 1.1 万人成为新的农业生产者。②对农业生产者进行再教育。通过培训、技术指导等形式，帮助现已从事农业的生产者获取新知识，提高其技术水平和经营管理能力。③培养农业后继者。主要做法是：对于准备从事农业的新人，一是开展就业咨询活动，提供信息服务；二是提供研修机会，进行知识和技能培训；三是提供无息贷款援助，贷款援助包括研修资金、启动资金和设施资金三部分，用于支付培训、从城市迁居到农村、购买生产资料等费用。④开展国民教育。一是在小学、中学开设农业体验学习课程，规定小学三年级以上每周有 3 小时、中学生每周有 2～4 小时在学校农园或农家进行农业实习体验，提高孩子们对农业的关心与热爱，扩大未来农业后继者的队伍；二是兴建农业公园，组织绿色观光活动，吸引城市居民去农村体验自然、体验农业，加深城市居民对农业的理解。

（5）促进农村经济和农业一体化发展

《新农业基本法》明确提出要全面振兴农业和农村经济。其具体措施包括：①实施农业者认定制度，推进农业经营法人化。农业者认定制度是根据《农业经营基础强化促进法》，对所有已从事或欲从事农业的人实施的一项制度。其主要内容包括：农业者从事农业经营，须事先制订有关经营计划，报市町村长官认定。即农业者须就经营规模及费用支付、生产方式、经营管理等内容制订农业经营改善 5 年计划，上报市町村长官认定；市町村制订农业经营基本构想 10 年计划，上报都道府县知事认定；都道府县制订农业经营基本方针计划，上报农林水产省大臣认定。实施这一制度的主要目的：一是将经理人制度引入家庭经营，使农业者成为责任人，提高农户的经营管理能力；二是使农户将生活费用和农业经营费用分开，便于国家掌握农户投资收益情况；三是吸引年轻人从事农业，稳定农业经营。为了保证这项制度的实施，国家对认定农业者在资金、税收、服务等方面都制定了优惠政策：在资金方面，向认定农业者提供三种低息贷款，贷款利率大大低于商业银行贷款利率，同时也低于对其他农户的贷款利率；在税收方面，对认定农业者因扩大经营规模而购置农机具的，免征20%税金；在服务方面，每个市町村建有经营改善支援中心，对认定农业者提供咨询服务。到目前为止，认定农业者已达16万人，农业生产法人达5 889个。按照日本农林水产省制订的农业者认定制度发展计划，到2005年认定农业者数量将达到23万人，10年后达到40万人。②加强农业生产基础设施建设，提高生产率：改善水田排水条件，推行水田大区化，促进水稻生产，并推进麦子、大豆的大规模生产；整治旱地灌溉设施和农村道路，以便有效地进行高品质蔬菜和水果生产。③保护耕地，稳定和扩大农业经营规模。为了遏制耕地减少的趋势，日本政府加大土地法律的执行力度，对划入农业振兴地域的农用地严禁占用，未经国家许可，其他农用地也不得转为工业用地，以稳定耕地面积。在此基础上，政府通过在市町村设立农业委员会或农业公社，提供土地转让中介服务，促进耕地向大规模务农农户集中。④振兴山区经济。政府投资改善山区农业生产条件，引进新品种作物，开展适合地区特色的具有高附加值的农业生产，并对山区农民进行直接收入补贴，扶持山区农业的可持续发展。

（6）强化农协组织的综合服务功能

为了应对激烈的市场竞争，有效实施《新农业基本法》，更好地为协会会员服务，2000年10月日本农协召开22届全国大会，提出了农协一系列改革举措。主要内容包括：①组织体制改革。将农协的三段式组织结构改为两段式，逐步撤销都道府县一级的联合会。到2001年3月，日本农协数量由1990年的3 561个减少到1 264个，职员为28万人，比1996年减少3万人。通过撤并机构和减少人员，可提高农协效率。②金融事业改革。为了防范金融风险，日本多家商业银行纷纷合并，组成联合银行。作为对策之一，日本农协也将组建“农协银行”，使农协以一个整体从事金融活动，增强与联合银行的对抗能力，保护协会会员的利益。③购买和销售事业改革。由于近年来民间企业在农村开办的超市、商店日益增多，对农协形成竞争压力，农协购买和销售部门出现赤字。针对这一状况，日本农协对购买和销售事业进行了改革。在购买事业方面，建立高效系统，通过网络简化采购层次、降低成本，为协会会员提供低价生产资料；在销售事业方面，对农协开办的超市、商店等进行合并重组，适度扩大经营规模，并实施激励机制，以提高其效率和竞争能力。

9.2.3 日本发展多功能化农业的经验启示

日本重视多功能化农业的发展，并已取得了明显的成效。日本的发展经验对洞庭湖生态经济区发展多功能化农业有着诸多启示。

（1）坚持农业基础地位不动摇

日本在发展多功能化农业时，一直强调农业基础地位不动摇。纵观日本农业现代化进程，就曾有过忽视农业的深刻教训，在其经济高速增长阶段的一个相当长的时期内，日本没有随形势变化及时调整对农业的要求和目标定位，致使农业作为国民经济基础十分脆弱，国内粮食等农产品的自给率不断下降。进入 21 世纪后，日本不得不花费更大努力和代价扭转这种局面。在我国，随着工业化城市化进程加速，一些地区也曾一度忽视农业，导致农业基础不稳，不仅不能满足本地居民对农业的要求，而且波及国民经济稳定发展。洞庭湖区自古就有“鱼米之乡”的美誉，是全国重要的粮、棉、油、水产区。作为农业主产区，湖区更应该坚持农业基础地位不动摇。我们认为，巩固农业基础地位与发展多功能化农业并不冲突，巩固农业基础地位是确保粮食安全的基础，也是维持农业与国民经济协调发展的需要。

（2）发挥农业不同的功能和作用

围绕多功能性理念，日本提出各种农业产业的最适合生产区域和生态区域，并视之为提高农业生产率和增加农民收入的必要条件。在日本，水稻、经济作物、果树、畜产、设施园艺等都已形成地区性专业生产布局。洞庭湖区一方面作为传统农业主产区，要巩固和提升农业的经济功能，为此要大力发展专业化基地农业、标准化品牌农业和工厂化制成品农业，通过延长农业产业链发展相关产业集群，实现农产品精深加工，提供其附加值；另一方面作为生态经济区，要充分发挥农业的生态功能和社会功能，为此要大力发展生态农业、旅游农业，以维护洞庭湖区生态平衡，给人们提供观光、旅游、休闲的好去处，从而带来巨大的生态效益和社会效益。

（3）兼顾保障供给、农民收入和环境保护三大目标

农业发展目标的确定是农业现代化道路选择的基本前提，也为政策和定位确定了基调。在国民经济不同发展阶段，由于农业发挥的作用不同，因此其目标结构也不同，其变化遵循从单一目标向多目标过渡的一般规律。从日本的情况看，在二战后恢复时期、旧基本法时期和新基本法时期，农业发展的主要目标分别定位在增加农产品产量、提高农民收入和发挥农业的多功能性上。这种定位侧重点的变化是与国民经济的整体要求相适应的。日本农业在旧基本法时期片面追求收入目标，而忽略了供给目标，而且收入目标的实现又是以兼业化

和政府高补贴实现的，这又进一步削弱了农业的发展能力。日本在这方面的经验教训对我国特别是经济发达的大中城市具有重要的借鉴意义。这些经验教训给我们的启示是：农业发展的三大目标间存在替代关系，因此在任何时期，对这三大目标均不可偏废。在小规模农户基础上，如何兼顾供给、农民收入、环境保护，实现我国的农业现代化是一个极具挑战性的问题。

（4）注重农业科研和农业教育

日本十分重视对农业科研和教育的投入，尤其关注农产品的品质和食物的安全性生产，制定了新的农业科技开发目标，旨在推进提高作物品质与省力、稳定的种植技术以及生物技术的开发研究，并力图以技术集约为标志，继续在世界农业发展史上占据一席之地。多功能化农业是一种文化和科技含量很高的现代农业，既需要高新技术作支撑，又需要高素质的新型农民来经营，因此洞庭湖区要借鉴日本的经验，加大科技研发和教育的投入，切实提高现代农业科技水平，培育具有专业技术能力的农民。

（5）加强对农业的支持与保护

日本对农业的支持和保护程度很高，是世界上少有的对农业进行高保护的国家。日本政府每年对农林水产业的总预算额一直保持在 3 万亿日元以上。近年来，日本政府对农业的财政投入更是达到了农业 GDP 的 50%以上。因此，农业多功能性的开发离不开财政的大力支持，洞庭湖区政府应加大对农业基础设施建设、农业科研教育和技术推广、质量标准和市场信息等服务体系建设的支持力度，以提高农业综合生产能力；同时还应借鉴日本的成功经验，在保护方式上进行相应调整，逐步减少对农产品流通环节的补贴，将支持与补贴的重点转向农业生产者。

9.3 洞庭湖区多功能化农业发展的战略对策

洞庭湖生态经济区由于其农业的特殊地位和作用，发展多功能化农业是其实现现代农业的主要形式。为此，洞庭湖生态经济区发展多功能化农业除了保障粮食供给的基本能力外，还应充分利用其生态和人文资源条件，大力开发农业的经济功能、生态功能、社会功能和文化功能等，从深度和广度拓宽现代农业的发展领域，建设湖区综合性的大农业产业体系，以全面提高湖区农民的生产生活水平，充分发挥洞庭湖区农业作为国民经济的基础作用和长株潭城市群的腹地作用。

9.3.1 洞庭湖区多功能化农业发展模式选择

根据洞庭湖生态和人文资源禀赋结构与农业发展的特点，参照发达国家尤其是我国近邻日本发展多功能化农业的做法及经验，并联系国内外现代农业发展的趋势，我们研究认为，洞庭湖生态经济区多功能化农业的发展应选择生态环保农业、旅游休闲农业、文化景观农业、再生能源农业、现代创意农业五大模式。

（1）生态环保农业

生态环保农业经营领域主要集中在立体型生态农业经营领域、食物链型生态农业经营领域、复合型生态农业经营领域、生态恢复与环境治理型生态农业经营领域。洞庭湖区发展生态农业，主要可以采取以下几种模式：第一，再生利用型。第二，有机农业型。第三，稻作—畜产—水产三位一体型。第四，畜禽—稻作—沼气型。以上四种模式具体内容参见前文。第五，农作物轮作套作复合生态型。即运用湖区多熟制种植方式，以水稻粮食作物为主，把粮、棉、油、菜等不同作物按照作物生长发育的特点进行不同的时空组配，充分利用土地及气候资源，相互支持，相互促进，形成多种多收的复合生态群体模式。第六，种—养—沼—加一体化型。即采用新型的产业化组织方式，以产业链延伸为特征，以科技支撑为依托，利用土地种植饲料作物养殖畜禽，然后进行畜禽的精深加工，生产出各种畜禽肉类制品，而畜禽粪便又用来生产沼气和有机肥料，减少农业生产废弃物排放和对环境的污染，从而建立农产品循环式生产增值的复合生态工程模式。

（2）旅游休闲农业

旅游休闲农业是以农业旅游资源为凭借、以旅游设施为条件，有效吸引人们前往参观、品尝、游玩、娱乐、休闲，是集参与性、趣味性、教育性为一体的新兴农业形态。旅游休闲农业具有多样性、融合性和体验性，是农业景观、农业文化和旅游休闲方式的一种结合。传统的农业自然资源、农村生活环境、农业生产活动成为旅游的载体，游客通过参观自然景观、人文景观和参与农业劳动，了解农业文化，达到缓解工作压力、愉悦精神、休闲娱乐的效果。总之，随着经济社会的发展和进步，旅游休闲农业的发展能够满足人们日益增长的享受型和发展型消费需求，使人们在体力上和精神上得到休息，改善健康情况，开阔眼界，增长知识，推动社会生产的发展。特别是它能直接、间接地促进国民经济有关部门的发展，已成为洞庭湖区资源消耗低、带动系数大、就业机会多、综合效益好的现代农业支柱产业。洞庭湖区自然生态和农业资源丰富，且气候条件适宜，为该地区发展旅游休闲农业提供了良好的景观资源条件；洞庭湖区作为湖南乃至中国重要的农业区，为该地区发展乡村民俗观光旅游提供了丰富的民俗文化资源；洞庭湖区地处武汉城市圈和长株潭城市群中间，具备发展旅游休闲农业的区位优势；湖区水陆空交通便捷，为发展旅游休闲农业创造了良好的交通条件。根据区域资源特色，洞庭湖区旅游休闲农业可划分为水域型、山地型、平原型等类型（表 9-1）；根据功能定位不同，洞庭湖区旅游休闲农业又可划分为观光观赏型、参与体验型、休闲度假型、民俗风情型等类型（表 9-2），实行分类规划、分类布局、分类指导、综合协同发展。其重中之重是加快洞庭湖区旅游休闲农业精品化建设：①以国家 AAAAA 级旅游景区岳阳楼—君山岛景区为基础，打造集名山、名水、名地、名楼、名人于一体的文化生态旅游品牌；②树立以岳阳南湖，常德柳叶湖、花溪岩、清水湖，益阳皇家湖、胭脂湖等为核心的具有国际化水平的洞庭湖旅游度假区品牌；③以世界级优质湿地公园资源为依托，完善湿地保护区旅游设施建设，打造国际级的洞庭湖湿地水上自然风光旅游品牌；④以洞庭湖渔船集中聚居为契机，打造洞庭湖渔民生活体验及湖鲜美食品尝的洞庭渔村体验旅游品牌；⑤以望城水乡名镇和商业古镇群为代表，成立“世界休闲农业与乡村旅游城市联盟”，打造洞庭湖区休闲农业和乡村旅游品牌。

表 9-1　基于区域资源特色角度的休闲农业分类

类型	主要特点
水域型休闲农业	洞庭湖区湖泊、河流遍布，水域资源丰富，依托洞庭湖、柳叶湖、团湖等湖泊，沅江、湘江、资江、澧水等河流，在沿湖、沿江地区开发休闲渔业、渔家乐、垂钓、游湖观鸟、游湖赏荷、赏龙舟赛等旅游项目。该类型休闲农业对水域及其周边的生态环境均有较高要求。
山地型休闲农业	洞庭湖周边地区遍布名山秀屿，有常德桃花源、壶瓶山、夹山，岳阳大云山，益阳竹海等山地林带资源，依托林木、果树、花卉等农业生产活动以及原始生态景观，为游客提供观赏、山林农业生产体验、休闲疗养等形式的服务。该类型休闲农业对空气质量和动植物生态景观有较高要求。
平原型休闲农业	洞庭湖湿地平原区是洞庭湖区河湖冲积平原部分，农业较发达，是水稻、棉花、甘蔗的主要种植区及水产、畜禽养殖区，同时拥有芦苇等天然景观，依托这些自然资源和农业生产条件，为游客提供自然风景观光、民俗村庄观光、农业生产科普教育、农业生产生活体验等游、购、吃、住、玩的全方位服务。

表 9-2　基于功能定位角度的休闲农业分类

类型	主要特点
观光观赏型	依托洞庭湖区名山秀水等自然景观开发观赏荷花、桃花、芦苇、竹子、鸟类等观山赏水的旅游项目，满足游客观光需求。如桃花源、团湖、竹海等观光旅游景点。
参与体验型	依据洞庭湖区农民的生产生活特点，开发采摘、种植、收割、钓鱼、捉鱼、烧烤等多种形式的农活体验项目，满足游客参与农业劳动、体验农业生活的需求。这类型休闲农业主要以农家乐、开心农场、开心渔场、开心果园等形式存在。
休闲度假型	这类型休闲农业主要是选择远离市区的环境优美、空气清新、安静空旷的区域，依托山水资源，配以星级酒店和休闲娱乐设施，开发度假、疗养、会务等旅游项目。如常德柳叶湖、花溪岩等度假区。
民俗风情型	依托特色村落，开发民俗风情观光旅游项目。如岳阳张谷英村以其独特的建筑风格和特有的民俗风情，被开发为旅游项目。

（3）文化景观农业

农业文化是由农业生产实践活动所创造的，与农业生产活动直接相关和对农业生产活动有直接影响的各种文化现象的总和，内容可分为农业科技、农业思想、农业制度与法令、农事节日习俗、饮食文化等。再进一步说，可以把农业文化的内容划分为智能文化（如农业生产技术、经验）、物质文化（如各种农产品）、规范文化（如农业法令政策）和精神文化（如对农神的崇拜）四大部分。中国国土广袤，民族众多，各地经济发展水平参差不齐，呈现出多姿多彩的文化景观。在文化景观的众多要素中，农业占有十分重要的地位，它不仅有其本身的表现形式，如农田水利、河流森林，并且还影响到农村聚落、道路交通以及农民的精神生活（如信仰与禁忌、娱乐与礼俗）。农业文化除了有深化对中国历史和文化认识的意义外，同时也有巨大的娱乐功能和经济功能，因此农业文化的产业开发成为多功能化农业发展的一个新话题。洞庭湖是长江文明中心和世界古代文明的重点地区，据考古发掘表明，我们的祖先在洞庭湖活动的历史可以追溯到大约 10 万年以前的旧石器时代，并经历了人类历史的各个阶段，保留了极为丰富的文化史迹。澧县鸡公垱旧石器遗址、洞庭湖原始社会新石器时代文化遗存、华容车站山新石器遗址等，都是洞庭湖 5 000 年来人类历史发展的象征。5 000 年前在洞庭湖的漉湖石城山、北大南金山、七子浃、吼龙巷、子母城等地已形成有一定数量的人口分布的原始村落，且开始进行农业生产。所以，洞庭湖区农业文化源远流长，发展文化景观农业的资源十分丰富。其基本思路是与旅游休闲农业相结合，大力挖掘湖区农业文化遗产和农业文化古迹，实现产业化的开发和经营。首先，要切实办好洞庭湖农业文化博物馆。据有关专家研究，博物馆可考虑设以下六大分馆：一是洞庭湖地质馆，展示君山龙口、华容墨山等地裸露的古老岩石，展示近年汨罗、临湘分别在汨罗江下游、桃林河下游发现的阴沉木，以反映洞庭湖的初成和生态环境的演变；二是洞庭湖物种博物馆，展示鸟类、鱼类、湖蒿和湖茶（龙窖、君山贡茶、聂市砖茶、安化黑茶）的标本或样品，反映洞庭湖区珍稀野生动植物的生存状况；三是洞庭湖神话馆，利用现代音像、雕塑技术，模拟出黄帝张乐洞庭、后羿斩巴蛇、大禹治水、二妃殉夫湘江、柳毅传书、吕洞宾朗吟飞过洞庭湖等传说，反映洞庭湖是中国的神话之家；四是洞庭湖文学名作馆，展示屈原、贾谊、司马迁、阴铿、张说、李白、贾至、杜甫、柳宗元、刘禹锡、白居易、韩愈、范仲淹、欧阳修、张孝祥、黄庭坚、徐宝君妻、白朴、马致远等文化名人在游历、寓居洞庭湖时写下的楚辞、汉赋、传记、唐诗、宋词、元曲、元代杂剧，反映洞庭湖是中国纯文学的发祥地之一；五是洞庭湖近代变迁馆，运用文字、图表、实物等多种手段，反映洞庭湖自藕池缺口以来一百多年间的大嬗变、大萎缩，反映人们自强不息、持之以恒地整治长江、整治洞庭的壮举、业绩；六是洞庭湖区民俗风情馆，着重展示有关龙舟竞渡和湖区人民的生产、生活习惯，并可经营湖湘餐馆，现场制作洞庭湖区传统风味小吃、特色菜并请游客品尝。其次，发掘洞庭湖湿地文化遗产的生态旅游价值。湿地文化是洞庭湖农业文化的一个主体部分，其艺术价值主要有审美价值、欣赏价值、愉悦价值、借鉴作用、史料价值。与旅游休闲活动结合起来，湿地文化遗产的艺术价值就能转化为巨大的商业价值。归纳起来，洞庭湖具有代表性的湿地遗产有：①芭蕉湖和香炉山发现的旧石器已经具有初级朴素的审美价值，这些石器大多均衡对称、线条流畅、光滑锋利，石器材料的色泽与纹理考究，体现力量、适用和美观；②龙舟赛是洞庭湖最有特色和影响最深远的民间活动，龙舟类型多样，设计精美，而民间艺术以花鼓戏、渔鼓、三棒鼓、莲花落、地花鼓、采莲船、蚌舞、舞狮子等享有盛誉；③湿地文物为远古文化的载体，在洞庭湖区的常德、安乡、澧县、临澧、石门、益阳、岳阳、华容等县市，发现了汤家岗、三元宫、车轱山和王家岗等数处新石器时代文化遗址，大致经历了大溪文化、屈家岭文化和长江中游龙山文化时期，全面而艺术地反映了湿地文化、社会制度、当地生产和生活，而且在造型、色彩、装饰方面有审美意义。总之，洞庭湖湿地文化遗产具有特殊的内涵和魅力，与湿地和水有着千丝万缕的联系并依托它们存在于湿地环境中。上述洞庭湖的稻耕文化、高台干阑式民居、傩文化、龙舟文化、楚文化、饮食、历史遗迹、生产生活风俗等湿地特色就非常明显。所以，湿地和水文化是洞庭湖湿地文化遗产生态旅游的主题，应完善湿地保护区生态旅游设施建设，打造国际级的洞庭湖湿地文化遗产风光旅游品牌。

（4）再生能源农业

前述国外发展能源农业大多是通过种植能源植物如甘蔗、玉米等，生产和提取酒精燃料和生物柴油。这种发展模式在人多地少且要确保粮食安全的中国是不可取的。因此洞庭湖区的能源农业主要是利用农林畜牧产业的副产品和废弃物发展生物质能。这里所讲的生物质是指通过光合作用而形成的各种有机体，包括所有的动植物和微生物。而所谓生物质能，就是指太阳能以化学能形式贮存在生物质中的能量形式，它直接或间接地来源于绿色植物的光合作用，可转化为常规的固态、液态和气态燃料，是一种可再生能源，同时也是唯一一种可再生的碳源。由于生物质能的原始能量来源于太阳，所以从广义上讲，生物质能也是太阳能的一种表现形式。在农林业主产区生物质资源十分丰富，一般依据来源的不同，可以将适合于能源利用的生物质分为农业资源、林业资源、生活污水和工业有机废水、城市固体废弃物、畜禽粪便五大类。农业生物质能资源主要是指农业能源作物，如草本能源作物、油料作物、制取碳氢化合物的植物和水生植物，农作物收获时残留在农田内的农作物秸秆，农业加工业生产过程中剩余的稻壳、果壳等。此外，畜禽粪便包括畜禽排出的粪便、尿及其与垫草的混合物，它主要是粮食、农作物秸秆和牧草等生物质的转化形式。洞庭湖区作为国家重要的粮、棉、麻、油产区，生物质资源极为丰富，发展可再生能源大有可为。仅以秸秆为例，湖区有棉田约 400 万亩，按 2 亩棉田产 1 吨棉秆计算，折合棉秆约 200 万吨，平均 1.5 吨棉秆可以生产 1 吨成型燃料，也就是说洞庭湖及周边地区的棉秆成型燃料可达到 130 余万吨；而苎麻秆、油菜秆、芝麻秆、稻草秆等其他秸秆，每年能产出 300 多万吨的成型燃料。这样，洞庭湖区的秸秆每年可生产出 400 多万吨成型燃料，加上其他农林废弃物，可制造成型燃料 1 000 多万吨，创造 100 多亿元的价值，可供 5 000 多台 10 吨的蒸汽锅炉长年供气，可节省标煤 1 000 多万吨，可减排二氧化碳 3 000 多万吨、二氧化硫 15 万多吨、氮氧化物 5 万多吨。另外，湖区畜禽粪便生产沼气，其前景也非常广阔。因此，洞庭湖区每个县区都应创造条件创办生物质能发电工厂，并建立分布式能源系统。据《湖南日报》报道，最近湖南给力生物能源股份有限公司在省政府的支持下实施开发洞庭湖新能源战略，拟在未来 3～5 年内投资 7 亿多元，计划在洞庭湖区域 31 个县市区每地兴建一座生物质能源加工厂，并在部分乡镇设立约 80 个原材料收购站及 4 个物流基地，以确保洞庭湖地区年产 100 万吨生物质成型燃料的原料供应。可见，能源农业是洞庭湖生态经济区发展现代农业的一个极具潜力的重要领域。

（5）现代创意农业

创意农业起源于20世纪90年代后期，由于农业技术的创新发展和农业功能的拓展，观光农业、休闲农业、精致农业和生态农业相继发展起来，于是人们借助创意产业的思维逻辑和发展理念，利用农村的生产、生活、生态资源，发挥创意、创新构思，有效地将科技和人文要素融入农业生产，研发设计出具有独特性的创意农产品或活动，以提升现代农业的价值与产值，进一步拓展农业功能，创造出新的、优质的农产品和农村消费市场与旅游市场。创意农业是“无边界产业”，要求第一、第二、第三产业融合发展，绝非传统农业的单一生产功能，它以科技创新和文化创意作为两大驱动“引擎”，实现城乡之间互动互融，以自然农业生态为依托，以高效的农业生产为基础，以提高人居生活品质为依归。农业现代化国家创意农业发展得比较早，取得了相当明显的成效。如日本创意农业以“多功能致富型”为特征，大力开发农业的生态、体验、休闲等功能；德国的“社会生活功能型”创意农业大力发展休闲农庄和市民农园，在满足都市居民休闲、娱乐等需求的同时，促进了城乡的可持续发展；英国的“旅游环保型”创意农业与该国悠久的工业史有关，英国是世界上发展农业旅游的先驱国家，高度发达的工业化带来高度发达的城市化，进而催生了英国的农业旅游；荷兰创意农业的主导模式是“高科技创汇型”，以荷兰的花卉产业为例，其核心产业是以花卉农场为载体的花卉生产及相关文化创意活动，如科研机构、种源公司、农业生产设备公司、各类文化艺术活动（如会展、节庆等）的策划、金融、广告服务等。洞庭湖区是我国农业主产地区，农业生产的发展水平相对较高，具备发展创意农业的基础和能力。依据创意农业的特性和洞庭湖区的资源格局，其创意农业发展模式很重要的一点就是要构建多层次的产业链和价值体系：一是以创意产业的思维整合各类社会文化资源为农业生产服务，提升农产品的附加值。比如在利用生物科技手段改变农产品形状、色彩和口味等物理功能的同时，融入文化元素，增加农产品的文化艺术含量，并根据市场需求，运用新理念把农产品变为艺术品，设计生产出“来自泥土的原生态作品”，可大大提高农产品的附加值。二是以创意产业的手法将资源转化为推动农村发展的资本，特别是以故事力来活化文化资源，将其转化成能为农业带来增值的资本。三是以创意产业的渗透融合功能形成包括核心产业、支持产业、配套产业和衍生产业的产业群。其中核心产业指以特色农产品和园区为载体的农业生产和文化创意活动，支持产业是直接支持创意农产品的研发、生产，产品的加工以及推介和促销这些产品的企业群，配套产业则是为农业提供良好环境和氛围的企业群，衍生产业是以特色农产品和文化创意成果为要素投入的其他企业群。当然，创意农业的价值是靠市场实现的。参考发达国家的经验，洞庭湖区的创意农业应主要采取城乡互融互动的手段，实现消费市场和生产者之间的有效对接，通过对城市消费市场的培育以及对农业生产文化、农居生活与乡村自然环境的综合塑造，使创意农业的新业态和创意农产品直接转化为市场效益。此外，农业品牌本身是具有文化意义的标志，创意农业可以借助“地理标志产品”以及农产品著名品牌、商标等不断扩展市场基础。

9.3.2 洞庭湖区多功能化农业发展的空间布局

洞庭湖区多功能化农业的区域布局可以按照“多中心、多层次、组团式、网状分布”的格局将其分为四大片区：岳阳城市圈、常德城市圈、益阳城市圈、临长城市圈。

（1）岳阳城市圈

主要包括岳阳市区及其周边的华容、临湘、平江等主要城镇。该区位于洞庭湖东岸和北岸，是国家棉花、油料、生猪和水产生产基地，其中有四县市进入全国粮、棉、猪生产百强县行列，有12家企业进入国家和省级农业产业化龙头企业行列。该区有世界最大的湿地之一。岳阳还是著名的历史文化特别是农耕文化名城。因此，岳阳城市圈可以作为以粮食、棉花、油料、生猪、水产为主的农业组团区发展。其主体功能定位是：重点推行两型化农业生产，严格进行环境保护，将其建设成为湖南省绿色农产品的主要生产基地和农林产品精深加工基地；同时，依托洞庭湖自然景观和人文景观优势，开发具有湖区特色的农业生态旅游和历史文化博览产业，拓展其生态、文化、社会功能。

（2）常德城市圈

主要包括常德市区及其周边的桃源、临澧、汉寿、石门、澧县、津市等主要城镇。该区位于洞庭湖西岸，因其独特的气候条件和丰富的水土资源，自古以来就是江南著名的“粮仓、酒市、烟都、茶乡”，是全国重要的棉花、油料、鲜鱼生产基地，也是全国最大的早熟柑橘生产基地和杨树生产基地。其中，常德市汉寿县盛产甲鱼，被农业部命名为“中国甲鱼之乡”。该区主体功能定位是：突出都市农业产品功能，扩大高品质、高附加值、高效益的名优特农产品的种植规模和食品工业规模，进一步形成石门柑橘、汉寿甲鱼等特色农产品市场；同时依托秀美的自然景观优势，进一步打造桃花源、柳叶湖等特色休闲旅游区，建设以生态、观光、休闲为系列的农业生态旅游板块。

（3）益阳城市圈

主要包括益阳市区及其周边的沅江、南县、桃江和安化等主要城镇。该区位于洞庭湖南岸，是国家重要的棉、麻、鲜鱼商品生产基地，盛产苎麻，产量占世界的1/4，享有“苎麻之乡”的美誉。该区紧靠长株潭城市群，发展农产品加工具有得天独厚的优势。其主体功能定位是：以加工带基地，以基地连农户，延伸产业链条，提升加工水平，促进农民增收，努力把益阳建设成为重要的农产品加工中心。在产业结构上，围绕优势农产品发展产业集群，重点发展粮油、畜禽、水产、果蔬、茶叶、竹木六大产业；在产业布局上，重点培育粒粒晶、益华水产、油中王、克明面业等龙头企业，发展一批中小企业，营造一批大企业，形成与该区优势农产品产业带相适应的加工业布局体系。同时，发挥湖区与山丘接壤的优势，发展生态农业、都市农业、能源农业和休闲农业。

（4）临长城市圈

主要包括长沙市的望城区和岳阳市的湘阴、汨罗等紧临长沙市的湖区城区城镇。该区位于洞庭湖东南边，一部分直接属于长沙市区，另一部分则紧挨长沙市。该区是典型的都市农业区，既盛产水稻、生猪、水产等常规农产品，又盛产茶叶、蔬菜、水果、花卉等都市农产品；同时，湘阴和望城区是湖南省农产品和水产品精深加工的食品工业基地，汨罗是湖南省的国家级循环经济发展基地。基于此，该区应以设施农业生产方式为主体，大力发展具有观赏性的都市农业和创意农业，要打造集生产、景观、体验、消费、休闲于一体的都市景观农业产业链，构建兼具农业内涵和园林特点的“公园式农业”模式；发展现代化的以农林产品深加工为主的生态工厂化农业，把生产基地、工厂加工和农民专业生产合作社联为一体，开发工厂化农业的观光旅游，从而使农业具有旅游观光、科技示范、休闲购物、怡情益智等多种功能；以望城区的古镇群为主发展湖区休闲农业与乡村旅游产业，各地游客可到靖港寻古、到铜官玩陶、到乔口赏鱼、到新康看戏，还可到数百家休闲农业点采摘蔬菜瓜果，品味农家土菜。

9.3.3 洞庭湖区多功能化农业发展的政策措施

如上所述，农业多功能性问题最初是世界贸易保护主义范畴的问题。经过近些年来的发展，其内涵更为丰富，并被赋予了重大的经济和社会意义，是对传统农业的改造、拓展和深化。对洞庭湖生态经济区来说，大力发展多功能化农业，对推进农业工业化、建设国家级现代农业示范区有着很强的现实意义和深远的历史意义。因此，湖区各级政府要高度重视，采取措施强力扶植和推进。

（1）提高新时期多功能化农业的战略地位

世界上的许多国家在发展多功能化农业时，一直强调农业对国民经济的基础地位，在其经济高速增长阶段对农业的发展也没有放松，一直摆在重要的战略地位上。这样不仅确保了粮食等农产品的生产自给能力，同时也较好地满足了城乡居民随着收入提高后产生的多元化需求。巩固农业基础地位是确保粮食安全的基础，也是维持农业与国民经济协调发展的需要。中国人的吃饭问题，绝不可能依靠国际市场解决。在相当长的时期内，农业的社会保障和失业保障是难以被完全替代的，为城市、工业提供一些原材料也是改变不了的。所以，必须坚持把农业作为国民经济的基础地位不动摇，确保我国粮食安全和社会稳定。当然，保障农业和农村经济持续稳定增长，也为支撑多功能化农业发展奠定了基础，具有重要的作用。由此可见，农业多功能性开发是我们这样一个农业大国的现实选择，它不仅是新时期的一项重大战略任务，也是现代农业发展的一次历史性机遇。所以，政府要制定切实可行的扶持政策，选择在重点区域设立示范点，总结成功经验，辐射带动多功能化农业全面发展。湖南省和湖区各级政府应加大政策扶持力度，对多功能化农业的发展在资金、土地、技术、税收等方面给予支持和优惠。

（2）着力拓展新时期现代农业的新功能

随着工业化进程加速，洞庭湖区经济水平整体提升；同时，洞庭湖区作为长株潭城市群的经济腹地，又可以吸纳城市群先进的科技、充裕的资金。因此，洞庭湖区应全面落实工业反哺农业政策，提升和拓展农业新功能。一方面，在农村基础设施建设方面政府应加大投入，完善农村道路、农田水利和农村商贸设施的建设；对一些环境污染小、技术先进的农业项目进行政策倾斜，鼓励生态农业、绿色农业、能源农业和创意农业等新农业形态的发展。另一方面，对于一些公益性的休闲农业项目如文化农业等，政府也要加大投资力度。此外，政府还要引导企业家成为反哺的主体。可以针对不同类型的企业施行多样化的反哺形式：一是农产品加工企业，通过“龙头企业＋基地＋农户”等各种组织形式，带动当地农业实现种养、产供销、农工贸一体式经营，促进专业化基地农业、标准化品牌农业的发展；二是休闲企业，通过依托当地贴近城市这一区位优势以及良好的自然生态环境，以观光旅游和休闲娱乐为主题打造各种休闲农庄和山庄，满足市民休闲旅游、回归自然的需求，带动当地农业经济发展；三是商贸流通企业，鼓励商贸流通企业创办农产品物流中心和创意农业营销中心，建立农产品“生产—物流运输—终端销售”网络。

（3）培养大批从事多功能化农业的职业农民

由于城市化工业化进程的加速推进，非农产业的就业机会仍然较大，因此，农业的弱势地位和劳动报酬相对较低的状态在短期内仍然难以改变，农业新生劳动力难以得到补充，现有劳动力又出现老龄化趋势，使得农业从业主体在数量上和质量上都难以满足多功能化农业发展的需求。因此，多功能化农业发展的基础性工作之一是提高农业从业主体的素质，培养一批具有现代经营发展理念，懂技术、懂市场、懂经营，能够围绕市场需求进行生产，能够从事多功能、规模化、专业化、标准化、市场化经营的现代职业农民。培养现代职业农民的基本途径，就是要结合农民的切身利益和多功能化农业发展的实际，有针对性地开展培训教育：一是精心组织农民专业合作社干部培训。依托涉农高校、科研院所以及科研推广部门，开发适合专业合作社干部培训的课件，组织区域内专业合作社干部进行多功能化农业生产和经营技术的轮流培训，以提高合作社干部经营管理多功能化农业的能力和水平。二是快速推进农民实用技术培训。围绕多功能化农业发展需要，以作物栽培加工、品种改良、生猪及水产养殖和多功能化农业经营管理等实用技术培训为重点，努力提高学员对多功能化农业生产和管理关键技术、关键环节及新品种、新技术、新方法的运用能力。三是积极开展休闲旅游农业经营者培训。围绕休闲旅游产业发展需要，以先进经营管理理念和市场开发方法等内容为培训重点，推进以社会功能、生态功能和文化功能为主的生态休闲旅游产业的大力发展。四是探索新生代青年职业农民的培训。近年来投身农业、农村发展的大学生、青年志愿者越来越多，对这些群体开展多功能化农业基础知识和经营管理知识培训，让新生代青年农民全面了解多功能化农业和“三农”政策法规，掌握多功能化农业生产的基本知识和技能。

10

洞庭湖区农业
工业化技术创新对策

技术创新是推动经济增长的根本动力。建立在技术进步之上的农业现代化，无论在深度还是广度上都为各种资源向物质财富转变及其效率的提高创造了更多的机会，技术进步已成为农业现代化发展的主体推动力。从日本农业科技和生产的发展来看，品种改良技术、合理施肥技术等科技成果的推广应用与物质投入相结合，显著提高了劳动生产率和土地产出率，加速了农业现代化进程。洞庭湖区农业的集约式发展应包含这样一个基本变化，即从资源型传统农业转变为科技型现代农业。前述农业工业化是在市场机制作用下工业与农业的产业综合，用工业化的生产方式对农业生产要素进行整合的一种经济行为选择。在这里，现代农业生产要素主要是先进的生产技术和科学管理技术。因此，只有全面进行农业技术的创新和推广应用，才能保证农业工业化在洞庭湖区的快速和有效发展，创建国家级现代农业示范区也才有技术保障，特别是现代绿色技术的推动。

10.1 农业技术创新与诱导性的农业技术变革

技术创新过程实质是一个技术开发与市场需求的双向互动过程。它是始于市场需求对技术成果的技术构想，通过技术开发，终于首次实现商业价值的技术扩散过程。进入 20 世纪 90 年代以来，由技术和知识创新所构成的“知识经济”这个概念在全世界范围内逐步流行，并随即成为发达国家制定走向 21 世纪发展战略的理论指导。现在看来，以技术和知识创新所主导的高新技术产业的兴起，正在改变发达国家乃至整个世界经济的产业结构，这其中包括全面改变农业产业的结构，同样，也给发展中国家和地区带来了历史性的机遇。发展中国家可借助技术和知识创新的外溢性，将后发劣势转变为后发优势，进行产业创新，推进产业升级，创造竞争优势，实现包括现代农业发展在内的产业结构高度化，以达到追赶发达国家和地区的战略目标。

10.1.1 农业技术创新的发展及其特征

（1）农业技术创新的发展

据我国有关学者的研究，近代农业技术革命的兴起与发展，是与近代新技术革命中四次产业革命的兴起及发展相辅相成的，它同样也经历了两次新的农业技术革命。第一次农业新技术革命起源于1840年德国科学家李比希（Justus von Liebig）创立的植物矿质营养学说，这一学说揭示了植物营养元素的构成，为农业施用化肥奠定了理论基础，促进了土肥技术和化肥工业的发展。19世纪中后期出现的达尔文（Charles Robert Darwin）的进化论、孟德尔（Gregor Johann Mendel）的植物杂种优势理论和摩尔根（Thomas Hunt Morgan）的遗传学理论，带动了育种技术的突破和种子产业的兴起，使农作物品种对单产增加的作用达到15%～30%。此后，从1910年开始出现以拖拉机为代表的农业机械技术的运用，1940年左右出现有机合成农药技术的应用等。总之，第一次农业新技术革命使生物技术、化学技术和机械技术在农业生产中得到前所未有的推广，促进了农业生产的巨大发展。尤其是20世纪50年代和70年代杂交高粱和杂交水稻技术的重大突破，使全世界谷物产量年平均增长2.1%以上。20世纪中叶在农业高速发展的同时，以信息技术和生物技术为代表的第二次农业新技术革命又拉开了序幕。基因重组技术开创了分子生物学和生物技术的新纪元，突破了动物、植物、微生物之间的界线，扩大了遗传资源的利用面，缩短了育种周期，提高了育种目标的准确性；同时快繁脱毒技术的实用化，已使6 000多种植物组培再生成植株，水果、花卉、薯类等作物由此增产30%～50%；动物细胞和胚胎工程育种技术以及动物克隆技术的成熟和完善，促使“新型农业”快速发展，农业技术和农业正孕育着一场根本性的革命；而信息技术在农业产业各个领域的应用，如农业数据处理、农业模拟与预测、农业专家系统、农业计算机网络、农业决策支持、农业信息实时处理、3S技术（遥感、地球信息、全球定位）等，已使农业资源利用率、土地产出率、劳动生产率大幅度提高，促进传统农业快速向现代农业转变。

（2）农业技术创新的特征

根据以上分析，自19世纪以来发生的两次农业新技术革命特别是20世纪中叶所发生的农业高新技术革命，正在从根本上全面改造传统农业，开拓新的现代农业产业。总的来看，信息化时代的农业技术创新是诱导性的，具有以下几大最基本的特征：

①农业新技术革命是知识革命和产业革命的结合，二者互为因果，相互促进。国内外实践证明，农业新技术革命不仅会引起新的农业科技意识和观念革命，而且以非常快的速度带来了农业产业的革命，从种植业到养殖业再到水产业，从自然态的种养农业到工厂式的农产品加工业都发生了翻天覆地的变化，农业产量增加，产品质量提高，经济效益倍增，生态农业、有机农业、精细农业、优质农业、设施农业、机械化农业、专业化农业、品牌化农业、基地化农业和工厂化农业在我国农业主产地区大力推广，发展势头十分强劲，传统农业的生产方式、产业结构与产品结构发生了重大变革，农业现代化的程度大幅度提升。

②技术变革是相对要素价格变化诱导的，是经济制度的内生变量，技术创新主体日趋多元化。在市场经济条件下，技术创新受市场需求引发的相对要素价格变化的影响，产生要素节约型或经济效益型的技术创新，构成了经济制度的内生变量。在发达国家这种制度安排内生的创新变量主要是农业科研院所、农业生产经营企业和政府的结合，特别是农业生产经营企业在其中发挥了极为重要的内生作用。我国现阶段的农业技术创新是在市场经济条件下进行的，正在改变以往单纯依靠国家的单一结构，其创新主体的多元化特征逐渐明显，科研院所的自主科研投入增加，农业生产经营单位如农业龙头企业、农民专业生产合作社和某些农业大户也在根据市场的变化对农业技术创新进行投入，尽管其投入的数量是较为有限的。在这种新的技术创新格局之下，特别需要针对各主体的行为差异设计相应的激励机制，调动各方面的积极性。当然，这样一来便使得中国农业技术创新过程的协同和管理难度大大加强了。

③技术创新客体具有很强的公共物品性，国家承担的创新主体责任在不断强化。与工业技术相比，农业技术创新整体上更加具有公共物品和准公共物品的特质，这首先是因为在我国农业产出小部门化时期农业具有多功能的特性，对社会成员的生活质量和公共安全影响巨大，具有很大的产业外部性（含农业技术外溢性）；再者是因为自然态农业是一个附加值很低的弱势产业，且在我国又长期实行工农产品价格剪刀差，农业产业自身的积累水平极低，缺乏技术创新的投资能力。基于这两点，我国市场机制对农业技术创新进行资源配置时就很有可能缺乏效率甚至失灵，因而需要国家公共部门来承担农业技术创新的主要责任。

④技术创新过程具有非连续性，创新环节具有相对独立性，农业技术创新过程中各阶段的特征不一，农业技术推广环节具有特别重要的意义。农业的技术创新和应用同工业相比，既有共同性的规律，又有很大的差异性。因为农业生产是在自然状态下进行的，即受自然条件的制约，而自然因素又造成了不同区域农业生产因素如气候、土壤、水源和区位等的差异性，这就要求农业技术

的创新要针对不同地区的情况和不同作物的生长规律来进行，不同地区农业技术的创新就有一定的独立性。而且创新和应用过程也不像工业技术创新那样具有连续性和流水性，存在阶段性的特点。此外，由于地区性的差异和农民的文化技术素质一般都不高，农业技术的推广成为农业新技术应用的重要环节，必须因地制宜、因时制宜和因人制宜，采取多种形式和多种路径来推进。

⑤诱导的技术变革节省了相对昂贵和稀缺的要素，因而对现代农业生产的发展起着越来越重要的作用。由于诱导的技术创新是依据市场上相对要素价格变化指引的方向进行的，其目标是节省相对昂贵和稀缺的要素，进行要素替代，这样就大大提高了农业生产效率，促进了经济社会的全面发展。据有关资料分析，20 世纪初，农业生产增长中依靠科学技术进步作用的仅占 5%，到了 20 世纪 70 年代后则提高到 50%～70%。美国农业生产增长值的 81%和劳动生产率提高的 71%，就归功于农业科学研究和农业技术推广。日本二战后几十年来农业恢复发展迅速，其重要原因之一就是日本政府特别重视农业科学技术，充分发挥农业科学技术对改造和革新农业生产的作用。从全球范围来看，20 世纪 70 年代以来，世界谷物总产量从 5 亿吨提升到 19 亿吨，增长了近 3 倍。在谷物增产中，扩大耕地面积的增产只占 20%，而提高单产的却占到 70%；在提高单产的增产中良种的选育、更新与推广引起的增产占 20%～30%，良好的灌溉条件和增施化肥引起的增产占 40%～50%。在畜禽增产中，由于采取综合配套技术措施，蛋鸡产量提高了 54%，肉鸡产量提高了 73%，瘦肉猪产量提高了 42%。所有这些表明，在信息化时代农业生产者和经营者为追求自身利益最大化一定会竭尽全力地节约成本，这样做的一个重要结果是：一种生产要素价格相对于其他要素价格的增加将导致企业以其他要素来替代这一要素，进而推动农业科技的变革。总之，这种基于要素替代的农业科技创新正主导着整个现代农业的发展。

10.1.2 发达国家促进农业技术诱导创新的经验启示

美国和日本在近两百年间根据自身情况采取了节约相对稀缺要素的农业技术变革，以促进现代农业的发展。这说明，农业技术变革不是由外界决定的，而是内部因素引起的，由相对要素价格的变化和产品需求的增长诱导。同时在这个过程中，政府以消除缺乏供给弹性的生产要素对农业增长的制约为基本出发点，利用市场的价格信号，诱导农民选择能够节约日益稀缺的生产要素的技术方法。政府的这种引导起到了重要的促进作用。其主要经验和启示是：

(1) 创新主体的多元化和有效的经费筹措机制

随着农业科技企业和各种民间组织不断发展壮大，农业技术市场范围逐步扩大，非政府部门开始广泛介入农业技术创新领域，农业技术创新主体由国家政府占主导地位逐步向多元化模式发展。但是，农业技术创新在很大程度上具有公共物品的属性，因而政府机构在国家的农业技术创新体系中发挥着不可替代的作用。所以，美、日等国政府都在不断加强基础研究，特别是加大了对知识产权不易得到保护、技术难以商业化、社会效益高于经济效益的应用基础和应用研究以及对农业发展战略和政策的研究。

（2）重视技术创新合作与经营一体化

近年来，美、日等发达国家十分重视合作技术创新活动的开展，众多企业走上了合作研究和联合开发的道路，既节省了时间又节约了资金，同时通过合作使自己处于科技的前沿。此外，农业企业集团内部、农业企业之间以及农业企业与非农业企业之间，通过某种经济约束或协议，把农业生产过程的各个环节纳入同一个经营体内，形成风险共担、利益均沾、互惠互利、共同发展的经济利益共同体。如日本以生产优质“朝日米”而闻名的赤坂町与三井物产、芙蓉物产公司联合开创了生产和出售加工米饭的新事业，他们将当地生产稻米的独家技术与贸易公司的促销能力结合起来，建立了“赤坂天然米饭加工厂”。这种一体化经营，不仅效率高、周期短、生产成本低，而且随时可以根据市场的需求动态调整产品的品种和数量。

（3）农业科技企业成为农业技术创新的主体

在信息经济时代，诱导的农业技术进步与农业企业特别是农业科技企业的发展有着密不可分的关系，社会发展必然要求农业科技企业成为推动农业技术创新的主力军。一方面，市场竞争迫切需要农业企业不断提升产品技术含量，不断占领技术与市场制高点，推动农业企业向农业科技企业发展。另一方面，许多国家都鼓励公共系统的研发机构转制为企业或者进入企业，从而产生一批实力较强的农业科技企业。这些农业科技企业集科技生产经营于一体，技术先进，资金雄厚，人才济济，机制灵活，营销得力，市场反应迅速，是农业科技产业发展和农业新技术成果转化应用的强大推进器。

（4）注重农业技术推广与中介服务的作用

在农业技术推广过程中，人们普遍重视人力资源的开发、用户参与、能力建设以及促进民间组织的发展。这反映了农业推广在意识形态上的变化，即从“自上而下”的线性技术转移模式向侧重于双向沟通的用户参与模式转变，进而使用户的需求得到最大的满足。农业技术推广与中介服务在整个农业技术创新体系中具有特殊的地位和作用，这一点在农业技术创新理论和实践中都得到了反映。

10.2 洞庭湖区农业技术创新发展的基本状况

改革开放 30 多年来，我国农业科技取得了举世瞩目的巨大进步：培育主要农作物新品种 1 500 多个，实现了农作物品种 2～3 次大规模的更新换代，粮食总产量先后迈上了 4 000 亿千克、4 500 亿千克、5 000 亿千克三个台阶，这大大促进了种植和养殖方式的转变，提升了农业生产科技水平，特别是超级稻、转基因抗虫棉、矮败小麦、禽流感疫苗等方面的科技成果处于世界领先水平；以主导品种、主推技术和主体培训为重点的“科技入户”工作在全国展开，创新了农技推广机制，杂交玉米、杂交油菜和地膜覆盖技术等一大批突破性科技成果的研发和推广应用，使主要农作物良种覆盖率达到 95％以上；畜禽品种改良和规模化养殖、重大动物疫病防控，以及名特优新水产品养殖技术的推广进步，使我国畜牧、水产养殖业的科技进步贡献率在 2010 年已达到 52％，肉类、禽蛋和水产品总产量跃居世界首位；农业信息化的快速发展，农业机械化技术的进步和应用，使我国农业装备水平显著提高；工厂化农业和设施农业的兴起，大幅度提高了农业劳动生产率和土地产出率，农业综合机械化程度在 2010 年达到 52.28％。

在全国农业科技进步的推动下，洞庭湖区各县市区不断创新农村科技服务方式，强有力地促进了农业产业的优化升级。一是实施农村科技富民行动计划，按照“科技协调、资源整合、上下联动、部门配合、分工协作、服务三农”的工作思路，整体推进农村科技信息化建设工程、农村科技推广示范工程、农村科技品牌培育工程、农业科技合作组织培育工程、农村科技人才培养工程“五大工程”和农村远教 12396 科技服务体系、农业科技示范基地、农业科技龙头企业、农业科技合作组织、农村科技特派员队伍、农村科技指导员队伍、农村科技示范大户建设“七大行动”，重点建设名优特优水果苗木专业合作社、优质水稻产业协会等一批农业科技专业化合作组织，建设无公害蔬菜基地、油茶产业基地等一批农业科技示范基地，扶持金健米业等一批农业产业化龙头企业，充分发挥合作组织、示范基地和科技龙头企业的带动、引领和示范作用，推动农业工业化快速而有效地发展。二是拓展农业领域的产学研结合规模。通过协调服务，湖南省农科院、湖南农业大学等科研教学单位与湖区一些县区政府签订科技合作协议。如安乡科技富民示范走廊的企业被湖南农业大学确定为“湖南农业大学产学研合作基地”，大湖股份与宁波大学、江南大学的淡水鱼深加工技术与项目对接等，建立了产学研基地，明确了示范企业、科技合作社和科技示范户，通过以点带面提高了农村科技工作的显示度；同时还采取“科技特派员＋农户＋协会”“农户＋基地＋协会＋企业”的科技服务模式，培训了大批技术骨干和职业农民。三是推动农村远教12396科技信息服务平台建设。洞庭湖区在全省率先试点建设农村远教12396科技信息服务平台，对信息资源进行对接，健全农村科技服务网络体系、拓展服务功能，探索建立农村科技服务与农村党员干部现代远程教育有效整合对接的长效机制，形成村村有科技、户户懂科技、人人用科技的良好氛围。科技服务平台集农村科技求助受理、疑难问题解答、科技成果推广、科技素质提升于一体，构建电话服务、短信服务、网络服务、上门服务四位一体的服务模式。该平台通过网络通道开展科技服务，引导农户通过浏览农村远教12396网站，寻求各种实用技术、市场信息，发布农产品供需信息；同时多渠道开辟服务的绿色通道，开展其他方式的科技服务活动，如利用现代通信技术开展短信预订、远程视频、现场培训、专家指导、新品种推介、新技术演示等各种农村科技服务活动，让更多的农户获得12396的帮助。四是实施国家粮食丰产科技工程核心示范区项目。湖区成功开展了国家富民强县行动计划和国家粮食丰产科技示范工程，通过实施省市重大科技专项等一系列创新及推广项目，有力地促进了农产品深加工和产业化，促进了粮食丰产、棉花增产、茶产业和养殖业健康发展及农产品加工业快速增长。

但根据农业工业化的要求，目前洞庭湖区农业科技创新也存在以下主要问题：一是科研基础依然薄弱。大部分企业尚未形成自主创新机制，高校和科研机构数量较少，并且尚处于培育阶段，总体研发能力亟待提高；而且农业科技专业设置陈旧，学科布局不合理，专业划分过细，低水平重复现象仍然存在，缺乏自我优化和优势集成的功能；研究领域思路较狭窄，研究对象和目标传统单一，缺乏面向市场的大农业、大科技的观念；科技力量的配置不均衡，梯队结构失调，科技创新体系和中介服务体系还不完善。二是科技投入仍显不足。研究与试验发展经费支出占GDP比重较低，特别是财政投入，包括省市本级和县市区的科技三项经费（新产品试制费、中间试验费、重大科研项目补助费）投入太少，财政对农业科技的投资强度仅为0.3%，导致农业产业发展的重点不突出和农业高新技术产业发展滞后。很多农产品加工中小企业仍采用传统技术，生产设备老化，工艺技术落后。三是农业科技在结构上存在不平衡性。农业科技研究重心集中在粮食增产技术上，其他农林牧渔产品和农产品加工的科研立项比较少，特别是农产品采后的商品化处理、加工、保鲜、储存等环节的研究十分薄弱；而在种植业技术中主要是以作物的产中技术为主，轻产前和产后技术；在作物品种上，则主要是杂交水稻、杂交玉米、转基因抗虫棉和杂交油菜等方面的技术对农业增长的贡献率很大，而大量农户需要的其他更多的适宜技术却供给不足，对农业工业化发展的引领作用很不充分。

10.3 洞庭湖区诱导农业技术创新的战略目标

针对以上问题和农业工业化的要求，洞庭湖区在农业技术创新发展过程中应运用诱导技术变革原理，改变过去以计划和单纯产量主导技术研发的传统农业技术模式，要紧密围绕市场相对要素价格变化来进行要素替代式的农业技术创新，确保主要农产品基本供给、农业稳定发展和农民持续增收的重大需求的满足，全面提升农业科技整体创新能力和应用水平。要构建新型的农业科技体系，强化纵向协作，综合谋划科研方向和任务布局，把单项技术突破融入整个技术体系发展之中，把科研、教育、推广纳入项目整体设计与实施，形成有机衔接的技术链条。要统筹科技资源，汇聚科技力量，强化横向联系，推进农业科研、教育、推广体系三位一体建设，建立三个方面紧密衔接、良性互动、共同发展的长效机制，发挥农业科技系统的整体优势，形成强大的农业科技合力。

在当今以信息化技术为主导的新经济时代，洞庭湖区农业科学技术创新必须坚决摒弃以往那种小而全的发展思路，改变过去以鲜食型农产品技术和种植业技术研发为主体的传统农业技术创新模式，紧密围绕农业生产向专业化、社会化、现代化发展，建设繁荣富裕的社会主义新农村目标，实现四个结合、四个转化（即劳动密集与技术密集相结合，逐步向知识技术密集转化；手工劳动与半机械化、机械化相结合，逐步向农业机械化、自动化转化；用地与养地相结合，逐步向高产优质高效集约化经营、科学务农转化；传统农业技术与现代科学技术相结合，逐步向现代农业转化），进而建立以工业加工型农产品技术研发为主体、种养业技术为基础的现代农业技术和产品创新系统，重点推进两型化、工厂化和多功能化农业，逐步实现洞庭湖区农业高科技产业化。根据国家和湖南省农业科技规划，到2020年，洞庭湖区应形成布局合理、功能完备、运转高效、支撑有力的农业科技创新体系，农业科研开发投入占农业GDP的比重提高到2%，农业科技进步贡献率达到66%以上，并在农业科技的若干重要方面实现五大目标：一是继续保持超级稻、转基因抗虫棉、基因工程疫苗等方面的国际领先优势，带动畜禽水产优良品种、专用特色品种培育取得突破；二是加快优势农产品高效安全生产、耕地质量提升、重大农业生物灾害防控、农产品采后处理与加工和农业生态环境综合整治等核心技术的研发，形成现代农业生产技术体系和管理标准体系；三是突破农业装备的关键部件和设备研制工艺，提高湖区大型、成套、智能化农业机械和农业工程装备的技术含量和自给率；四是加强科技基础设施建设，创建具有国内先进水平的龙头企业技术研发中心，建成稳定高效的创新队伍，完善农业科技推广服务体系，显著提高农业科技创新能力和成果快速转化应用能力；五是加大对诱导性农业科技创新的投入，在争取中央财政和省级财政增加投入的同时，要注重引导大型农业龙头企业和工商企业投入资金进行农业技术创新，建立起洞庭湖区农业科技创新相对稳定的投入机制。

11

洞庭湖区农业工业化体制创新对策

农业产业是制度偏好最强的一个产业。洞庭湖区实施农业工业化战略，涵盖农业、农民和农村在内的相关制度创新是无法回避的。随着工业化思维方式在农产品生产、经营各个环节的不断深入，与之相适应的制度框架的建立和运行就成为农业产业进一步发展的客观要求。在加快现代农业发展的过程中，制度创新既要有针对农业生产要素（包括土地、劳动、资本、技术等）的基本制度创新，也要推行影响到农业工业化发展的其他关联制度的创新，还要协调优化非正式制度对农业工业化发展的作用。其中，农业基本制度创新是农业制度创新的基础和主要构成。为此，本章主要探讨土地规模化、农民组织化、金融市场化和建立国家公共农业体系等方面的制度创新对策，形成有利于农业工业化发展和社会主义新农村建设的基本制度供给，强力推进洞庭湖国家级现代农业示范区的创建。

11.1 农业工业化战略的土地规模化体制创新

农业工业化是现代化的大农业、大生产、大分工，它对传统农业改造的根本就是要彻底改变细碎化的土地经营方式，实现土地的规模化经营和专业化生产；否则，就没有真正的农业工业化。目前中国农户平均经营耕地只有 7.63 亩，其中东部约 6.03 亩，中部约 10.05 亩，西部约 6.91 亩，洞庭湖区农户平均耕地也只有近 10 亩。中国是当今世界上农户经营土地规模最小的国家和地区之一。因此，对现行集体所有的农业土地所有制进行改革和完善，实行农业土地流转制度的创新，在洞庭湖这样的农业主产地区全面推行土地规模化经营，是实施农业工业化战略的基本要求和前提条件。当然，按照恩格斯的思想，社会主义的农业一定是现代化的大农，因而建设社会主义必须在保护小农积极性的前提下改造传统的小农，使小农变为大农。可见，农业土地流转制度的创新，建设农业工业化，不只是一个单纯的农业经济发展问题，还是一个涉及发展和完善中国特色社会主义基本制度的重大政治问题。针对目前农用土地流转中存在的主要矛盾和问题，总结现行农用土地流转的经验，洞庭湖区在发展现代农业过程中，建议采取以下几个方面的措施来实现农用土地的有效流转：

11.1.1 确立农民土地经营的财产权利

土地既是重要的农业生产资料，又是农民最基本的财产。作为生产资料，它是人们从事物质资料生产所必需的物质条件，劳动者只有同生产资料相结合才能进行生产，也才能实现其劳动权。所以"生产资料"这个概念强调的是"生产条件"，即特定生产关系的物质承担者。而"财产"则是指具有经济价值并受到法律保护的权利的总称，包括动产、不动产和知识财产（即知识产权）。这个概念强调的是以财产利益为内容并直接体现财产利益的权利，即以物质财富为对象，直接与经济利益相联系的民事权利，如所有权、经营权、使用权、继承权等，统称为产权。财产或财产权最大的特点：一是财产所有人依法对自己的财产享有占有、使用、收益和处分的权利；二是任何人不经财产所有人的许可不得使用该财产，否则就是非法侵犯他人权利；三是财产所有人可以是自然人，也可以是诸如公司这样的法人。在市场经济条件下，任何一个独立的利益主体都应拥有一定的财产及权利，否则，就不是真正独立的利益主体，且社会资源（生产资料）也不可能实现有效配置。在这种情况下，劳动者是无法直接、积极地同生产资料相结合而进行有效生产的。以往，我国对农用土地主要强调其生产资料的性质，从确保粮食、生猪、油料等人民生活必需的农产品生产与供给方面来进行相关的制度和政策安排，这从整个国家和社会的利益来说当然是必需的。但这里的问题是严重忽视了农用土地作为农民（农户）独立拥有的财产性质及其权能，相应的制度和政策安排缺位，土地财产权的储蓄和投融资功能如转让、抵押、出租等受到限制或禁止，农民对于土地的财产主体地位没有完全确立起来，农户承包土地处于一种无法交易衡量的"虚拟财产"状态，因而影响了农民经营土地的积极性，土地产出率低下，这反而使国家和社会的利益难以得到保证。所以，我国农用土地的制度和政策安排，既要考虑其作为我国重要生产资料的性质，又要考虑其作为农民（农户）基本财产权的性质，要把二者充分地结合起来，目前尤其要从农民财产权的角度来进行制度和政策的创新。只有明晰了农用土地经营主体的产权，才能真正提高中国土地资源配置的效率，从根本上彻底解决我国农业小规模、低产出的问题。

11.1.2 修改和完善农业土地流转的法律法规

总的指导思想应该是在坚持和贯彻宪法关于“农民土地实行集体所有，城市土地实行国有”的基本制度前提下，赋予两种所有制的土地同等参与工业化和城市化的平等权利，使农民（农户）对承包土地具有完整、长久的经营性产权，全面实现土地承包权的物权化和农村土地资本化。这里主要是应启动《土地管理法》和《物权法》中与农民土地权益保障相冲突条款的修改，尤其要注意上述两部法律与《农村土地承包法》在农民土地权益保障上的无缝对接，明确农民承包地的长久经营权，且这种经营权可以转让、抵押和出租，允许工业资本（泛指非农业经营主体及其资本）进入农业领域承租农地进行现代农业的集约化经营。要完善农民承包地的地籍普查和确权登记制度，统一颁发法定承包地的地权证，以便于流转和抵押。对有关承包地进行调整的“特殊情形”的条文，要详细、明确地规定其具体的项目内容，严禁扩大范围。对所谓为了“公共利益”而征用农民承包地的条款，要对“公共利益”的具体内容采取举例的方式予以明确，严格控制公共目的的范围，严禁打着“公共利益”的招牌搞商业化的低补偿征地。建议在两法中取消“乡（镇）集体经济组织代表集体行使所有权”的条款，删去“村民委员会代表集体行使土地所有权”的规定，明确由“农民合作组织行使集体所有权”，以明晰农村集体土地的产权关系，保证农户土地承包经营权的完整实施。建议修改有关农户宅基地使用权的条款，允许宅基地流转、抵押，促进宅基地的商品化，以节约用地，实现土地增值，增加农民的财产性收入。建议颁布有关条例允许政府发行土地债券，农民以土地债券作质押融资，或允许政府创办土地银行，农民可将承包地存入银行取息，土地实现规模经营。

11.1.3 针对洞庭湖区特点出台土地流转政策

农户承包地的流转在实际运作过程中必须依据本地的实际，包括资源禀赋的特点、农业生产基础、经济和财政状况等，出台可操作性强并具有相对稳定性的政策。制定这些政策要掌握好三大原则：一是在现行法律法规框架的弹性范围内制定具体的实施政策，即不突破法律规定的底线，但凡是法律没有作规定的地方政策就可以上，凡是法律规定有上下限量的政策应取上限量，凡是基本法律没有规定而仅有行政规定的地方政策可以进行调整。二是农地流转中必须让农民得到实实在在的优惠和好处，例如规定农地直补给农户，农地的流转生产导向性补贴，农地出租费应定在农户基本口粮的市价水平以上，租地公司进行现代农业生产用工必须首先聘用出租地农民等。三是由于农业与工业的效益差很大，因而地方政府要善待进入农业领域承租农地开发经营现代农业的非农企业，在税收、融资、投资、户籍、财政补助、工商登记、行政性事业收费等方面给予优惠，该免的要全免，可减的要全减，能补的要全补，可以方便简化手续的要全面简化，真正树立服务意识，全面改善经济环境，切实做好各方面的服务，使非农企业有想头、有甜头、有奔头，有大展雄图的平台，从政策上力推工业资本和技术全面融入农业之中，彻底改造传统农业和农村。

11.2 农业工业化战略的农民组织化体制创新

组织化是实现农业工业化的重要条件。因为农业工业化要建设专业化基地农业、标准化品牌农业、工厂化制成品农业，必须实施全程标准化经营，这就势必要按照工业化原则组织农业生产，用工业生产方式对农业生产要素进行整合。我们知道，工业化的一个重要原则就是采取现代经济组织的形式，强化对生产流通过程的管理，实现低成本、高效益和资源的优化配置。所以，农业工业化在组织方式上的重要原则，是有效运用现代工业组织形式把农业生产经营的各个环节组合起来，形成协调流畅的生产经营链条，使每一个环节就如同一个工业企业的不同生产车间和操作环节，互相衔接、互相依存又互相制约，逐步实现农业生产规模化、集约化、效益化。因此，只有实现农民的组织化，才能按照农业工业化的要求用现代工业组织方式来发展现代农业。为此，我们研究认为，洞庭湖区农业工业化发展过程中应从以下六个方面组织农民专业合作社发展：

11.2.1 坚持在家庭联产承包责任制的基础上发展专业合作组织

这既是家庭承包经营适应大市场的需要，又是家庭承包经营顺应现代大农业发展的必然趋势。用农民自己的话讲，就是“生产在家，服务在社”，基本层面的生产由家庭经营来解决，而产前、产中、产后的服务则由合作组织来提供。这是对以往农村双层经营体制最好的补充和完善。从我们调查的情况来看，农民最担心专业合作社会改变家庭联产承包责任制，因此，办专业合作社和其他合作组织要始终坚持家庭联产承包责任制这一制度基础，加入自愿、退出自由，不搞强迫命令，不搞“大归堆”，真正按照农民的意愿和要求来搞合作，让合作组织的成员独立自主地开展劳动合作、技术合作、营销合作和资本合作。只有这样，农民办专业合作社和其他合作组织才会感到踏实和放心，才会有主动性。

11.2.2 办专业合作社必须坚持“民办、民管、民受益”的原则

我们调查过的办得成功的合作组织有一个共同的经验，就是比较好地实行了民主选举、民主管理、民主决策、民主监督，充分保障了成员对合作组织内部各项事务的知情权、决策权、参与权和监督权。特别是它们通过合作经营和合作服务在市场上获取了比以往分散经营大得多的效益，最大限度地增加了合作组织成员收入。根据上述经验，合作组织应该做到：一是发挥专业合作组织团购谈价的规模优势，统一采购质优价廉的生产资料供应成员使用，做到实惠安全；二是在对成员的生产进行技术服务和技术培训时，专业合作社应坚持免费服务，而协会类的中介组织只能按实际成本收费；三是坚持惠顾返还和分配盈余的原则，以高于市场价格水平的优惠价或保护价收购成员交售的产品，并按交售量向成员户返还扣除成本、提留及亏损后的盈利，而向成员户吸收了股金的还必须按股分红（主要是工业加工环节的利润）。总之，要让农民在参加专业合作组织后得到非常明显的实惠和好处，使农民办合作组织有甜头、有钱途、有奔头。

11.2.3 办农民专业合作组织要有能人和大户当领头人

目前我国农民的现代经济和技术素质普遍不高，因而发展市场经济的能力不强，在这种情况下，合作组织的领头人或发起人的素质与能力就十分关键了。我们在调查中感到，当前我国农村合作组织办不办得起、办不办得好、办不办得大、办不办得久，最为核心的是两大要件，即法规和能人，二者缺一不可。法律法规是基本制度的安排，是人们行为选择的规则。对农民合作组织的创办而言，法律法规的制定和实施，降低了农户合作过程中的机会主义现象，同时也节省了信息不对称产生的成本，可保证农民专业合作组织的稳定发展。现在我国《农民专业合作社法》已经颁布实施，制度安排的主要矛盾已基本解决，于是，懂经营、会管理、有技术的“能人”就成为核心中的要害点了。我们调查过的几个合作组织的领头人都非常精明能干，是很优秀的农民经营者和企业家，而且又有很好的地缘人脉关系。实践表明，凡是办得很成功的专业合作社，都是因为有一个懂技术、会经营和责任心强的领头人。我们完全可以肯定，人力资本的作用在这里是起决定性作用的，如果没有这些有事业心和责任心的能人，农民专业合作组织就根本办不起来，即使办起来了也难以办好。这一经验极其重要。

11.2.4 农民专业合作社要立足于农产品的精深加工

我们认为，传统农业天生就是分散性的全流程式的自给自足的小生产，合作的基因很少。因此传统农业一般不需要合作，即便是强制性地合作起来也必定是短命的。只有搞现代农业即搞农业工业化才真正需要合作。这个合作基因就是立足于商品化、标准化和规模化生产基础上的农产品工业加工，因为这是单家独户所无法进行的。一方面这是合作的技术基础，只有合作起来搞技术研发、技术指导、技术推广、技术培训，才能贯彻标准化、规模化和低成本的现代化原则；另一方面这又是合作的经济基础，立足于商品化、标准化和规模化生产基础上的农产品工业加工，创出自己有特色的产品和有市场价值的品牌及商标，就可以提高农产品的附加值和增加农民就业，使农民能够直接分享到农产品工业加工环节的利润，较大幅度提高农民的财产收入水平，这是传统农业所无法实现的。正是在这样一个厚实的高效率的经济基础上，农民专业合作组织才能长久办下去，才能越办越好。基于此，我们建议，农民专业合作社都应创办自身的农产品精加工厂，打造特色产品和品牌，以取得工业加工的利润，巩固合作社的基础，推进农业工业化。

11.2.5 农业企业要依托农民专业合作社和专业生产基地

从农业工业化角度分析，农业企业是工业资本和技术进入农业领域全面改造传统农业的主体。中国目前在发展以往那种农业产业化的过程中比较普遍采取“企业＋农户”的模式，但这基本上是一种比较单纯的产品交易关系，由于企业规模大，商业话语权强，而农户弱小且市场影响力不够，在这种双方力量对比悬殊的交易过程中，企业有可能利用自身的强势在产品收购价格上压价，而农户也会因此经常毁约，往往市场价格高时不将产品交售给签约企业，故企业与农户结合的关系普遍表现得很不稳固，影响企业和农户的生产发展。从我们调查的情况来看，农业企业与农民专业合作社结合，或者农业企业与农业生产基地和农民专业合作社相结合是比较理想的经营模式，不仅双方的力量相对均衡，能够形成比较对称的谈判机制，农户的利益能比较好地实现，而且企业与农户之间有一个生产服务合作的环节，即通过合作社或基地对农户的生产进行标准化的技术服务和培管，改变了以往单纯的交易关系，这样就能比较好地形成稳定的规模化、标准化、专业化的农业工业化生产。而且，只有这样农业龙头企业才能真正办成引领农民走农业现代化道路的现代企业。如湖南湘丰茶叶有限公司，采取“企业＋专业合作社＋农户”的经营模式，与长沙县 6 个乡镇的农民专业合作社合作，建设了 45 000 亩优质茶园，公司与专业合作社签订技术与收购合同，公司提供所有的生产技术标准、培植管理标准和技术服务，合作社按公司的标准和要求组织农户进行生产，公司按市场优惠价按质定级收购。湘丰公司与专业合作社的合作，形成了湖南的百里优质茶廊，带动了近十万农民增收。

11.2.6 各级政府应全面组织、指导、扶植农民办好专业合作组织

我们认为，“小农变大农”是社会主义社会发展的一个根本性问题，传统的小农经济是不可能最终建成科学社会主义社会的。今天我们办农民专业合作组织是团结小农、组织小农、帮助小农成为大农的必由之路，是当前中国特色社会主义最大的政治和经济问题。所以，洞庭湖区各级政府要以最大的政治热情、最大的工作精力、最大的物质投入来办这件大事情：要结合本地实际情况，实实在在地拿出一些“干货”，在财政、金融、税收、科技、人才等方面出台强有力的扶持政策和措施，并进一步完善农民合作组织的法律法规，目前要特别加快农村专业协会的立法进程，营造一个良好的宏观发展环境，使农民专业合作组织快速发展和健康发展，使农民办社有靠山（国家）、有武器（法律）、有动力、有后劲。当然，从工业反哺农业的角度来看，从农业小部门化时期农业具有功能多元化的公共产品性质来看，政府也应各方面创造条件动员农民积极办好专业合作组织。我们调查过的办得好的农民专业合作组织，正是在当地政府各方面的大力扶植下才办起来并办出成效的。这是办好农民专业合作组织的必要条件。

11.3 农业工业化战略的信用合作社体制创新

洞庭湖区发展农业工业化，建设社会主义新农村，必须实行工业反哺农业、城市支持农村的方针，不断增加对农业和农村资金投入，改革和完善农村金融市场，引导工业资本和其他非农业资本进入农业工业化进程，全面解决农村现代化建设资金和资本严重短缺的问题。我国农村信用合作社自2003年启动专项改革以来，取得了重要进展和阶段性成果，但是由于农村信用合作社有几十年的历史，官办化严重、包袱重、缺乏群众参与基础等瓶颈的制约，现有的机制并不完全适应新农村建设和农业工业化发展的要求。从国内外过去和现在的实践经验来看，农村信用合作社机制的完善是农村金融体系创新中至关重要的一环。现根据我们的调查研究对洞庭湖区农村信用合作社体制的改革和创新提出建议：

11.3.1 始终坚持服务“三农”的方向，真正办成农民的银行

农村信用合作社（农村合作银行）作为植根农村、面向农业、服务农民的银行，服务“三农”是其永恒不变的宗旨，支持新农村建设是其义不容辞的责任。在这个带方向性的重大问题上，无论进行何种体制改革，还是开展什么样的经营创新，都不能有丝毫动摇、偏离和异心。农村信用合作社体制改革的目的就是要更好地、更有效率地坚持服务“三农”的方向，任何打着改革的旗号而丢掉服务“三农”方向去搞什么城市化和纯商业化的做法，都是不符合我国农村合作金融体制改革的要求的，必须坚决予以制止。现在我国信用社的改革中有一种理论，认为信用合作社也是市场经济的主体，因此信用合作社的经营要追求利润最大化，并要将其作为改革的方向，要搞商业银行，要为非农服务，认为为“三农”服务就只能导致亏损。其实，这种理论是完全错误的。市场经济的主体是多元化的，既有追求利润最大化的竞争性经济主体如金融行业中的商业银行，也有非营利性的经济主体如金融行业中的信用合作社，各个经济主体各有自身的职能定位和法规政策，相互配合才能构成一个完善的国民经济体系，在市场经济很完备的发达国家也是如此。农村信用合作社就是农民在融资上互助合作的银行，是非营利性的，绝对不可搞成什么追求利润最大化的商业银行，否则就不是农民自身的银行。再者合作银行虽然不追求利润最大化，但不一定就必然亏损，只要切实开发和占领农户、农业、农村这个大市场，创新经营，精心管理，就完全可以做到微利经营，实现服务“三农”与经济效益的双丰收。因此我们建议，我国农村信用合作社体制的改革，应该定位于在坚持非营利性农民银行方向的前提下调整和完善治理结构及经营管理，实现服务“三农”与经济效益的双丰收。

11.3.2 明晰信用合作社的产权关系，改革和完善治理结构

鉴于当前农村信用合作社存在产权关系不太明晰、管理机制也很不健全等问题，严重影响其在农村金融服务中的作用，农村信用合作社制度的创新就显得尤为重要。我们认为，尽管农村信用合作社是非营利性的，但它在本质上毕竟是经营性的组织，所以绝对不可以搞成官本位的一个科级、处级、厅级之类的衙门单位，应该仿效现代企业制度的构架，建立和完善法人治理结构，转换经营机制，建立风险防范长效机制。完善治理机制，重在建立健全不同产权模式和组织形式下的法人治理结构，明确划分各级联社、农村信用社社员代表大会、理事会、监事会以及理事长、主任、监事长的职责，特别是信用合作社的负责人包括董事长和社主任都必须改变以往的官办任命制，坚持按信用合作社

的章程要求产生；完善议事制度和决策程序，形成权责统一、运转协调、有效制衡、行为规范的治理形式和组织制度，尤其要强化社员（股东）的股权意识和监事会的监督职能，形成对高级管理层的制衡，弱化农村信用合作社内部人控制行为。我们应该把产权制度改革与完善法人治理有机结合起来，把完善内控制度和转换经营机制有机结合起来。

11.3.3 根据现代农业发展的要求，进行金融服务创新

我们在调查中深深感到，当前我国现代农业发展中推进专业化基地农业、标准化品牌农业和工厂化制成品农业，资金和资本的短缺是一个相当大的障碍，这里涉及面最广的就是农户融资和中小企业融资问题。信用合作社是农村金融服务体系的主体，因此，应该在这个关键问题上进行经营创新，着实为农户和中小企业排忧解难。这里尤其要将小额农贷的拓展作为一项事关信用合作社发展成败的战略工作来抓，充分发挥信用合作社点多面广的优势和人缘地缘优势，依靠党政力量宣传和发动群众，将小额度农贷管理与创建信用村镇相结合，与培育基础客户相结合，与拓展卡业务相结合，与转变工作作风相结合，与清收不良贷款相结合，不断提升金融服务，从而夯实发展基础，增强竞争能力。在对中小企业贷款的工作上，我们可根据“政府指导、企业自愿、银行支持”原则，对长期有往来、信誉程度好但抵押不足的中小企业，由中小企业自愿组成联保体，在核定的联保金额额度内实行“随到随贷、户额控制、周转使用”的办法，有效破解中小企业融资难题。

11.3.4 建立以人为本的激励机制，实现金融服务提质增效

员工是企业核心竞争力的中枢，没有员工的高素质和积极性，就没有企业的软实力和高效率。农村信用合作社的工作面对千家万户，单笔业务量小，工作量大且琐碎。在这种情况下，只有强化人本管理，开发人的潜力，充分调动员工的积极性，才能真正提高服务质量，取得企业和社会效益的双丰收。对信用合作社来说，这里的关键是要充分调动客户经理的工作积极性。近年来，浏阳市农合行制定了《绩效挂钩考核办法》《按量计酬指导意见》，对信贷客户经理实行按量计酬考核，从而促进了客户经理拓展业务市场的积极性。2006—2008年，浏阳市农合行每年增加的中小企业贷款客户都在4 000户以上。在激励农户小额信贷和中小企业贷款营销的同时，浏阳市农合行加强了贷款风险管理，制定了《贷款合规性和风险审查指导意见》和不良贷款责任追究制度，提高了风险意识，促进了基层支行和信贷人员依法合规放贷。我们认为，浏阳市农合行的这些卓有成效的做法是具有普遍推广价值的。洞庭湖区的农村信用合

作社应根据实际情况，因地制宜，因人制宜，建立健全“考核、评价、激励”长效体制；同时，在企业文化活动方面，还应着力开展文明规范服务竞赛活动，全面开展标准化的优质服务，使“了解你的客户，了解客户业务”和“一切为了客户，为了客户一切”成为员工们的共同行为准则，让“农民银行”“中小企业银行”品牌越来越响亮。

11.3.5 依靠政府的领导和支持，全面创建信用村镇

以往实践表明，一些农户信用缺失是农村金融风险的重要因素。由于这是涉及整个金融生态环境的问题，因此要依靠当地政府的领导和支持，发动村组的力量，创建信用村镇，营造良好的信用环境，应该说，这是农村信用合作社创新支农机制的一个关键。在信用社的代办站退出市场后，基层信贷员要直接面对分散的农户，工作量巨大，很难全面掌握客户信息、市场资源。特别是在信用环境不好、信息严重不对称的情况下，这项工作的难度就更大。而党政领导特别是村镇领导干部，在农户中有着一定的威望和公信度。因此，洞庭湖区各县市应与建设信用村镇相结合，创建“政府主导、银行联动、村组推进、农户参与”的小额农贷评级授信新机制，从县市、镇至村组成立三级评级授信机构，以真正解决农户融资贷款困难。所以，紧密依靠党政的领导和支持，是农村信用合作社改革和发展的强有力保证。

11.4 洞庭湖现代农业示范区国家公共农业体系

在工业化高速发展的阶段，小部门化的农业对人类发展和国计民生具有经济的、发展的、生活的、安全的、社会的和生态的等多种功能，产生了巨大的外部经济性，提供了诸多满足人类社会健康发展所必需的且其他部门无法提供的公共产品。国际经验表明，只有对农业实施程度较高的保护政策，才能较好地实现国民经济结构的高度化，并保持经济社会的可持续发展。根据经合组织（经济合作与发展组织的简称，OECD）测算，2003 年反映农业保护水平的 PSE 值（生产者补贴等值）美国为 15%，欧盟 36%，日本 59%，韩国 60%，而我国只达到 8%，保护水平远远低于上述国家，甚至还大大低于发展中国家土耳其的 29%、墨西哥的 19%。应该说，这也是造成中国农业长期低水平运行的一个重要原因。因此，农业小部门化时期应充分尊重农民的主权地位，建立国家公共农业体系，即国家农业保护与现代农业推进的政策体系，这是建设我国和谐社会的根本大计，也是又好又快发展农业工业化、建设洞庭湖国家级现代农业示范区必要的保障措施。

11.4.1 全面推行人口与户籍制度变革

从促进农业的工业化发展角度看，农村人口与户籍制度创新的关键就在于破除城乡之间的樊篱，重点包括以下两个方面：第一，取消城乡之间的户籍差别。要从政策上消除对农村劳动力的身份歧视，取消农民进入城镇发展的种种限制和各种不公平待遇。其中最直接、最彻底的政策选择就是以居民的长期居住地来作为人口管理的信息基础，而取消传统的户籍制度以及附加在城市户口上的种种不合理的福利政策，缩小直至抹平城乡居民的人身等级。不可否认，取消户籍制度后人口向大中城市拥挤会在一段时期带来较多的社会问题，但在市场机制作用下，生活成本和就业成本的变化会使人口流动在城乡之间实现均衡。不经历这一阶段，就无法真正实现农村和农业的发展。第二，推进全民共享的社会保障体系建设。对城市而言，医疗、养老、失业等社会保障已从企事业单位转向了社会化，不再纯粹由本单位的经济效益决定。但在农村，必须通过加大政府转移支付和设立公共基金的力度，构建社会保障体系，将土地的失业保障和生活保障功能从它们的生产要素功能中抽离出来，使得农业剩余劳动力的流动不受任何障碍，能够顺畅而充分地流动，才能实现劳动力资源的合理配置。

11.4.2 实行城乡平等的公共财政政策

长期以来，我国的公共财政政策对农村是极不公平的。农村的社会保障体系至今未全面建立起来，还得依靠最原始的“土地保障”。而不健全的农村社会保障体系又影响了土地的流转，制约了现代农业的发展。此外，农村的公共卫生问题也极为严重，政府财政对农村的卫生支出一般只占同期政府财政卫生支出的20%左右。总之，建设社会主义和谐社会，首先得解决好农村问题。而解决农村问题，首要的政策就是农村要享受同城镇水平一致的公共产品供给。建议中央和省财政加大对农村的转移支付，以农村社会保障体系和公共卫生体系为重点，建立公平的农村公共财政政策体系。如增加对农村的公共卫生投入、社会保障投入、科技研发与推广投入、教育投入和扶贫投入，豁免农业主产地区公益性国债项目和贫困地区国债项目的转贷资金等。

11.4.3 建立工业反哺农业的财政政策体系

改革开放以来，我国国民经济高速增长，特别是国家财政收入近些年以年均20%以上的速度递增，我国已进入工业反哺农业的阶段。这个政策体现在财政政策上，就是要根据WTO《农业协议》的规定，用足“黄灯”政策，建立国家对农业补贴、价格支持、营销贷款和奖励的机制。其主要内容包括：扩大粮食直补和良种补贴的标准和规模；实行农业机械购买补贴；建立粮食、棉花、生猪等农产品最低保护价机制；增加粮食风险基金，实行粮食销区对口扶持产区的政策；对标准化农业、循环农业、无公害农业和按国家要求调整产品结构的给予奖励等。同时洞庭湖区政府更要用好“绿灯”政策，具体如下：大幅度增加对湖区的农业科研、技术推广、产品检验等方面的投入；增加基于食品安全目的的公共储备；增加国家农业和农业综合开发基金；增加对洞庭湖区湖泊治理和重点水利工程建设的投入，特别是把农田水利基本建设直接纳入国家投资；增加资金投入，完善洞庭湖区铁路、机场、高速公路、县乡公路、航道港口等交通基础设施建设；对洞庭湖区已全部取消的农业税及其附加，由中央财政转移支付给予等额补足等。

11.4.4 构建多工具组合的农业财政投资体系

传统财政政策主要是财政收入（税收）、财政投资（含国债投资）以及转移性支付等，现在看来这对促进现代农业的政策空间是有限的。因此，洞庭湖区政府还需要进行财政创新，建立多工具组合的农业财政投资体系，包括政府信贷、政府担保、政府参股和政府基金等，多渠道筹措资金，增加对洞庭湖区现代农业建设的投入，这是一个具有广阔空间的财政渠道，且符合市场经济的规则。目前最为现实的就是，国家通过建立现代农业和新农村建设的贴息贷款、项目配套补助等扶助和激励政策，鼓励多元化的投资主体增加对农业生产、加工、销售环节，对农业科学技术研发和技术推广，对农业和农村基础设施以及生态环境等方面的投入。另外要通过明晰产权关系，调动各方面对农业和农村投入的积极性，特别对非农业主投资和开发农业及农村基础设施，政府财政应给予必要的扶持和补助，以促进非农业资本和技术多渠道进入农业，推动洞庭湖区农业工业化健康发展。

11.4.5 成立省级创建洞庭湖国家级现代农业示范区行政构架

总体来看，创建国家级“洞庭湖中国特色农业现代化示范区”是一个系统工程，涉及经济、社会和文化等各个方面，涉及中央和地方以及国家发改委（中华人民共和国国家发展与改革委员会的简称）、经息委（经济和信息化委员会的简称）、农林业、科教、文化、商贸等多个部门，在涉农消费品产业内部还涉及农业、食品、轻工业、纺织、医药、烟草、旅游等行业管理部门，职能交叉重叠，管理和决策的主体不明确，难以形成合力，特别是产业发展中的各项配套政策难以落实。为此，要理顺管理体制，解决多头管理、各自为政的问题。建议湖南省政府成立洞庭湖区国家级现代农业示范区创建领导小组，由一名副省长牵头，相关职能部门领导参加，专门负责洞庭湖现代农业示范区经济社会发展的战略指导和统筹规划，制定和实施现代农业示范区创建的规划和政策，协调解决创建发展中的重大问题，统筹推进现代农业示范区的重大项目立项建设；同时建立创建目标考核制度，及时解决创建中出现的问题，不断完善创建思路和对策，全面优化示范区创建的环境。此外，还要在省级领导小组下形成跨市区的合作机制，建立湖区市县区主要领导联席会议制度，构建交流、协商、合作的平台，推进生态保护治理一体化、产业发展布局一体化、市场流通体系一体化、湖区城乡统筹一体化和基础设施建设一体化，为高标准建成洞庭湖国家级现代农业示范区作出重大贡献。

参考文献

中文文献

[1] 中共中央马克思恩格斯列宁斯大林著作编译局．马克思恩格斯全集（第 23 卷）．人民出版社，2008.

[2] 中共中央马克思恩格斯列宁斯大林著作编译局．马克思恩格斯全集（第 46 卷）．人民出版社，2008.

[3] 刘易斯．无限劳动供给下的经济发展．曼彻特学派经流量和社会研究，1954.

[4] 舒尔茨．改造传统农业．商务印书馆，1987.

[5] 诺斯．经济史中的结构与变迁．生活·读书·新知三联书店，1994.

[6] 速水佑次郎，弗农·拉坦．农业发展的国际分析．中国社会科学出版社，2000.

[7] 张培刚．农业与工业化．华中科技大学出版社，2002.

[8] 藤田昌久等．空间经济学——城市、区域与国际贸易．中国人民大学出版社，2005.

[9] 阿尔弗雷德·韦伯．工业区位论．商务印书馆，1997.

[10] 汤姆·泰坦伯格．环境与自然资源经济学．经济科学出版社，2003.

[11] 周起业等．区域经济学．中国人民大学出版社，1989.

[12] 王旭．美国城市发展模式——从城市化到大都市区化．清华大学出版社，2006.

[13] 王克英．洞庭湖治理与开发．湖南人民出版社，1998.

[14] 颜永胜．2010 洞庭湖发展论坛文集．湖南大学出版社，2011.

[15] 颜永胜．2011 洞庭湖发展论坛文集．湖南大学出版社，2012.

[16] 农业部课题组．建设社会主义新农村若干问题研究．中国农业出版社，2005.

[17] 黄祖辉等．农业现代化：理论、进程与途径．中国农业出版社，2003.

[18] 牛若峰．当代农业产业一体化经营．江西人民出版社，2002.

[19] 李周．21 世纪的中国农村可持续发展．社会科学文献出版社，2000.

[20] 黄季焜．21 世纪中国农业与农村发展．中国农业出版社，2006.

[21] 温铁军．中国农村基本经济制度研究．中国经济出版社，2000.

[22] 孙中才．理论农业经济学．中国人民大学出版社，1998.

[23] 中国社科院农村所，国家统计局农村司．中国农村经济形势分析与预测．社会科学文献出版社，2008.

[24] 王振中．中国农业、农村与农民．社会科学文献出版社，2006.

[25] 杨德才．工业化与农业发展问题研究．经济科学出版社，2002.
[26] 孔祥智．中国“三农”前景报告．中国时代经济出版社，2009.
[27] 孔志峰．中国生态农业研究．经济科学出版社，2006.
[28] 陈吉元．农业产业化：市场经济下农业兴旺发达之路．中国农村经济，1996（8）.
[29] 郑有贵等．从传统到现代：中国农业转型研究．农业经济问题，1997（5）.
[30] 王景新等．明日中国：走向城乡一体化．中国经济出版社，2005.
[31] 刘斌等．中国三农问题报告．中国发展出版社，2004.
[32] 石磊．三农问题的终结．江西人民出版社，2005.
[33] 柯炳生．工业反哺农业的理论与实践研究．人民出版社，2008.
[34] 胡晓鹏．中国食品加工业国际竞争力的实证研究．中国经济出版社，2001.
[35] “十五”国家重大科技专项研究课题组．中国农产品加工发展战略．科学出版社，2005.
[36] 黄祖辉．转型时期农民专业合作社的组织行为研究：基于成员异质性的视角．浙江大学出版社，2008.
[37] 傅晨．中国农村合作经济：组织形式与制度变迁．中国经济出版社，2006.
[38] 李瑞芬．中国农民专业合作经济组织的实践与发展．中国农业出版社，2004.
[39] 张晓山．联结农户与市场——中国农民中介组织探究．中国社会科学出版社，2002.
[40] 蒋省三，韩俊．土地资本化与农村工业化．山西经济出版社，2005.
[41] 关谷俊作．日本的农地制度．生活·读书·新知三联书店，2004.
[42] 钱忠好．中国农村土地制度变迁和创新研究（续）．社会科学文献出版社，2005.
[43] 姚洋．土地、制度和农业发展．北京大学出版社，2004.
[44] 何安耐，胡必亮．农村金融与发展．经济科学出版社，2000.
[45] 周立群．中国“工业反哺农业”税收政策建议．经济学家，2007（2）.
[46] 徐小青，郭建军．中国农村公共服务改革与发展．人民出版社，2008.
[47] 蒋和平．当代农业新技术革命与中国农业科技发展．江西人民出版社，2002.
[48] 李成贵．中国农业政策——理论框架与应用分析．社会科学文献出版社，1999.
[49] 白光，马国忠．中国要走农业品牌化之路．中国经济出版社，2006.
[50] 李正东．世界农业问题研究（第七辑）．中国农业出版社，2005.
[51] 朱德文等．我国设施农业发展存在的问题与对策研究．农业装备技术，2007（1）.
[52] 祝华军．我国工厂化农业效益不高的原因及发展思考．中国农村经济，2003（11）.
[53] 古文海，陈建．设施农业的现状分析及展望．农机化研究，2004（1）.
[54] 卢良恕，魏益民．农产品加工业技术创新体系建设刍议．中国工程科学，2004（3）.
[55] 魏益民．国外农产品加工与食品工业发展趋势．中国食物与营养，2004（4）.
[56] 白清云．对我国农业领域标准体系框架的几点建议．中国标准化，2005（5）.
[57] 赵敏．论农业的多功能性．求索，2005（1）.
[58] 陈秋珍，John Sumelius. 国内外农业多功能性研究文献综述．中国农村观察，2007（3）.

[59] 谭波等．地区农业现代化指标体系框架及其量化．农业系统科学与综合研究，2000（1）．
[60] 方志权等．日本多功能性农业对建设我国都市农业的启示与借鉴．生产力研究，2007（24）．
[61] 崔寅．“第六产业”激发日本农业活力．人民日报，2010-08-26（22）．
[62] 张少玲．创意农业：颠覆你的想象．三农直通车，2011（10）．
[63] 李俊岭．我国多功能农业发展研究——基于产业融合的研究．农业经济问题，2009（3）．
[64] 科学技术部，农业部等．中国农产品加工年鉴（2010）．中国农业出版社，2011.
[65] 樊端成．工业化中期加速阶段下中国农业发展的思路与对策．生产力研究，2005（6）．
[66] 周震虹．中国农业产业化之路——洞庭湖区个案研究．人民出版社，2006.
[67] 邹艳芬．主成分分析在经济评价中的应用．连云港化工高专学报，1996（4）．
[68] 刘宏．关于建设洞庭湖生态经济区几点思考//2011 洞庭湖发展论坛文集．湖南大学出版社，2012.
[69] 聂芳容．洞庭湖对长江水质和生态安全的影响研究//2010 洞庭湖发展论坛文集．湖南大学出版社，2011.
[70] 郭辉东．洞庭湖生态经济圈示范区建设要有新思路大举措//2011 洞庭湖发展论坛文集．湖南大学出版社，2012.
[71] 童潜明．以地学论洞庭湖的八个基础问题//2011 洞庭湖发展论坛文集．湖南大学出版社，2012.
[72] 李松龄，李娜．洞庭湖区域产业结构研究//2011 洞庭湖发展论坛文集．湖南大学出版社，2012.
[73] 朱翔，徐美．环洞庭湖生态经济圈建设研究//2011 洞庭湖发展论坛文集．湖南大学出版社，2012.
[74] 柳思维．加快建设环洞庭湖旅游产业带的思考//2010 洞庭湖发展论坛文集．湖南大学出版社，2011.
[75] 王保忠等．南洞庭湖湿地文化遗产的生态旅游价值研究．北京林业大学学报（社会科学版），2004（4）．
[76] 何培金．要把文化建设作为综合治理与开发的重点——对洞庭湖水论建设的思考．岳阳职业技术学院学报，2009（1）．
[77] 刘茂松．农业工业化——农业剩余劳动力转移的根本出路．综合经济导刊，2001（5）．
[78] 刘茂松．农业工业化战略研究．中国经济时报，2006-06-22（8）．
[79] 刘茂松，彭新宇．论我国农业转型期的农业工业化战略．求索，2005（12）．
[80] 刘茂松．论农业增长方式转变与农村劳动力就业深化战略．新华文摘，1997（1）．
[81] 刘茂松．论新形势下我国农村劳动力全面就业模式．中国软科学，2000（6）．

[82] 刘茂松．解决“三农”问题的关键：农业工业化．中国城市经济，2007（1）．
[83] 刘茂松．论新型工业化的中国特色——农业小部门化时期的中国农业工业化．湖南师范大学学报（社会科学版），2009（5）．
[84] 刘茂松．中国农业工业化理论探索——论中国特色的农业现代化道路．湖南农业大学学报，2007（6）．
[85] 刘茂松．工厂化制成品农业：内涵、意义与策略．湖南农业大学学报，2011（2）．
[86] 刘茂松．长株潭城市群“两型社会”建设的几点思考．湖湘论坛，2008（2）．
[87] 刘茂松．基于长株潭城市群洞庭湖区腹地经济发展战略探讨//2010 洞庭湖发展论坛文集．湖南大学出版社，2011.
[88] 刘茂松．洞庭湖区农业工业化战略研究——论农业主产地区的农业现代化道路．武陵学刊，2011（6）．
[89] 刘茂松．中国农村过剩劳动力转化的战略与对策——农村劳动力就业深化论．中原农民出版社，1992.
[90] 刘茂松．家庭经济行为论——我国市场经济条件下家庭经济行为研究．湖南人民出版社，2002.
[91] 刘茂松等．农业产业发展的制度分析．中国财政经济出版社，2002.
[92] 刘励敏，刘茂松．略论中国特色的农业现代化道路．湖湘论坛，2009（2）．
[93] 刘励敏．中国农业主产地区农民专业合作社的调查．湖南行政学院学报，2010（3）．
[94] 刘励敏．农业工业化中农民组织化的制度分析．系统工程，2011（增刊）．
[95] 刘励敏．中国农业现代化过程中的农民组织化实践．湖湘论坛，2011（5）．
[96] 刘励敏．中国农村信用合作社体制改革与经营创新实证研究．经济地理，2012（3）．
[97] 刘励敏．洞庭湖区农村信用合作社体制改革研究//2011 洞庭湖发展论坛文集．湖南大学出版社，2012.
[98] 刘励敏．试论洞庭湖区农业土地流转制度的创新//2012 洞庭湖发展论坛文集．湖南大学出版社，2013.
[99] 刘励敏．信息化条件下中国农业技术创新对策分析——基于诱导的农业技术变革模型. 系统工程，2012（12）．
[100] 周栋良，刘茂松．环洞庭湖区功能定位与发展战略研究//2010 洞庭湖发展论坛文集. 湖南大学出版社，2011.
[101] 周栋良．环洞庭湖区两型农业发展思路与对策//2011 洞庭湖发展论坛文集．湖南大学出版社，2012.
[102] 王辉．洞庭湖区域都市农业发展战略研究//2010 洞庭湖发展论坛文集．湖南大学出版社，2011.
[103] 吴芳．基于长株潭城市群的洞庭湖区腹地经济发展的理论研究//2010 洞庭湖发展论坛文集．湖南大学出版社，2011.
[104] 谢昊静．美日大都市区发展对洞庭湖区腹地经济发展的启示//2010 洞庭湖发展论坛文集．湖南大学出版社，2011.

[105] 周婷．日本现代服务业的新趋势对洞庭湖区域发展的借鉴//2010 洞庭湖发展论坛文集．湖南大学出版社，2011.

外文文献

[1] Chadha，G.K.（2003）．*Rural Nonfarm Sector in the Indian Economy：Growth，Challenges and Future Direction*. Mimeo. International Food Policy Research Institute，Washington，DC.

[2] Fan，S.，Zhang，L.，&Zhang，X.（2004）．*Reform，Investment and Poverty in Rural China*. *Economic Development and Cultural Change*. 52（2）.

[3] Ho，S. P. S.（1986）．*The Asian Experience in Rural Nonagricultural Development and Its Relevance for China*. World Bank Staff Working Paper 757. Washington，DC：World Bank.

[4] Lin，J. Y. &Yao，Y.（1999）．*Chinese Rural Industrialization in the Context of the East Asian Miracle*. Working Paper No. E1999004. China Center for Economic Research，Beijing University，Beijing.

[5] Mukherjee，A.，&Kuroda，Y.（2001）．*Effect of Rural Nonfarm Employment and Infrastructure on Agricultural Productivity：Evidence from India*. Discussion Paper No. 938. University of Tsukuba，Ibaraki，Japan.

[6] Anit Mukherjee & Xiaobo Zhang（2007）．*Rural Industrialization in China and India：Role of Policies and Institutions*. World Development Vol. 35，No. 10.

[7] Anne D. Boschini（2006）．*The Political Economy of Industrialization*. European Journal of Political Economy，22.

[8] Masao Yamada（2004）．*Industrialization and Substitutability：A note*. Journal of Economic Dynamics & Control 28.

[9] Chen，B.L.，Shimomura，K.，1998. *Self-fulfilling Expectations and Economic Growth：A Model of Technology Adoption and Industrialization*. International Economic Review 39.

[10] Yasusada Murata(2002). *Rural-urban Interdependence and Industrialization*. Journal of Development Economics Vol. 68.

[11] James Roumasset（2008）．*A New Institutional Approach to Pro-poor Agricultural Development：Lessons from Asia*. Journal of Asian Economics，2-11.

[12] Lanjouw，J. O.，& Lanjouw，P.（2001）．*The Rural Nonfarm Sector：Issues and Evidence from Developing Countries*. Agricultural Economics，26. 1.

[13] Jikun Huang and Scott Rozelle（2006）．*The Emergence of Agricultural Commodity Markets in China*. China Economic Review 17.

[14] Fan，S.（1991）．*Effects of Technological Change and Institutional Reform on Production Growth in Chinese Agriculture*. American Journal of Agricultural

Economics, 73.

[15] deBrauw, A. , Rozelle, S. , Zhang, L. , Huang, J. , & Zhang, Y. (2002). *The Evolution of China's Rural Labor Markets during the Reforms*. Journal of Comparative Economics, 30. 3.

[16] Fan, S. , Zhang, L. , & Zhang, X. (2002) . *Growth, Inequality and Poverty in Rural China: The Role of Public Investments*. Research Report 125, International Food Policy Research Institute, Washington, DC.

[17] Robert Tamura (2002) . *Human Capital and the Switch from Agriculture to Industry*. Journal of Economic Dynamics & Control, 27.

[18] Antle, J. , Valdiva, R. O. (2006) . *Modeling the Supply of Ecosystem Services from Agriculture: A Minimum Data Approach*. Australian Journal of Agricultural and Resource Economics, 50.

[19] Kroeger, T. , Casey, F. (2007) . *An Assessment of Market-based Approaches to Providing Ecosystem Services on Agricultural Lands*. Ecological Economics 64.

[20] Jin, Hehui and Yingyi Qian (1998) . *Public vs. Private Ownership of Firms: Evidence from Rural China*. Quarterly Journal of Economics. 113. 3.

[21] Kung, James K. S. , Lin, Yi-min (2002) . *The Evolving Ownership Structure in China's Economic Transition: An Analysis of the Rural Non-farm Sector*. Working paper. Hong Kong Univ. of Science and Technology.

[22] Li, Hongbin (2001) . *Privatizing Rural China: The Role of Learning, Screening, and Contract Innovation on the Evolution of Township and Village Enterprises*. PhD Dissertation. Stanford University.

[23] Park, Albert, Shen, Minggao (2002) . *Decentralization in Financial Institutions: Theory and Evidence from China*. Working Paper. Michigan University.

[24] Sonobe, Tetsushi, Hu, Dinghuan, Otsuka, Keijiro (2001) . *Privatization of Township-Village Enterprises in China: Case Studies of Garment and Metal Casting Enterprises in the Greater Yangtze River Region*. Working Paper.

[25] Tipraqsa P, Craswell E T, Noble A D, et al. *Resource Integration for Multiple Benefits: Multifunctionality of Integrated Farming Systems in Northeast Thailand*. Agricultural Systems, 2007. 94.

[26] 刘励敏，吉永健治．中国農民専業合作社に対する農民の評価—湖南省長沙市・華容県の農村事例分析から—]，日本農村計画学会論文特集号，2011 年 30 号．

后　记

我出生和成长在洞庭湖边，是喝着大湖的水、吃着大湖的鱼、沐浴着大湖的光和风长大的。大湖的浩荡，大湖的奔腾，大湖的光漾，孕育着我，默化着我，荡涤着我，雕塑了一个大湖男儿的品性，成就了一个大湖男儿的人生！

这些年，湖南着力推进新型工业化和新型城市化，如长株潭城市群“两型社会”建设的崛起，大湘南承接产业转移的追赶，大湘西扶贫攻坚示范区的建设，而洞庭湖这个哺乳着三湘儿女的母亲湖在此时却显得有些许落寞，略显出一丝老态。尤其是三峡大坝蓄水发电后，长江来水减少，洞庭湖这个“长江之肾”频频出现了枯水危机，我们的母亲湖在呻吟，在呐喊，在挣扎！正是在这个时候，一群大湖之子为解母亲湖之难在省城长沙成立了洞庭湖区域经济社会发展研究会，商讨救湖、治湖、建湖之策。我这个从洞庭湖走出来的经济学者能参加这项宏大的工程，为振兴母亲湖做点实事，实乃我之愿，我之幸，我之福！

自 2009 年以来，我抓住洞庭湖生态经济区作为国家农业主产地区和长株潭城市群经济腹地这两大基本特性，集中探讨“后三峡”时代洞庭湖区经济发展战略，先后提出了：洞庭湖区是长株潭城市群经济中心不可或缺的经济腹地，要把洞庭湖区作为湖南第四大经济板块来开发和建设，为长株潭城市群这个湖南省的经济增长极提供重要支撑；洞庭湖区的生态资源优势就是水域经济、土地经济、生态农业经济和以农业资源为基础的轻工食品经济，而这些都是发展现代大农业的特有优势，在国家宏观经济层面具有重要的战略地位。正是基于上述分析，我提出了在湖南工业社会快速发展的进程中，洞庭湖生态经济区的经济发展战略应定位于以发展现代大农业为主轴，实施涉农消费品产业集群战略，走农业与现代工业相融合的农业工业化道路，建设国家级的现代农业示范区。在上述研讨过程中，现浙江师范大学刘励敏博士全面配合我参与这项研究工作。她曾留学日本专攻国际地域经济学，对日本等发达国家大都市区腹地经济开发及现代农业发展模式有较系统的研究。2009—2011 年，她运用所学专业知识，数次回国就农业现代化道路、农用土地流转制度、农民专业合作社、农村信用合作社体制、诱导型农业技术创新等问题进行调查研究，发表了一批学术论文，提出了洞庭湖等农业主产地区现代农业发展的新思路和新对策。本书就是在上述前期专题研究和调研的基础上进一步系统研究形成的。

本书由我和刘励敏博士合作撰写完成，首先由我提出全书的提纲和每章的内容纲要，然后由刘励敏撰写出初稿，我最后进行修改定稿。我的学生周栋良博士、王辉博士和谢昊静硕士、吴芳硕士、周婷硕士也参加了洞庭湖发展的研究工作，先后在我的具体指导下撰写发表了“洞庭湖腹地功能定位”“洞庭湖两型农业发展”“洞庭湖多功能农业发展”“腹地经济发展理论”“美日大都市区发展启示”“日本现代服务业发展借鉴”等论文，为本书的撰写提供了前期研究成果和学术资料。在此，表示感谢！

本书在写作过程中借鉴参考了国内外学者的一些研究成果，已在书末参考文献中列出，如有疏漏恳请谅恕，特向所有参考文献作者表示谢意！同时，在此还要衷心感谢湖南大学出版社贾志萍编辑和湖南省洞庭湖区域经济社会发展研究会秘书处吴纪宁副秘书长等为本书出版付出的辛勤劳动！本书的不足之处，恭请各位同仁和读者指正。

刘茂松

2013 年 12 月 26 日于长沙市

韶山北路 1 号湖南省委大院

编后记

“洞庭湖生态经济区研究”丛书是由湖南省洞庭湖区域经济社会发展研究会会长、原湖南省人大常委会副主任颜永盛同志主持的2011年湖南省哲学社会科学成果评审委员会“洞庭湖区域经济社会发展系列研究”重大委托课题的最终成果，目前已形成《洞庭湖生态经济区建设构想》《洞庭湖区腹地生态经济发展战略研究》《洞庭湖区域新型工业化战略研究》《洞庭湖区域产业结构调整研究》《农村城镇化研究——以洞庭湖区域为例》《解决洞庭湖区季节性缺水方案比较研究》《洞庭湖生态经济区建设与湿地保护研究》《洞庭湖生态系统服务功能研究》《湖南省洞庭湖区域建设系统性融资规划（2011—2015）》《洞庭湖的演变、开发和治理简史》等十余部专著。本丛书于2012年被列入湖南省重点图书音像出版项目，于2013年被列入“十二五”国家重点图书出版规划项目。

为了认真组织本丛书的撰写，湖南省洞庭湖区域经济社会发展研究会成立了编委会，由洞庭湖区域经济社会发展研究会名誉会长梅克保（国家质量监督总局副局长、原湖南省委副书记）、王克英（原湖南省政协主席）、吴向东（原湖南省委副书记）任顾问，洞庭湖区域经济社会发展研究会会长颜永盛（原湖南省人大常委会副主任）任主任，洞庭湖区域经济社会发展研究会副会长（以姓氏笔画为序）刘宏（原湖南省社会科学界联合会巡视员）、刘茂松（湖南师范大学教授）、李松龄（湖南大学教授）、柳思维（湖南商学院教授）、蔡四桂（原中南林业科技大学党委副书记）任委员。每本专著，都由省内知名专家撰写。丛书编委会在丛书付梓之际，对各位领导、各位专家的辛勤劳动表示衷心感谢！

在本丛书的组稿、评审、编辑、出版过程中，蔡四桂、刘宏、刘茂松、李松龄、柳思维、吴纪宁、杜登峰、周华做了大量工作，湖南大学出版社给予了大力支持，在此，一并表示感谢！

本丛书尚有许多不足之处，恳请有关专家继续深入研究，恳请读者批评指正。

丛书编委会

2014年4月